本书得到浙江工业大学预研基金项目（GY21161320019、GY21011320022）、浙江工业大学科研启动基金项目（2021132006129）、国家社会科学基金项目（21BGL064、21BJY240）和国家自然科学基金项目（72102057）的支持

邢泽宇　著

CHANXUEYAN HEZUO SHUANGMO WANGLUO QIANRU
YU CHUANGXIN ZHUTI SHUANGYUAN CHUANGXIN YANJIU

产学研合作双模网络嵌入
与创新主体双元创新研究

中国财经出版传媒集团

经济科学出版社
Economic Science Press

图书在版编目（CIP）数据

产学研合作双模网络嵌入与创新主体双元创新研究 /
邢泽宇著 . -- 北京：经济科学出版社，2022.7
ISBN 978 - 7 - 5218 - 3814 - 5

Ⅰ.①产… Ⅱ.①邢… Ⅲ.①产学研一体化 - 研究
Ⅳ.①G640

中国版本图书馆 CIP 数据核字（2022）第 118516 号

责任编辑：张　燕
责任校对：齐　杰
责任印制：邱　天

产学研合作双模网络嵌入与创新主体双元创新研究

邢泽宇　著

经济科学出版社出版、发行　新华书店经销

社址：北京市海淀区阜成路甲 28 号　邮编：100142

总编部电话：010 - 88191217　发行部电话：010 - 88191522

网址：www. esp. com. cn

电子邮箱：esp@ esp. com. cn

天猫网店：经济科学出版社旗舰店

网址：http：//jjkxcbs. tmall. com

固安华明印业有限公司印装

710 × 1000　16 开　13. 75 印张　240000 字

2022 年 10 月第 1 版　2022 年 10 月第 1 次印刷

ISBN 978 - 7 - 5218 - 3814 - 5　定价：69. 00 元

（图书出现印装问题，本社负责调换。电话：010 - 88191510）

（版权所有　侵权必究　打击盗版　举报热线：010 - 88191661

QQ：2242791300　营销中心电话：010 - 88191537

电子邮箱：dbts@ esp. com. cn）

前　言

　　数字化的知识经济时代，创新主体实行开放、合作、共享的创新模式被证明是有效提高自身创新绩效的重要途径，创新主体只有不遗余力地推行创新与变革，才能在激烈的竞争中保持自身优势，获得发展。创新主体的创新不再是单一的封闭的创新，而是需要逐渐打破原有边界，嵌入创新网络的开放创新体系中。创新主体嵌入创新网络模式的过程主要有两种：一种是组织形式的嵌入，此种嵌入强调主体间的合作关系，以创新主体之间的创新活动为内容，以所有参与者的利益最大化为最终目的；另一种是承载着创新主体知识的知识元素的嵌入，通常也伴随着知识的流动。而产学研合作双模网络嵌入则将创新主体所嵌入的两种不同模态的节点之间紧密连接，相互作用，相互渗透，并赋予它们多强度、反比多重参与率、共现关系等特点，使得创新主体在嵌入网络的过程中，主体之间建立合作连接完成项目的同时，也可以建立知识连接获取网络中其他节点所含有的异质性知识，实现知识的创新和重组，达到一种高质量的创新主体间的深度融合。随着创新主体重要地位的凸显，创新网络化趋势的增强，如何提高创新主体的利用式创新和探索式创新，如何拓展网络嵌入的方式，分析双模网络嵌入对于创新主体双元创新的影响关系，引起了国内外学者的广泛关注。因此，本书构建崭新的研究框架，将产学研合作双模网络嵌入对创新主体双元创新的影响进行深入系统的研究。相关研究如下。

　　本书分析了产学研合作网络的内涵和特点以及产学研合作双模网络嵌入的相关概念；界定了创新主体双元创新的内涵以及利用式创新和探索式创新的区别和特征；建立了产学研合作双模网络嵌入对创新主体双元创新的影响研究分析框架。

　　构建了产学研合作双模网络，并绘制了产学研合作组织网络、知识网络、双模网络的拓扑结构演化图；基于社会网络指数随机图模型（ERGM）建立了组织网络、知识网络、双模网络的嵌入模型构局，并就相关网络结构和关系变量进行了测量；选择了客观有效的专利测量法对创新主体双元创新进行了测度。

确定了产学研合作双模网络嵌入下创新主体双元创新的影响因素，并从理论角度分析了产学研合作组织网络、知识网络和双模网络关系嵌入与结构嵌入对利用式创新和探索式创新的影响，构建了产学研合作双模网络嵌入对创新主体双元创新影响机理的概念模型；基于构建的概念模型，对产学研合作组织网络、知识网络、双模网络的关系嵌入和结构嵌入对创新主体双元创新的影响机理进行了回归分析，并对比了创新主体为企业、大学和研究所的回归结果。

通过改进的考虑属性权重和时间熵的区间三角模糊数 BM 算子，研究了组织网络嵌入的合作伙伴选择对创新主体双元创新的影响机制；运用微分博弈建立了知识网络嵌入的创新主体双元创新知识搜索模型，并对比了 Nash 非合作模式、成本分担模式和协同合作模式下知识宽度搜索和知识深度搜索对创新主体双元创新总收益的影响；通过两方演化博弈建立了双模网络嵌入的创新主体双元创新博弈模型，并对其知识扩散路径进行了演化分析，运用社会指数随机图模型实证分析了双模网络嵌入的创新主体知识扩散的方式对创新主体双元创新的影响。

设计了产学研合作双模网络嵌入对创新主体双元创新的影响效果评价指标体系；确定了产学研合作双模网络嵌入对创新主体双元创新的影响效果评价方法；将创新主体样本分为双元创新平衡方式、利用式创新主导方式和探索式创新主导方式三类，实证分析了产学研合作双模网络嵌入对创新主体双元创新的影响效果。

从组织网络嵌入、知识网络嵌入和双模网络嵌入构建了产学研合作双模网络嵌入的创新主体双元创新提升对策。从谨慎选择产学研合作创新伙伴、加强产学研合作创新主体之间的连接两方面提出了组织网络嵌入的创新主体双元创新提升对策；从构建创新主体双元创新知识管理平台、建立双元知识管理机制、健全知识产权保护制度三方面提出了知识网络嵌入的创新主体双元创新提升对策；通过构建高效快速的信息技术环境、强化"政金介"对创新主体双元创新的支持能力两方面提出了双模网络嵌入对创新主体双元创新提升的对策。

　　本书的研究为增进创新主体间的关系提供指导，为政府部门制定相关政策法规提供依据，进而推动产学研深度融合，优化创新主体资源配置，提高创新主体双元创新能力。

邢泽宇

2022 年 7 月

目　　录

第1章 绪 论

1.1 研究背景、目的及意义

1.1.1 研究背景

（1）双元创新对于创新主体获取持续的竞争优势不可或缺。

创新主体是指具有创新动力和能力的、从事创新活动投入和产出收益的承担者，它可以是人，也可以是组织。现有的研究中更多地将创新主体确定为企业、高校和研究机构（陈劲、阳银娟，2012）。数字化的知识经济时代，实现开放、合作、共享的创新模式被证明是有效提高创新主体绩效的重要途径。创新主体只有不遗余力地推行创新与变革，才会在激烈的竞争中保持自身优势，获得发展。从目前的情况来看，我国创新主体中的企业，还集中在世界经济产业链的中端或者末端，产业附加值不高，竞争力水平还有欠缺，核心技术仍然没有掌握在自己手中，距离真正形成具有全球竞争力的世界一流企业还有一定距离。以光电子芯片产业为例，中国作为手机、电脑等电子产品的最大生产国，对芯片的需求巨大，近几年，每年花费在芯片进口的金额超过万亿元，国外大厂占据了国内高端光芯片、电芯片市场的绝大多数份额，导致这条产业链上的大部分利润被他人攫取。创新主体中的高校和科研院所存在成果转化难、利用难的问题，虽然拥有数量庞大的科研成果，但是却始终将其束之高阁。有学者调研发现，在科研成果转化的过程中，我国的高校和科研院所与具体的市场需求相差甚远（唐丹蕾、王琦，2020）。要破解上述难题，创新主体需要开发现有的竞争力，并探索新的竞争力以不断提升自身优势（Floyd and Lane，2000）。但是，若创新主体只是一味地在原有知识结构的基础上进行创新会使其对已有的资源和能力产生依赖，由于创新惯性，产生创新惰性，最终丧失创新能力，失去竞争力；同样地，若创新主体一味地追求颠覆原有的发展模式，使用新技术、开辟新市场，会使其无法发挥现有资源优势的潜力，产生巨大的生产成本，面临巨大的风险。此时，寻找一种可以同时兼顾上述两种情景，并给予一个动态环境的战略选择显得尤为重要，双元创新的出现解决了这样的问题。创新主体只需要根据具体的情景开展两类创新：一方面，需要密切跟踪国内外的最新技术，在吸收、模仿的基础上，满足市场需求加以利用式创新；另一方面，还要对一些具有突破性的技术有所涉足，提升自主创新能力，获取市场竞争优势，实现探索式创新。因此，实现创新主体的效率、创新和组织适应力的统一，提高创新绩效，获得可持续发展的竞争优势显得尤为重要（March，1991；Yayavaram and Ahuja，2008）。

当前，我国已进入"十四五"时期，创新主体发展目标的实现、创新发展模式的实施，更加需要国家实施创新驱动战略，促使创新主体实施双元创新战略。2018年，习近平主席在中共中央政治局第三次集体学习时指出，要加强实施创新驱动发展战略，强调技术创新、科技创新，从而引领全面创新。党的十九大报告提出，创新是引领发展的第一动力，是建设现代化经济体系的战略支撑。在技术上，我们要强化基础研究，加强应用基础研究，突出关键共性技术与颠覆性技术创新；在制度上，建立以企业为主体、市场为导向、产学研深度融合的技术创新体系。党的十九届四中全会强调，建立以企业为主体、市场为导向、产学研深度融合的技术创新体系，支持大中小企业和各类主体融通创新，创新促进科技成果转化机制，积极发展新动能，强化标准引领，提升产业基础能力和产业链现代化水平。2020年《政府工作报告》中把提高科技创新支撑能力，稳定支持基础研究和应用基础研究，引导企业增加研发投入，促进产学研融通创新，加快建设国家实验室，重组国家重点实验室体系，发展社会研发机构，加强关键核心技术攻关作为接下来科技创新发展的主要目标。综上所述，对于我国的创新主体而言，想要转型升级、提升国际竞争力，需要提升自身的双元创新能力，并实现产学研创新主体的深度融合。

（2）产学研合作双模网络的嵌入为创新主体间的深度融合提供了新的环境。

随着网络化和全球化的发展，创新网络的模式越来越多。创新主体的创新不再是单一的封闭的创新，而是需要逐渐打破原有边界，嵌入创新网络的开放创新体系中。现有的研究中，创新主体嵌入创新网络模式的过程主要有两种：一种是组织形式的嵌入，此种嵌入强调主体间的合作关系，以创新主体之间的创新活动为内容，以所有参与者的利益最大化为最终目的；另一种是承载着创新主体知识的知识元素的嵌入，通常也伴随着知识的流动。而产学研合作双模网络嵌入则将创新主体所嵌入的两种不同模态的节点之间紧密连接，相互作用，相互渗透，并赋予它们多强度、反比多重参与率、共现关系等特点，使得创新主体在嵌入网络的过程中，主体之间建立合作连接完成项目的同时，也可以建立知识连接获取网络中其他节点所含有的异质性知识，实现知识的创新和重组，达到一种高质量的创新主体间的深度融合（Wang et al.，2014）。具体地，美国产学研合作的主要模式有：工业—大学合作研究中心模式（I/UCRC 模式）、科技园区模式（硅谷科技园附近的加州理工、斯坦福、伯克利等世界知名大学；波士顿 128 号公路高技术园区附近的麻省理工学院、哈佛大学和波士顿大学；"亚特兰大高新技术园"附近的亚特兰大大学、佐治亚理工学院；以北卡罗来纳州立大学、达勒姆市的杜克大学和教堂山市的北卡罗来纳大学为基础形成的"三角科技园"等）、科技企业孵化器模式（ECT）、专利许可和技术转让模式以及高技术企业发展模式。此外，还有德国的以企业为核心的研发项目合作模式、联合体型的合作模式和技术转移中心模式，日本的委托研究模式、共同研究模式、科学城和高新技术园模式，韩国大德研究园，英国剑桥科技园，印度班加罗尔软件园和中国台湾新竹科学工业园等为代表的高新技术产业园区。产业园区内的创新主体嵌入高新技术创新网络中，伴随着知识的流动，一部分重要的节点在创新网络中占据着重要的位置，为创新网络中的创新主体提供丰富的知识和技术，并促使创新主体获取具有竞争力的产品和服务。目前来看，我国产业园中的创新网络主体数量不断增加，创新主体之间关联性很强，节点间联系比较紧密，使得网络结构和网络中创新主体的创新能力越来越成熟。例如，中关村科技园中的联想、百度等知名企业嵌入中关村科技园的通信电子技术创新网络，实现了企业与企业之间、企业与学研机构之间的合作，并完成了产学研知识体系的整合。湖南省长沙市的三一重工、中联重科等高端装备制造企业利用军民深度融合的产学研高端装备制造产业创新网络的资源，与湖南大学、中南大学等高校建立了合作关系，实现了信息的交流和知识的互动，提升了创新组织的竞争力。四川省成都市的航空工业成都飞机工业集团等企业，依托电子科技大学、四川大学的雄厚科研实力，积极地与其合作，实现了知识共享，促成了软件业、通信业等信息技术的突破，并达到国际上先进水平的水准。以哈电集团、哈汽集团、中国一重集团作为产学研合作组织网络中企业的重要节点，与东北五校（哈尔滨工业大学、哈尔滨工程大学、吉林大学、大连理工大学、东北大学）以及中国科学院大连化学物理研究所等科研院所为基础，建立了由200多家创新主体构成的产学研合作创新网络，利用创新网络中知识和技术的流动，创造着能够提升创新主体市场竞争力的产品和服务。

（3）基于产学研合作双模网络嵌入的创新主体双元创新问题亟待解决。

产学研合作双模网络嵌入能够帮助网络中的创新主体迅速获得异质性主体所具有的资源，从而进行新的知识组合，实现科研成果的转化，迅速推向市场。通过这种频繁的互动，可以使得创新主体提升自身的科研实力，并渐渐地实现创新绩效的突破。但是，嵌入双模网络环境中的创新主体在具体的创新过程中也存在同样的问题，即提升主体创新的形式过于单一，或过分强调利用式创新，导致创新主体核心能力陷阱，最终导致创新的"自我僵化"；或过分强调探索式创新，导致核心能力缺失，使得创新主体失去主要竞争力，最终导致创新的"自我毁灭"。因此，实现创新主体创新的平衡发展，即保持利用式创新和探索式创新的均衡尚有很大的提升空间。除此之外，产学研合作双模网络嵌入对创新主体双元创新影响的研究比较匮乏，并存在一些问题。创新网络的嵌入不仅仅是简单的"单模"网络的嵌入，若仅强调知识维度则有可能将双元创新归结为知识领域的推演，而忽略了节点组织所置身的市场需求和所嵌入的社会环境对双元创新的影响；若仅考虑组织维度又造成了只关注节点互动和连接方式而忽略节点知识属性的差别。所以研究范式需要同时考虑创新网络的组织和知识维度的嵌入，并凸显产学研合作深度融合的理念，由"单模"网络嵌入向"双模网络"嵌入拓展。

综上所述，随着创新主体重要地位的凸显，创新网络化趋势的增强，如何提高创新主体的利用式创新和探索式创新，如何拓展网络嵌入的方式，分析双模网络嵌入对于创新主体双元创新的影响关系，引起了国内外学者的广泛关注。因此，本书将对产学研合作双模网络嵌入对创新主体双元创新的影响进行深入系统的研究，构建崭新的研究框架，基于产学研合作双模网络嵌入和双元创新理论，确定产学研合作组织网络嵌入、知识网络嵌入和双模网络嵌入对创新主体双元创新的影响机理；从组织网络嵌入的合作伙伴选择、知识网络嵌入的知识搜索、双模网络嵌入的知识扩散剖析产学研合作双模网络嵌入对创新主体双元创新的影响机制；并对产学研合作双模网络嵌入对创新主体双元创新的影响效果进行评价；基于以上分析提出基于组织网络嵌入、知识网络嵌入和双模网络嵌入的创新主体双元创新提升对策。本书的研究对于强化我国创新主体在双模网络中的嵌入效应，平衡创新主体的双元创新策略，促进创新主体间实现深度融合，有效提升自身双元创新绩效、获取竞争优势显得紧迫和具有开拓性。

1.1.2　研究目的

本书研究为增进创新主体间的关系提供指导，为政府部门制定相关政策法规提供依据，进而推动产学研深度融合，优化创新主体资源配置，提高创新主体双元创新能力。本书揭示了产学研合作双模网络嵌入的内涵，并建立了产学研合作双模网络嵌入对创新主体双元创新影响的研究体系；验证了产学研合作双模网络嵌入对创新主体双元创新的影响机理和影响机制；实现了产学研合作双模网络嵌入对创新主体双元创新的影响效果；达到了双模网络嵌入环境下提升产学研合作创新主体双元创新能力的目的。

1.1.3　研究意义

本书研究产学研合作双模网络嵌入对创新主体双元创新的影响，具有重要的理论和实践意义。

（1）对于丰富和完善创新网络嵌入视角下的研究具有重要的理论意义。

本书将复杂系统理论、双模网络理论、社会学、演化经济学、博弈论、模糊数学、双元创新理论等多种研究理论和方法结合起来进行研究，使得产学研合作创新网络嵌入对创新主体双元创新的影响研究更加清晰、严谨，完善了产学研合作创新网络嵌入对创新主体双元创新的影响研究。除此之外，本书对产学研合作组织网络嵌入、知识网络嵌入、双模网络嵌入的内涵进行了界定和分析，有利于从理论概念角度探索产学研合作双模网络嵌入的运作规律，为产学研合作双模网络嵌入的内涵探究、属性效应的分析奠定理论基础。与此同时，本书分析了产学研合作双模网络嵌入对创新主体双元创新的影响机理，探析了产学研合作双模网络嵌入对创新主体双元创新的影响机制，建立了产学研合作双模网络嵌入对创新主体双元创新的影响效果评价指标体系，为创新主体创新策略的制定提供重要的依据。为保障创新主体双元创新的实现，明确了组织网络嵌入下创新主体双元创新的提升对策，建立了基于双元创新知识管理平台、双元知识管理机制和健全知识产权保护制度的知识网络嵌入下创新主体双元创新提升的对策，并从双模网络嵌入的构建高速的信息技术环境和强化"政金介"对创新主体双元创新的支持能力视角提出创新主体双元创新提升的措施，这些举措对于创新主体双元创新能力提升的相关研究都起着重要的补充作用。

（2）对于促进产学研合作双模网络发展、提升创新主体双元创新能力具有重要的现实意义。

我国产学研合作创新网络正处于发展阶段，本书建立了产学研合作双模网络嵌入对创新主体双元创新的影响分析框架，区别于以前单一模态嵌入的视角，从双模网络嵌入的视角对创新主体的双元创新进行研究，有助于从更深层次揭示创新主体在双元创新过程中的嵌入规律，提炼出我国创新主体从自主创新到产学研合作融合创新的发展路径。与此同时，创新主体在选择合适的创新模式，提高自身的创新能力，提升市场竞争优势方面仍然存在很多问题，或重利用式创新、轻探索式创新，或重探索式创新、轻利用式创新。本书构建基于产学研合作双模网络嵌入对创新主体双元创新的影响研究框架，加入双模网络嵌入的视角，基于创新主体自身的组织和知识资源对该问题进行研究，有助于创新主体平衡探索式创新和利用式创新，获取市场竞争优势。此外，相关的研究为我国政府推进产学研合作双模网络与创新主体双元创新提供政策借鉴。本书提出了基于产学研合作组织网络嵌入、知识网络嵌入和双模网络嵌入的创新主体双元创新的提升对策。一方面，有利于嵌入网络的创新主体优化自身结构，改变创新模式，提高创新能力，获取竞争优势；另一方面，为政府提出对策建议，为我国的产学研合作深度融合和促进创新主体双元创新的实现提供环境支持和政策保障。

1.2　国内外研究现状

1.2.1　国外研究现状

1.2.1.1　网络嵌入的研究

"网络嵌入性"是新经济社会学领域中的核心概念，自波拉尼（Polanyi，1994）提出以来，经历几十年的发展，逐步形成了一些主流的理论体系。现已被广泛应用于社会网络理论与组织发展理论，并逐步向社会资本、战略联盟、创新网络、联盟网络等新经济社会学理论发展。关于网络嵌入性的研究，学者们主要从嵌入主体类型、嵌入客体表现形式及功能、嵌入方式三个层次进行探讨。

（1）网络嵌入主体的类型。

对于网络嵌入主体类型的研究，有学者从嵌入主体所处社会情境出发，认为嵌入性是经济活动中关于认知、文化、社会结构与政治制度的权变因素（Sharon and Paul，1990），网络中合适的位置能够让创新主体抓住发展的机遇。有学者基于企业创新与社会网络分析理论，进一步解释了网络嵌入性与社会网络中的机构如何影响企业的创新，嵌入创新网络中的企业占有合适的网络位置能够及时地获取异质性的资源，从而提升自身的创新绩效、抵御市场风险（Uzzi，1999）。吴和普尔曼（Wu and Pullman，2015）从文化嵌入的视角，即价值观、社会问题和政治理念等角度分析了如何影响嵌入网络中创新主体的经济行为。王等（Wang et al.，2018）从政治嵌入的角度分析了政治嵌入是如何影响企业社会责任行为的扩散，研究结果显示，不同程度的政治嵌入水平对企业社会责任行为的影响存在差异性。伊卡诺（Iacono，2018）研究表明，社会结构的嵌入能够促进个体间的信任，进而影响嵌入个体的溢出效应。也有学者把认知、制度嵌入认作个体经济行为发生的影响因素（Dheer and Lenartowicz，2018；Ghosh et al.，2017）。哈吉多恩（Hagedoorn，2006）从国家、产业与企业角度区分了网络嵌入性的三个层次，研究了宏观、中观、微观三个不同层次的嵌入对创新主体行为和绩效的影响。他认为，创新主体之间的层次嵌入会影响主体间的信任程度及合作关系的稳定性与持续性；主体之间的层次嵌入特指创新主体加入不同社会网络，带来资源共享及在网络成员间的基于共赢的竞合关系；国家和产业嵌入是指国家环境及产业环境对创新主体经济行为和绩效的影响，具体表现为主体所处的产业类型与国家宏观环境不同会导致其合作倾向也发生变化。

（2）网络嵌入客体的表现形式及功能。

格兰诺维特（Granovetter）把网络嵌入客体分为结构嵌入与关系嵌入，并在伍兹（Uzzi）等的研究基础上得到进一步的发展。这一经典的分析框架实现了从网络关系的"质"和"量"两个维度研究网络结构。其中，结构嵌入性旳研究是网络成员相互联系的总体结构，它既强调网络的整体结构和功能，又关注网络节点在网络中的结构位置，主要的网络结构的特征向量包括度数中心度、中介中心度、结构洞、网络规模、网络密度（Nair et al.，2018）。关系嵌入性主要研究的是网络成员相互联系的二元交易关系问题，指交易双方之间相互理解、信任和承诺的程度（Lien et al.，2017）。结构嵌入方面，有学者认为占据较多的结构洞，拥有较多的桥接可以帮助创新主体获得更多异质性的知识和信息（Graft，2011），通过对专利合作网络的实证研究，网络密度、网络中心势等指标的嵌入可以影响创新网络的结构（Kratke，2010），促进嵌入者的创新绩效。还有学者认为，创新主体占据一定程度的结构洞能够促进知识的转移，当占据的结构洞较多时，对知识转移的作用为负，而知识转移依赖于创新网络的密度（Broekel and Graf，2012）。关系嵌入方面，格兰诺维特（Granovetter，1985）研究认为，网络中的弱连接能够帮助创新主体接触到不同情景下的网络知识节点，获得异质性知识。万森博客等（Wanzenböck et al.，2014）认为，强连接会使得网络中的主体建立较深的信任关系，这样更有利于主体间进行复杂知识的传播和共享，但是弱连接不能实现复杂知识的转移，它更有利于寻找和发现网络中有用的知识。莱文和克罗斯（Levin and Cross，2004）研究认为，强连接的情景下，会加深创新主体间的信任，并使得创新主体获得更多有用的知识，传递复杂的和隐性的知识。还有学者研究认为，由于缺乏网络中的亲缘关系、信任关系、共同价值观和共同愿景关系等，如果产学研之间没有合作基础，临时性地开发一种合作关系，并进行高效的协作是比较困难的，创新网络中已经建立的网络嵌入关系会影响新的产学研合作创新主体合作关系的形成（Antonio，2011）。即使创新主体的研发投入和外部组织的支持会促使产学研合作关系的建立，但在创新主体之间选择合作伙伴的决策上，创新主体仍然会选择有过合作经验和合作基础的、值得信任的、可以进行信息交换的创新主体来建立合作关系（Cowan，2010；Yoon et al.，2015）。

（3）网络嵌入的方式。

国外学者对于创新网络嵌入方式的研究较为分散，暂没有形成系统的研究框架。更多地强调单模网络模式（one mode）的创新嵌入，将创新网络作为单独的一个网络，并没有将参与创新的创新主体、知识等在网络上进行区分，而是统称为合作网络、联盟研发网络和创新网络。卡诺－科尔曼等（Cano-Kollmann et al.，2018）分析了网络嵌入单模式下的全球创新网络嵌入的创新政策如何影响创新活动。格拉夫和卡尔萨斯（Graf and Kalthaus，2018）以1980～2015年的数据为例研究了全球研发创新网络，研究结果显示，研发系统政策的一致性和连通性积极地影响着创新网络的嵌入，创新政策特别是以需求为导向的创新政策，对嵌入性的影响是正向的。有学者基于生物医药产业的 217 家公司研究了公司内部组织间的技术联盟网络，实证发现公司在网络中的位置越接近，越具有高的相似性（Jacob and Duysters，2017）。马丁海克等（Matinheikki et al.，2016）基于价值再造的视角，研究了合作创新项目的社会网络嵌入。当然，也有学者从双重网络嵌入的角度进行分析，范德沃登和里格比（van der Wouden and Rigby，2019）通过研究美国城市体系中的本地和超本地网，分析社会网络对知识生产的影响。

1.2.1.2 创新主体双元创新的研究现状

针对创新主体双元创新的研究，学者们主要从创新主体双元创新的内涵及过程模式，以及创新主体双元创新的影响因素展开。

（1）创新主体双元创新的内涵及过程模式。

"探索"和"利用"这一对概念，在熊彼特的经济学著作中已有涉及，其后不断有学者对其进行发展和运用。邓肯（Duncan，1976）最早提出"双元性"的概念，他认为仅仅采用机械式组织结构或者有机性组织结构都不足以适应包含大量激进式变化及突变性变化的企业外部环境，要应对这种环境需要企业构建双元组织结构，即某些部门专门进行探索性活动，另一些部门专门开展开发性活动。然而，20 世纪 80 年代，学者们并没有延续邓肯的研究就创新主体双元性问题开展相应的探讨。基于创新主体双元性研究视角，马奇（March，1991）认为，企业想要从根本上适应挑战，需要利用已有资产与能力的同时进行大量探索活动，避免被市场与技术变革所淘汰。根据马奇的观点，"企业面临的根本问题是，从事大量利用性活动，确保现有的生存能力，同时投入足够的精力进行探索性活动，开发未来的可行性"，达成这种平衡的难点是利用性活动对于短期成功具有确定性，而探索性活动在本质上是低效的，且不可避免地会产生大量无用产出，但若企业不从事探索性活动，更有可能失败。本纳和塔什曼（Benner and Tushman，2003）按照当前知识或技术路径的偏离或接近程度和现有客户与市场细分偏离程度这两个维度，明确提出了利用式创新和探索式创新的概念，并指出它们是两种重要的不同创新方式。探索式创新就是依靠新知识或者脱离既有知识来进行新的设计、开拓新的市场或开辟新的分销渠道，旨在满足正在形成的市场和顾客需求；而利用式创新是在既有知识的基础上提升组织的既有技能、过程和结构，旨在满足既有市场和顾客需求（Jansen et al.，2006）。贾斯汀（Justin，2005）通过目标、结果、知识基础、来源、绩效影响比较了探索式创新与利用式创新的区别。卡蒂拉和阿胡亚（Katila and Ahuja，2002）认为，探索式创新与利用式创新是两个不同的维度，可以同时并存。钱德拉塞克兰等（Chandrasekaran et al.，2012）对 34 个高科技企业的 110 个 R&D 业务活动单元的分析发现，探索能力和利用能力受创新主体结构分化的影响，越稳定越有利于获取更多的 R&D 项目混合效应。拉维等（Lavie et al.，2012）认为，惯例会对信任、承诺和协调等主体间的关系机制产生影响，只有在惯例稳定的网络之中，创新主体才可能更高效率地在探索新知识、新市场的同时关注开发利用现有资源。张等（Zhang et al.，2017）通过实证验证了企业如何在技术创新和市场创新两个关键领域同时平衡探索和开发。其中，研究中区分了四种类型的配置：市场杠杆（技术探索和市场开发）、技术杠杆（技术开发和市场开发）、纯开发（技术开发和市场开发）和纯探索（技术探索和市场探索）。市场杠杆与技术杠杆对企业绩效都将产生正向影响，而纯开发与纯探索将产生负向影响。

（2）创新主体双元创新的影响因素。

学者们对于创新主体双元创新的影响因素进行了广泛而深入的研究。分别从领导风格与策略、部门结构、组织结构与知识管理方面进行了研究。在领导风格与策略方面，郝吉马利斯（Hadjimanolis，2000）认为，企业所有者、总经理及企业所掌握的技术资产如重要资源与能力对双元创新起到重要的协调器作用。詹森等（Jansen et al.，2008）发现，变革型领导能够调节高管团队特征与双元创新之间的关系。有学者考察了公司治理系统如何协调 CEO 过度自信和双元创新之间的关系（Wong et al.，2017）。结果表明，CEO 的过度自信将倾向于放大双元创新的不平衡，独立董事会和专用机构所有权可以缓解 CEO 过度自信与双元创新之间的正相关关系。在部门结构方面，塔什曼和奥莱利（Tushman and O'Reilly，1996）认为，当创新主体内部存在的探索能力与应用能力相互结合均衡发展时，则可以有效保证主体的双元创新，通过组织单元，依据心态、时间导向、功能和产品或者市场领域建立的结构差异性（Golden and Ma，2003），使得主体内部保持了较大的差异性，有利于异质性的思想和观点的产生，从而作用于双元创新（Jansen et al.，2009）。陈等（Chen et al.，2018）认为，技术与行政变革对双元创新呈"U"型影响。在组织结构与知识管理方面，如果组织在拓展、支持、信任等方面做到了有效的互动匹配，创新主体的双元创新水平就会更高（Gibson and Birkin-shaw，2004）。詹森（Jansen，2005）认为，若组织单元具有分权化特点和紧密的社会关联性将有益于双元创新，外部环境的动态性与竞争性程度越强越有益于双元创新。有学者以中小企业为研究对象，认为通过塑造正确的国际组织结构和采用适当的领导风格，可以实现探索式和开发式创新（Changa，2012）。索托等（Soto et al.，2018）研究证明，信息技术能力、知识管理能力和环境动态性对双元创新起正向促进作用。

1.2.1.3　网络嵌入对创新主体双元创新的影响研究

不同方式的创新网络嵌入会使得创新主体采取不同的技术创新模式（Hsueh et al.，2010），奎米特等（Ouimet et al.，2007）探讨了创新主体所处的网络位置对利用式创新和探索式创新的影响。卡拉马诺斯（Karamanos，2012）从宏观和微观层面研究了创新主体的嵌入对探索式创新的影响，在宏观层面上联盟网络的密度越高越有利于创新主体的探索式创新；在微观层面上，创新主体之间接近中心度越小越有利于创新主体探索式创新的实现，上述结论通过生物行业的专利数据得到了验证。最后，无论直接关系还是间接关系，或者是重叠的关系都会影响创新主体的双元创新（Packard et al.，2016）。此外，学者们从网络规模、网络密度、网络资源等角度对创新网络嵌入与双元创新进行了研究（Rojas，2018；Gonzalez-Brambila，2013；Collinson and Wang，2012）。除此之外，学者们还分析了创新网络嵌入影响创新主体双元创新的途径，包括创新主体合作伙伴的自身条件、创新主体合作伙伴的创新能力、创新主体的知识整合能力、知识搜索的方向以及主体间的技术距离等（Gilsing et al.，2008；Avgerou and Li，2013；Belderbos et al.，2014）。

1.2.1.4　产学研合作双模网络嵌入对创新主体双元创新的影响研究

关于产学研合作双模网络嵌入对创新主体双元创新的影响国外学者研究较少。赖特和罗贝里（Wright and Roberg，1998）从双重网络嵌入的视角分析"双模"网络的嵌入，即由两组节点和多组连边所构成，整个网络系统包含了两个单独的子网络，各子网络共用同一个节点集合，但是各子网络层中节点和边都可以具有不同的属性。并将双重网络嵌入与创新主体双元创新结合，将创新网络进行内容上的区分，认为创新组织的创新活动是嵌入于知识网络（或者技术网络）和合作网络（或者社会网络）中的，这两个网络对创新活动具有不同的影响（Wang et al.，2014）。闫和官（Yan and Guan，2018）将组织的技术创新活动放置于双重网络嵌入中，一个是研究者之间的合作网络，另一个是由知识元素之间的联系组成的知识网络，这两个网络的结构特征明显并且各自影响创新主体的双元创新。上述研究都混淆了双模网络嵌入和双重网络嵌入的区别，根据博卡尔蒂等（Boccalctti et al.，2014）的研究，双模网络嵌入实际上可以用一个由两个单模网络组成的网络集合来表示，将每一个单独的网络分别看作一个网络层，然后根据节点间的关联关系，对网络中的节点和网络间的模间节点进行连边。创新网络由单模向双模的拓展，是当前创新网络研究前沿的新趋势。通过这一拓展，可更加清晰地揭示创新的知识逻辑与合作逻辑，并将二者结合，考察对创新主体双元创新的影响。

1.2.2 国内研究现状

1.2.2.1 网络嵌入的研究现状

随着嵌入理论在经济学、社会学、管理学、组织行为学等领域的发展，我国学者对于嵌入问题的研究也逐渐增多，研究主要包括网络嵌入主体类型、嵌入客体表现形式和功能以及嵌入方式。

（1）网络嵌入主体的类型。

丘海雄和于永慧（2007）认为，嵌入是用来分析经济行为如何受不同的因素影响的一个工具，诸如历史因素、制度因素、文化因素、社会关系因素以及社会结构等因素。网络主体嵌入可以分为认知嵌入、文化嵌入、政治嵌入、制度嵌入等类型。陈仕华和李维安（2011）从主体认知嵌入于联结企业情景、企业网情景、国家情景以及各情景间交互影响方面剖析了公司治理的嵌入机制。有学者探究了网络中的企业文化嵌入，文化嵌入是指外部共享的信念、组织价值观、传统惯例等社会文化因素会制约理性的经济行动，文化嵌入中的冒险精神、合作精神、成就欲望维度直接与创新决策限制显著负相关（张敏和张一力，2014）。企业通过研发合作来提升技术创新绩效是创新网络情景下开放式创新的一个重要途径，政治嵌入性强调法律税收系统、政治体制和权力机构等政治因素对经济行为的制约影响，这就使得其对企业行为和技术创新绩效产生影响（胡旭阳和吴一平，2016）。杨震宁等（2016）使用来自8个行业682家高科技企业的数据进行了实证研究，结果表明政治嵌入（包括国有企业属性和政府采购水平）会负向调节研发伙伴的多样性与技术创新绩效之间的关系。有学者构建了旅游企业的制度嵌入性对其创新绩效影响的概念模型，以四川剑门蜀道旅游目的地的企业为样本，对制度嵌入性与旅游企业创新绩效的关系以及知识流入在其中所起的中介作用进行实证分析和检验。研究结果显示，正式制度嵌入对旅游企业的创新绩效有显著的正向影响；非正式制度嵌入对旅游企业创新绩效的正向作用不明显；知识流入在正式制度嵌入与企业创新绩效之间起部分中介作用（姚云浩和高启杰，2014）。对网络嵌入作用的主流研究中，具有越来越注重情境化的趋势。考虑到企业从外部环境中获取资源的能力对其绩效的影响，有学者从企业内部运营和价值链的研究视角，提出嵌入的业务与技术两类划分，并实证分析了企业的这两类嵌入与企业绩效的关系（刘维林，2012）。

（2）网络嵌入客体的表现形式及功能。

关于网络嵌入客体的研究，主要表现在结构嵌入和关系嵌入。马荣康（2014）的研究将网络嵌入分为契约式的结构嵌入和关系嵌入以及股权式的结构嵌入和关系嵌入。关于网络结构嵌入的相关研究中，不同学者从不同的情景进行了广泛的研究。田北海等（2013）认为，网络中的结构嵌入越紧密，代表着网络中社会资本存量越多，这种社会资本存量越多，越有利于网络成员之间建立相互信任和相互合作的关系。陈运森（2015）研究发现，网络中主体拥有足够多的结构洞，便能通过非冗余信息交换而得到效率的优势。另外，网络中心性也是结构嵌入中重要的影响指标，当创新主体的网络中心性值较高时，便于获取更多网络中的资源（张煊等，2013）。在关系嵌入视角，学者们主要探讨的是网络嵌入的关系强弱，以及对创新绩效的意义。吴晓波和韦影（2005）认为，网络嵌入中的强联结关系更容易促进网络间主体的交流与合作，利于知识的共享和转移。有学者强调了弱联结能力能为行动者带来更多异于自身知识背景的网络节点，从而获取更多的异质性知识，进而提升创新绩效（吴强，2016）。创新主体嵌入网络当中，所建立的强联结和弱联结关系，可以帮助创新主体摄取异质性的资源，即使两者所处网络嵌入情景不同，但仍然同等重要。随着时间的推移，我国学者对于网络嵌入客体的研究进行了深入的拓展。一是强调嵌入客体形式的多元化，"嵌入"的客体不仅仅局限于社会网络关系，更多地与商业网络和产业网络相关联，如果说嵌入社会关系网络可以帮助创新主体获取资源的支持，那么嵌入产业网络则可以实现创新主体所涉及的产业链的分工收益（庄晋财等，2012）。二是嵌入网络的客体边界进行了拓展。过往的研究更多地将网络嵌入定位在创新主体的内部网络，很少去分析外部网络所带来的收益。魏江和徐蕾（2011）的研究，打破了这种边界，将集群企业嵌入于通过内部学习的集群内部知识网络和通过与外部知识创新主体进行知识交换和交互的集群外部知识网络，也称为超本地网络。三是网络嵌入客体的双向化。在数字经济时代，全球化形势下，外商的投资显得尤为重要，越来越多的跨国公司看中了中国广阔的发展市场和发展潜力，争先恐后地在中国建立制造生产基地。一方面，创新主体中的企业嵌入于由上游供应商和下游企业构成的生产网络，并与全球制造网络相融合，充分地利用全球的资源，开拓全球的市场（张方华和左田园，2013）；另一方面，创新主体中的跨国公司与它们所投资的地方建立稳定的合作关系，包括利益相关者，实现与地方的资源连接，相互作用，共同进步，逐渐嵌入本地网络，实现了双向效果（叶庆祥，2006）。

（3）网络嵌入的方式。

我国学者关于网络嵌入方式的研究也较为分散，朱海燕等（2012）将网络嵌入的方式分为正式的方式和非正式的方式。其中，正式的方式是指一种基于创新主体间的联盟交易或者契约的市场关系；非正式的方式则是指由非正式的沟通建立的社会关系，即同时嵌入于经济关系网络和社会关系网络（朱海燕，2008）。程聪和谢洪明（2012）从水平嵌入（产业分工）和垂直嵌入（政策规制）视角刻画了社会网络嵌入对集群企业关系张力、关系绩效的影响。何会涛和袁勇志（2018）针对海外人才在华创业企业的独特网络嵌入特征，从双重网络交互的视角就本地网络、海外网络以及双重网络交互对跨国创业生存绩效和成长绩效的关系进行探讨。施国平等（2018）基于网络信号理论，分析联合投资网络与有限合伙人（简称 LP）网络对创投机构筹集创业投资资本的影响。

1.2.2.2　创新主体双元创新的研究现状

针对创新主体双元创新的研究，国内学者主要从创新主体双元创新的内涵及过程模式、创新主体双元创新的影响因素等方面展开。

（1）创新主体双元创新的内涵及过程模式。

关于创新主体双元创新内涵的研究，张玉利和李乾文（2006）对主体双元性的基本概念进行了梳理，从定义与内涵归纳了关于双元性的研究，认为创新主体仅仅从事开发活动是不够的。由于顾客需求的变化、竞争力量的此消彼长等原因，创新主体在开发和改善已有能力的基础上，还必须不断开展发现新机会和新事业的活动，这就要求创新主体掌握发现新机会和新事业所必需的探索能力。探索能力就是指从事变异、试验、柔性、冒险和创新等活动的能力。具体涉及搜索新的组织实践，以及发现新技术、新事业、新流程和新的生产方式等活动。孔继红和茅宁（2007）认为，开发性创新是效率导向型创新，探索性创新则是冒险性活动，两种创新活动都有各自的逻辑和轨迹，难有交叉。周俊和薛求知（2009）提出了双元创新建构过程的框架。张玉利和李乾文（2009）认为，两种创新方式在目标、结果、知识基础、来源、绩效影响方面存在区别。李剑力（2009）通过总结认为，两者在创新目标、创新结果、知识基础、创新来源、组织结构、组织文化及对绩效影响等方面都有明显不同的特征和差别。高媛等（2012）梳理了利用与探索在组织学习与技术创新领域的两组概念，并总结出"利用"与"探索"在组织学习领域与技术创新领域中的三种关系视角，分别是对应、融合、过程—结果。沈灏等（2008）认为，当组织探索与应用能力都较低时，可选择单独进行探索性学习或利用性学习两类路径实现双元创新绩效。彭新敏等（2011）认为，存在间断型平衡和双元型平衡两种平衡方式，并通过案例考察了二次创新动态过程中的创新主体合作网络与创新主体平衡模式的演化规律。王耀德和李俊华（2012）通过对创新主体创新失衡、平衡的内在机理和创新主体创新平衡机制的运行机理剖析，建立了双元性主体创新平衡机制的"四力五维"分析模型。许晖等（2014）基于企业国际化理论和双元性理论，选择两家渐进国际化企业与两家天生国际化企业，探讨企业在产品—市场决策情境下实现双元平衡的模式及演变过程。王利敏和袁庆宏（2014）从产学研合作的网络视角出发，分析企业方和学研方同时分别追求开发性和探索性学习的可能性，依据技术创新路径探究开发性学习和探索性学习在产学研系统中平衡的实现途径。王寅等（2014）在已有双元性创新研究基础上，为企业在生命周期不同阶段如何选择创新活动提出了对策建议，在生命周期的引入期和成长期，开发式创新与绩效呈正相关关系，在成熟期和衰退期呈负相关关系；在生命周期的引入期和成长期，探索式创新与绩效呈负相关关系，在成熟期和衰退期呈正相关关系。吴亮等（2016）引入资源拼凑这一中介变量，通过实证检验证明资源拼凑活动在探索式创新、利用式创新与创新绩效之间所扮演的关键中介作用，即存在一种"拼凑双元"的资源管理策略，以此帮助创新主体实现探索式创新和利用式创新之间矛盾的有效调和。

（2）创新主体双元创新的影响因素。

我国学者也对创新主体双元创新的影响因素进行了丰富研究。王朝晖等（2011）探讨了承诺型人力资源管理实践及内部契合的人力资源实践对探索式创新与利用式创新的影响。赵洁等（2012）探讨了如何利用高管激励机制引导创新双元性的问题，分析了激励机制对双元创新的平衡程度和互补程度的影响。张钰等（2013）研究了企业间社会资本的三个维度（结构/关系/认知）作为利用式和探索式两种创新驱动因素时，各自的作用效果和机理。张敏等（2016）将主我认知与宾我认知引入研究，其中将风险偏好作为审视企业家认知过程中具备的"主我"认知特性及其心理模式，关系嵌入的感知与结构嵌入的感知作为"宾我认知特性"，以探讨自我认知对双元创新的影响。张勇和龙立荣（2013）从团队层面对绩效薪酬与团队成员探索式创新行为和利用式创新行为的关系进行跨层次研究，并检验团队薪酬水平的调节效应。王朝晖（2014）基于"能力—动机—机会"（AMO）理论，构建了一个描述人力资源管理通过知识整合能力、自主性动机和网络中心度，影响情境双元性的概念模型。王艺霖和王益民（2015）通过研究结果表明，高管团队行为整合、高管团队政治联系对战略双元有正向影响。高管团队中庸思维弱化了高管团队行为整合与战略双元之间的关系。杨治等（2015）认为，企业间信任是促进知识转移和创新的重要因素。以企业间信任为自变量，市场导向、冗余资源与人力资本为调节变量，探讨了企业间信任与双元创新的关系。陈建勋等（2016）从表意性结构、合法化结构和支配性结构三个层次论证了高管团队（TMT）社会网络结构刚性的生成机制，以及由于结构刚性存在所导致的 TMT 社会网络结构与创新主体双元创新之间呈现的非线性关系。曾德明和文金艳（2015）研究了中心度、知识距离与双元创新的关系。杨菲等（2017）基于系统动力学方法，在梳理"知识积累—双元创新"系统中各变量之间因果关系的基础上，构建了知识积累与双元创新之间动态演化的系统动力学模型，采用仿真软件 Vensim 进行了仿真模拟。余菲菲等（2013）以先声药业为纵向案例，构建"网络关系—知识基础—探索、开发"的理论模型，分析了衔接关系和紧密关系的互补性、动态性对探索式创新和开发式创新之间平衡的影响。

1.2.2.3　网络嵌入对创新主体双元创新的影响研究

网络嵌入决定了创新主体在网络中所能聚集、整合和配置的知识资源

（张利平，2013），因此，通过网络嵌入所形成的网络关系可以作为创新主体知识转移的途径。李玲等（2008）从考察知识获取不同阶段的特征入手，构建网络嵌入—企业知识能力—企业知识权力的研究模型，模型结果显示，创新主体中的企业在维持恰当的关系嵌入水平时，可以促进企业的知识获取，而网络嵌入中弱联结的数量和比例则有利于提升企业获取异质性知识的能力。梁娟和陈国宏（2015）以知识多重网络嵌入、网络结构、网络关系为基础，并通过动态能力的中介，建立了对集群网络企业知识创新绩效影响的概念模型。常红锦等（2013）分析了网络嵌入（关系嵌入、结构嵌入和位置嵌入）以及关系嵌入和结构嵌入的交互、关系嵌入和位置嵌入的交互、结构嵌入和位置嵌入的交互作用对创新网络中创新主体退出的影响。赵炎和郑向杰（2013）通过收集来自中国 10 个高科技行业的联盟网络创新数据，确定了420 个上市公司，并对网络的嵌入性与地域根植性对创新主体中公司创新绩效的影响进行研究，结果显示，创新个体中介中心性和行业网络密度对嵌入的创新主体的创新绩效有着显著的影响。张华和郎淳刚（2013）通过分析美国高技术产业 11 年的专利合作数据，得出创新个体网络嵌入的中心性与创新个体的知识创新正相关，但这种相关性受到创新个体以往创新绩效以及所处网络的异质性的影响。任胜刚等（2011）分析发现，组织网络嵌入的网络位置、网络密度和网络关系强度均对创新主体的渐进式创新产生正向影响，而对创新主体的突变式创新产生负向影响，网络异质性则与创新主体的渐进式创新负相关，与创新主体的突变式创新正相关。李国强等（2019）通过收集来自生物医药、电子信息、设备制造等科技企业的数据，选取组织所处合作网络的网络密度、网络稳定性、网络中心性、网络中介性、网络异质性等结构特征为切入点，应用 fsQCA 对创新主体的双元创新进行研究。研究结果表明，合作网络稳定性、网络密度和关系质量是利用式创新的重要因素，网络密度与网络异质性是突破式创新的核心条件。

1.2.2.4　产学研合作双模网络嵌入对创新主体双元创新的影响研究

我国学者对于产学研合作双模网络嵌入对创新主体双元创新的影响研究较少。主要是从双重网络嵌入的角度进行分析，有学者以原生型集群企业为研究对象，考察了其嵌入的两种重要网络类型——商业网络和技术网络，并将企业规模的差异作为重要的情境变量，纳入分析网络关系强度对企业创新能力作用的研究中。通过实证分析发现，集群内外的商业网络和技术网络的关系强度，对集群内大企业和中小企业的探索式和利用式创新的作用具有显著差异，在作用方向和程度上也有明显区别（向永胜和魏江，2013）。有学者以武汉东湖高新区内的高技术企业为样本数据来源，从吸收能力视角，构建知识链、价值链双重网络嵌入与创新绩效的理论模型，采用问卷调查结合结构方程模型（SEM）的方式探索创新主体双重网络嵌入与创新主体创新绩效的作用机制（孙骞和欧光军，2018）。庄晋财等（2012）研究认为，新创企业的双重网络嵌入演化可以促进新创企业的成长，创业网络是社会关系网络和产业网络的结合，而新创企业的成长则是伴随着社会网络与产业网络双重嵌入过程。在创业网络信任关系研究的过程中，新创企业则呈现出一定的规律性：第一，由社会网络嵌入向社会网络和产业网络双重嵌入演化；第二，由市场交易方式向社会关系方式演化；第三，由双重网络分离式嵌入向叠加式嵌入方向演化。辛德强等（2018）为了揭示双重网络嵌入下网络惯例刚性对探索式创新绩效的作用机制，对软件业、高端制造业、信息传输业、制药等行业258份调查数据进行实证分析，结果发现，网络认知刚性、网络行为刚性都不利于探索式创新；网络惯例刚性与探索式创新之间的关系受其所嵌入的双模网络影响。在较高社会网络嵌入差异的情况下，网络认知刚性、网络行为刚性与探索式创新的负向关系加强。相似地，在较高知识网络嵌入下，网络认知刚性、网络行为刚性与探索式创新的负向关系也会加强。杨博旭等（2019）利用电子信息产业专利授权等数据，实证检验了双元创新情境下，知识网络嵌入和合作网络嵌入对创新绩效的作用机制。结果表明，合作网络的结构嵌入对创新绩效具有负向影响，但合作网络的关系嵌入有助于提高创新绩效；知识网络结构嵌入与组织创新绩效之间存在倒"U"型关系。在不同双元创新战略中，多重网络嵌入对创新绩效的作用效果存在差异。区别于双重网络嵌入，双模网络会考虑两个模态网络间的结构和关系，汤超颖等（2020）引入双模网络分析方法刻画知识分布特征，研究企业外部合作和企业内部研发人员之间的异质性如何影响企业的双元创新平衡。刘凤朝和杨爽（2020）基于中国上市医药企业的专利数据，研究双模网络条件下发明人知识离散特征对其合作网络中心性的影响，研究结果表明，发明人知识多样性可以显著提升其合作网络中心性，使发明人处于核心位置，行业知识组合潜力负向调节上述关系；双模网中发明人知识独特性会降低其合作网络中心性，使发明人处于边缘位置，行业知识组合潜力正向调节上述关系。

1.2.3　国内外研究现状评述

梳理国内外的文献，发现现有研究主要集中在以下三个方面。

（1）国内外学者对于单模网络嵌入的研究较为成熟，如关系嵌入、结构嵌入、认知嵌入、文化嵌入、制度嵌入和政治嵌入等。关于双模网络的研究较少，大多是从双重网络嵌入的视角进行研究，而关于双模网络的结构与关系、双模网络的属性效应等研究甚少。双模网络嵌入是一个新的趋势，运用创新性的理论和方法剖析双模网络嵌入的相关属性，需要进行探索。

（2）当前国内外学者对于创新主体双元创新的研究大多集中于创新主体双元创新的内涵、过程模式以及创新主体双元创新的影响因素。关于创新主体双元创新测度的研究虽然有提及，但测度模型以及测度指标体系的选择需要进一步深化和完善。与此同时，对于网络嵌入下的创新主体双元创新的研究也较少，需要继续挖掘网络嵌入对创新主体双元创新的影响。

（3）针对产学研合作双模网络嵌入对创新的影响研究较少，大多集中于组织或知识单一模态嵌入的创新研究。而针对产学研合作双模网络嵌入对创新主体双元创新影响的研究仍然处于探索时期，缺乏统一的研究框架，缺乏产学研合作双模网络嵌入对创新主体双元创新影响的整体研究。

具体来说，大多数研究认为创新主体的双元创新被两个层面的网络嵌入所影响，即产学研合作组织网络和知识网络（Borgatti and Foster，2003；Brass et al.，2004；Phelps et al.，2012）。组织网络是由合作的创新主体之间通过产学研合作项目所连接的，知识网络是由创新主体所携带的知识元素相连接的。在这两个层面的网络上，创新主体的双元创新被网络关系、网络结构和网络强度所影响（Van Wijk et al.，2008）。尽管大量的研究都从单个创新主体的外部合作网络或内部知识网络进行研究，但仍然存在以下不足。

首先，创新主体外部合作网络和内部知识网络对自身双元创新的影响研究是割裂开的（Borgatti and Foster，2003；Phelps et al.，2012）。创新主体知识网络的研究认为，主体知识网络的构成机制对主体知识的扩散和学习有着重要的影响（Borgatti and Cross，2003；Singh，2005）。很少有研究去分析创新主体双模网络的特点以及知识网络中的节点与外部合作组织网络的关系。相反，相关的研究更多地将创新主体放到一个封闭的环境进行分析。与此同时，外部合作组织网络的研究认为，产学研合作网络可以帮助创新主体获得异质性的知识，但是考虑到任何一个创新主体都是一个孤立的个体，存在独特性，所以更多地去分析个体内部的属性。

其次，多重网络嵌入的相关研究认为一个创新主体可以同时嵌入两个网络：一个是主体内部的知识网络；另一个是主体外部的合作组织网络（Lazega et al.，2008；Moliterno and Mahony，2011；Paruchuri，2010）。哈拉里和巴特尔（Harary and Batell，1981）把这种网络中的网络现象称作一种"嵌套结构"，在这个嵌套结构中，网络在一个层面上的点也是更高层面网络的组成部分。在这样一种情景下，网络在一个特定层面的属性受到比它高一级或者低一级的网络影响（Moliterno and Mahony，2011）。因此，为了更好地理解创新主体的双元创新，同时考虑主体外部合作组织网络和主体内部知识网络显得非常重要。

最后，关于主体外部合作组织网络的研究很少去关注创新主体双元创新影响的过程。更多的研究聚焦于主体外部的合作对主体外部知识转移的影响（Mowery et al.，1996），关于主体外部组织之间的学习仍然是一个"黑箱"。因此，运用主体内部知识网络去分析主体外部合作组织网络可以帮助组织解释从外部的合作伙伴和内部知识搜索的过程。为了更好地理解创新主体是如何从外部合作组织网络中获益的，我们需要更好地整合关于主体内部知识网络和主体外部合作组织网络作用的相关研究，并考虑网络间的连接结构和关系。

1.3　研究内容及研究方法

1.3.1　本书总体思路与框架

本书以双模网络嵌入理论、双元创新理论为基础，根据指数随机图模型、社会网络分析方法确定了产学研合作双模网络嵌入的主要变量，借助系统论构建了产学研合作双模网络嵌入下的创新主体双元创新的影响研究体系，分析了产学研合作双模网络嵌入对创新主体双元创新的影响机理，明确了产学研合作双模网络嵌入对创新主体双元创新的影响机制，并对产学研合作双模网络嵌入对创新主体双元创新的影响效果进行了评价，最后，提出了基于产

学研合作双模网络嵌入的创新主体双元创新的提升对策。研究框架如图 1.1
所示。

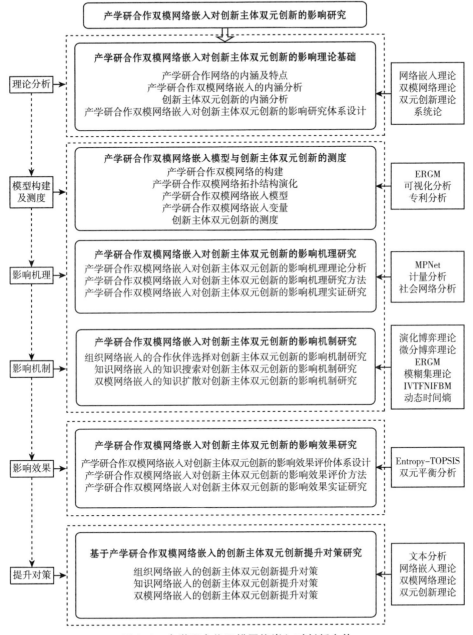

**图 1.1　产学研合作双模网络嵌入对创新主体
双元创新的影响研究框架**

1.3.2 本书研究内容

本书的研究内容主要分为七章。

第1章，绪论。本章首先说明了本书的选题背景、理论意义和现实价值，归纳和总结了国内外研究现状；其次提出本书的研究思路、研究内容和研究方法；最后明确指出本书的创新点。

第2章，产学研合作双模网络嵌入对创新主体双元创新的影响理论基础。本章首先分析了产学研合作网络的内涵及特点以及产学研合作双模网络嵌入的相关概念；其次，界定了创新主体双元创新的内涵、利用式创新和探索式创新的区别与特征；最后，构建了产学研合作双模网络嵌入对创新主体双元创新的影响研究分析框架。

第3章，产学研合作双模网络嵌入模型与创新主体双元创新的测度。本章首先构建了产学研合作双模网络，并使用 Ucinet、Gephi 软件绘制了产学研合作组织网络、知识网络、双模网络的拓扑结构演化图；其次，基于社会网络指数随机图模型（ERGM）建立了组织网络、知识网络、双模网络的嵌入模型构局，并对相关网络结构和关系变量进行了测量；再次，使用 Ucinet 软件计算了产学研合作组织网络和知识网络的度数中心性和结构洞，并对排名前五的组织和知识元素进行了统计，使用 MPNet 软件对代表产学研合作双模网络结构和关系的二星与三星进行了计算，并对排名嵌入的星源进行统计；最后，对创新主体双元创新进行了测度，选择了客观有效的专利测量法。

第4章，产学研合作双模网络嵌入对创新主体双元创新的影响机理研究。本章首先确定了产学研合作双模网络嵌入下创新主体双元创新的影响因素，并从理论角度分析了产学研合作组织网络、知识网络和双模网络关系嵌入与结构嵌入对利用式创新和探索式创新的影响，构建了产学研合作双模网络嵌入对创新主体双元创新的影响机理概念模型；其次，以国家知识产权局（SIPO）产学研合作项目为样本，对专利检索平台中检索出的产学研合作专利数据进行了可视化分析；最后，基于构建的概念模型，对产学研合作组织网络、知识网络、双模网络的关系嵌入和结构嵌入对创新主体双元创新的影响机理进行了回归分析，并对比了创新主体为企业、大学和研究所的回归结果，假设得到了验证。

第5章，产学研合作双模网络嵌入对创新主体双元创新的影响机制研究。

本章首先通过改进的考虑属性权重和时间熵的区间三角模糊数 BM 算子，研究了组织网络嵌入的合作伙伴选择对创新主体双元创新的影响机制，并构建了资源互补、公平合作和风险共担机制；其次，运用微分博弈建立了知识网络嵌入的创新主体双元创新知识搜索模型，对比了 Nash 非合作模式、成本分担模式和协同合作模式下知识宽度搜索和知识深度搜索对创新主体双元创新总收益的影响，并构建了知识关联、合作模式和利益分配机制；再次，通过两方演化博弈建立了双模网络嵌入的创新主体双元创新博弈模型，并对其知识扩散路径进行了演化分析；最后，运用社会网络指数随机图模型实证分析了双模网络嵌入的创新主体知识扩散的方式对创新主体双元创新的影响，并提出了认知邻近性和地理邻近性机制。

第 6 章，产学研合作双模网络嵌入对创新主体双元创新的影响效果研究。本章首先就产学研合作双模网络嵌入对创新主体双元创新的影响效果评价指标体系进行了设计；其次，确定了产学研合作双模网络嵌入对创新主体双元创新的影响效果评价方法；最后，将创新主体样本分为双元创新平衡方式、利用式创新主导方式和探索式创新主导方式三类，实证分析了产学研合作双模网络嵌入对创新主体双元创新的影响效果。

第 7 章，基于产学研合作双模网络嵌入的创新主体双元创新提升对策研究。本章从组织网络嵌入、知识网络嵌入和双模网络嵌入构建了产学研合作双模网络嵌入的创新主体双元创新提升对策。首先，从谨慎选择产学研合作创新伙伴、加强产学研合作创新主体之间的连接两方面提出了组织网络嵌入的创新主体双元创新提升对策；其次，从构建创新主体双元创新知识管理平台、建立双元知识管理机制、健全知识产权保护制度三方面提出了知识网络嵌入的创新主体双元创新提升对策；最后，从构建高效快速的信息技术环境、强化"政金介"对创新主体双元创新的支持能力两方面提出了双模网络嵌入对创新主体双元创新提升的对策。

1.3.3 本书研究方法

（1）归纳与演绎分析法。

通过对复杂网络、双模网络、社会网络、组织创新、双元创新等相关领域的文献和资料进行整理，归纳总结了产学研合作双模网络嵌入的内涵及属性，以及创新主体双元创新的内涵、分类及对比。并构建了产学研合作双模网络嵌入对创新主体双元创新的影响研究体系。

（2）科学计量分析法。

建立了产学研合作双模网络嵌入对创新主体双元创新的影响机理理论假设，并设计了产学研合作双模网络嵌入对创新主体双元创新的影响机理概念模型，在实证研究产学研合作双模网络嵌入对创新主体双元创新的影响机理后，借助负二项回归的方法进行计量分析。

（3）双模网络分析法。

基于社会网络指数随机图模型建立产学研合作双模网络嵌入模型，在计算双模网络嵌入的属性效应时，运用了双模网络的分析方法，并实证分析了双模网络嵌入的创新主体知识扩散的方式对创新主体双元创新的影响。

（4）博弈论分析法。

基于微分博弈理论，建立 Nash 非合作、成本分担和协同合作的知识网络嵌入的创新主体双元创新实现的知识搜索机制；借助两方演化博弈理论，建立双模网络嵌入的创新主体双元创新知识扩散机制。

（5）多属性决策分析法。

分析创新主体双元创新情景下组织网络嵌入的合作伙伴选择过程，考虑了决策矩阵的主观偏好和客观信息，使用了动态时间熵，并结合 Entropy-TOPSIS 计算了区间三角模糊数的属性权重，通过改进的考虑属性权重和时间熵的区间三角模糊数 BM 算子，研究了组织网络嵌入的合作伙伴选择对创新主体双元创新的影响机制。

1.4　本书的创新之处

本书的创新之处主要表现在以下五个方面。

（1）从理论角度分析了产学研合作组织网络、知识网络和双模网络关系嵌入与结构嵌入对利用式创新和探索式创新的影响，构建了产学研合作双模网络嵌入对创新主体双元创新影响机理的概念模型，以 SIPO 产学研合作项目为样本，就产学研合作组织网络、知识网络、双模网络的关系嵌入和结构嵌入对创新主体双元创新的影响机理进行了回归分析，并对比了创新主体为企业、大学和研究所的回归结果。

（2）从合作伙伴网络结构、合作伙伴网络关系、合作伙伴技术双元性、合作伙伴相容性和合作伙伴抗风险性建立了创新主体双元创新情境下组织网络嵌入的合作伙伴选择指标体系，通过改进的考虑属性权重和时间熵的区间三角模糊数 BM 算子，研究了组织网络嵌入的合作伙伴选择对创新主体双元创新的影响机制，并构建了资源互补、公平合作和风险共担机制。

（3）运用微分博弈建立了知识网络嵌入的创新主体双元创新知识搜索模型，并对比了 Nash 非合作模式、成本分担模式和协同合作模式下知识宽度搜索和知识深度搜索对创新主体双元创新总收益的影响，并构建了知识关联、合作模式和利益分配机制。

（4）通过两方演化博弈建立了双模网络嵌入的创新主体双元创新博弈模型，并对其知识扩散路径进行了演化分析，运用社会网络指数随机图模型实证分析了双模网络嵌入的创新主体知识扩散的方式对创新主体双元创新的影响，并构建了认知邻近性和地理邻近性机制。

（5）从产学研合作双模网络嵌入行为和创新主体双元创新效果两个方面设置了双模网络嵌入环境下双元创新主体的影响效果评价指标体系，将实证样本分为双元创新平衡方式、利用式创新主导方式和探索式创新主导方式三类，分析了产学研合作双模网络嵌入对创新主体双元创新的影响效果。

第2章 产学研合作双模网络嵌入对创新主体双元创新的影响理论基础

2.1 产学研合作网络的内涵及特点

2.1.1 产学研合作网络的内涵

国外研究中较多地使用校企网络（university-industry network）来表达"产学研合作网络"（Perkmann et al.，2013），认为产学研合作网络不仅可以促进工业创新水平的提升，还可以适应多变的市场发展的需要，是国家创新体系最重要的组成部分（Guan and Zhao，2013）。产学研合作网络中的主要节点包括企业、高校和科研机构三类，网络中的边代表主体间的合作关系（Lam，2007），该网络既包括了学术性的活动又包括了产业活动，是产学研以技术创新为目标形成的新型合作创新的组织形态（Etzkowitz and Leydesdorff，2000）。产学研合作网络作为网络经济时代的重要组织形式和组织获取外部信息的重要实现方式，需要网络中的主体在确定共同目标的情况下，来保证网络要素的协同与重组（Linden et al.，2009）。涉及多个层次的创新要素，遍及个人、组织、群体、区域乃至国家层面的网络，使得网络中的节点在一个嵌入的、重在整合的关联系统中交流知识和信息（Mowery et al.，2015）。

我国学者黄胜杰等较早地提出产学研合作的网络特征，认为产学研合作是一种特殊的联盟合作形式、具有网络化的发展形态（黄胜杰、张毅，2002）。这种网络化的形态均是由企业、高校和科研机构构成，并形成产学研合作的集成、联合和共建模式，并具有多样性、动态性、协作性和开放性等特点。之后，朱桂龙等（2003）定义了产学研合作网络，认为产学研合作网络是由企业、高校和科研机构组成，通过网络组织形式运作的，产学研合作从事研究、开发和生产等创新活动的组织，该组织整合了产、学和研的资源优势，组建了一个完整的创新链条。喻科（2011）进一步地对产学研合作网络进行了广义的定义，这一次的定义在创新主体中加入了政府、金融机构和中介机构，认为产学研合作网络是政产学研金中各创新主体在共同创造价值的约束下形成的非线性和立体网状的组织。刘国巍（2014）基于上述学者的研究，从狭义的角度对产学研合作网络进行了定义，认为产学研合作网络是由企业、高校和科研院所合作关系所建立的，具有知识集聚效应的网络化新型组织模式，通过这种新型的模式可以有效地实现异质类资源的流动和创新收益的提升。当然也有学者认为，产学研合作网络是一种产学研合作创新主体之间偶然发生的行为形成的网络固化组织形式，创新主体之间各取所需、优势互补，进行研究开发、生产营销和咨询等服务活动（惠青、邹艳，2010）。

综上所述，我们可以获悉，产学研合作网络有广义和狭义之分。广义的产学研合作网络主要涵盖企业、大学、科研院所、政府、金融机构和中介机构。其中产、学、研是主要创新主体，政、金、介是辅助创新主体。而狭义的产学研合作网络只界定了企业、大学和科研机构三类创新主体。由于创新组织在产学研合作网络中的嵌入关系是由企业、高校和科研机构之间的连边形成，为更聚焦地关注创新组织在产学研合作网络中的嵌入效应和嵌入的作用规律，本书从狭义的角度界定产学研合作网络，即企业、高校和科研机构以资源共享或优势互补为前提，以共同价值创造为准则，为共同完成一项技术创新活动而分工协作形成的契约安排。

2.1.2　产学研合作网络的特点

（1）集聚性。

产学研合作网络是多种创新集聚效应的非线性叠加，在产学研合作网络形成和发展的过程中存在创新在时间、空间和资源上的集聚。时间集聚表现为产学研合作网络中的创新不是孤立事件，而是在市场需求、技术拉动等因素作用下若干创新行为在同一时期集中出现；空间集聚是指产学研合作网络在某些经济较发达或技术较发达的区域有空间集聚的现象，如中关村、硅谷等产学研合作网络，均是在高校和科研机构地理分布较为密集的区域；资源集聚是指在产学研合作网络中，汇聚着大量来自产、学、研的资金、人才、技术、设备和信息等创新资源，创新资源的集聚是产学研合作创新的基础。

（2）外部性。

网络内的知识、信息和资源具有公共物品属性，能够被网络内的主体无偿使用。产学研合作网络为网络内的创新主体创造了良好的互动环境，在互动过程中，企业与高校和科研机构通过正式的合作方式共享知识、信息和资源，除正式方式外，还可以通过"干中学""用中学"等非正式方式及人才流动、社会和文化交流等方式获取非正式、未补偿的知识、信息和资源。网络结构为知识、信息和资源的扩散提供了便利，使网络中的主体更易于获取外部知识、信息和资源，这也是产学研合作网络吸引创新组织加入的重要原因之一，显然，网络内的创新主体越多，单个主体从网络中获取的外部效应越大。

（3）演化性。

产学研合作网络具有网络结构和网络阶段的演化性，演化是一种不可逆性的特殊运动形式，是事物的结构、规模、特征和功能等随着时间由简单到复杂、由无序到有序发生的一系列变化。随着时间的推移，产学研合作网络中的节点数目不断增多，网络规模不断扩大，节点间的关系不断增强，网络集聚性不断提高，体现出一种结构上渐变的过程。此外，产学研合作网络形成和演化的目的是实现创新，因此，在网络结构不断变化的同时，越来越多的异质性资源加入产学研合作网络，创造出更多的新知识和新产品，体现出网络阶段从形成、发展到成熟的演化。

（4）复杂性。

产学研合作网络具有高度的复杂性，主要包括主体属性的复杂性、网络链条的复杂性、网络外部环境的复杂性。其中，主体属性的复杂性表现为，产学研合作网络是由企业、高校和科研机构三类活性节点构成，每个节点都有自身的特性，对知识、信息和资源具有不同的需求，同时，企业与高校和科研机构之间多样的合作关系构成了网络连接的多样性，网络连接的内容是多元化的，网络连接的结构是立体的；网络链条的复杂性表现为，在产学研合作网络中，存在产业链、知识链和价值链之间的激励相容，互相促进的复杂交互作用，激发产学研合作网络的潜能；网络外部环境的复杂性表现为，产学研合作网络的外界环境较为复杂，包括政府战略、金融政策、税收条例、科技水平、市场形势等方面，会对创新主体的合作关系产生作用，进而对产学研合作网络构成直接或间接的影响。

2.2　产学研合作双模网络嵌入的内涵分析

2.2.1　产学研合作网络嵌入的内涵

"嵌入"一词是指把东西镶嵌在空隙中的意思，用英文单词 embeddedness 表示。波拉尼（Polanyi，1944）首次提出"嵌入性"，并把其应用到三种不同的经济活动中。1985 年，格兰诺维特（Grannovetter）对嵌入性进行了重新定义，认为个体的经济行为是能够嵌入于社会结构的，这种社会化的过程被视为一种人际互动，即人际互动产生的相互信任是组织从事经济社会活动的基础。格兰诺维特对嵌入性的重新定义，为嵌入理论与新经济社会学的结合奠定了基础，为了解决社会结构影响经济行为的假设，格兰诺维特又引入了社会网络的分析方法（SNA），他认为社会网络中的网络结构，所描述的是个体的经济行为嵌入社会网络的过程，而个体嵌入社会网络则会影响个体的行为和决策，不同类型的主体通过嵌入社会网络中，获取社会网络中的资源，从而影响自身的经济行为，也就产生了嵌入效应。

本书研究中根据产学研合作构成的结构和关系要素，从三个层面进行诠释产学研合作网络嵌入的内涵：一是产学研合作主体之间形成的合作关系组织网络，即创新主体为了资源共享、转移和传播，通过社会交往形成的网络；二是由于知识的内在关联形成的知识网络；三是产学研合作关系组织网络和知识网络间紧密连接，相互作用，相互渗透，实现知识的创新和重组，达到一种高质量的创新主体间深度融合的双模网络。

2.2.2　组织网络嵌入的内涵

面对经济的快速发展和创新产品的复杂化，企业、高校和科研院所等创新主体仅凭自身的内部资源已经难以应对新时期创新发展的需求，必须通过与外界合作的形式获取异质性的创新资源，从而有效地实现资源的优化配置，来提高自身的创新能力和创新绩效（杨博旭等，2019）。组织网络嵌入是指创新主体之间通过合作研发、创新战略联盟等方式逐渐形成的相对稳定的正式或非正式的合作创新关系。组织网络嵌入受两种理论的影响：一种是以科尔曼为代表的社会资本理论；另一种是以伯特为代表的结构洞理论，前者更多地强调组织中社会网络的关系数量、关系频率，而后者则更多地支持组织网络中非冗余信息的交换可以提高网络效率。

组织网络嵌入表达了网络中创新主体的自身地位以及与网络中其他创新主体之间的关系，创新主体通过网络关系在网络中聚集和配置资源，进而影响创新主体在网络中的创新行为与创新绩效（王志玮，2010；马荣康，2014）。如罗亚克尔斯和哈吉多恩（Roijakkers and Hagedoorn，2006）通过宏观、中观和微观层面构建组织网络嵌入的研究框架，并考虑了创新主体所处的国家环境、产业环境和自身所处的社会网络位置对创新主体的影响。普拉扎和哈利奇（Plaza and Haarich，2015）与祖金和迪马吉奥（Zukin and Dimaggio，1990）综合考虑了创新主体的政治制度、社会文化、社会结构以及群体认知对创新主体经济行为的影响，构建了嵌入研究框架，表现为创新主体的社会结构嵌入、政治嵌入、文化嵌入和认知嵌入。综上所述，学者们的研究中对组织网络嵌入性概念的解释存在差异性，本书认为，组织网络嵌入从本质上说是指创新主体通过一些行为构建网络关系，形成相互依赖的网络结构，并通过该网络关系和结构获取所需的异质性资源和社会资本，提升自身创新行为的过程（许冠南，2008）。

2.2.3 知识网络嵌入的内涵

知识网络是知识元素与知识元素之间形成的网络关系。其本质是以知识元素为网络节点，根据知识分类或者语义分类，以知识元素之间的关联为边建立的知识元素网络，实现科学知识的组合和创新。关于知识网络嵌入的解释，具体可以从三个方面进行。第一，知识网络嵌入是创新主体获取知识资源的重要途径。魏江和徐蕾（2011）认为，知识网络的动态发展能够满足创新主体在不同阶段的知识需求，嵌入知识网络中的创新主体可以从中获取异质性的资源。第二，促进主体间的学习、交流与合作。知识网络的嵌入影响主体的探索式和利用式学习，有助于主体深度挖掘和持续探寻技术、知识领域，为主体间的学习和合作提供有效途径（庄彩云、陈国宏，2017）。第三，提高主体创新能力与绩效。知识网络的嵌入拓宽了创新的渠道和范围，有利于创新主体的产品创新。因此，知识网络嵌入是指创新主体从结构和关系上嵌入以知识元素之间的关联为边建立的知识元素网络，通过知识的流动和转移，实现知识的组合和创新，提升创新主体创新能力的过程。

2.2.4　双模网络嵌入的辨析

关于双模网络嵌入的研究很少，大部分学者是从双重网络嵌入进行研究（Andersson et al.，2002；向永胜等，2016；戴维奇等，2011；Grabher and Ibert，2005；李永星和胡振华，2016），如表 2.1 所示。

表 2.1　　　　　　　　　　　　网络嵌入的多重分类

嵌入方式	类别	作者
双重嵌入	业务嵌入、技术嵌入	Andersson et al.（2002）
	商业性嵌入、技术性嵌入	向永胜等（2013）
	内部网络嵌入、外部网络嵌入	戴维奇等（2011）
	本地网络嵌入、超本地网络嵌入	Grabher and Ibert（2005）；李永星和胡振华（2016）

根据网络构成的要素，关于产学研合作双重网络的相关研究，亚亚瓦拉姆和阿胡亚（Yayavaram and Ahuja，2008）认为，创新组织中研发者之间的联系图与知识元素之间的组合图非常相似，组织中研发者之间结构关系的变动会影响知识元素网络的结构关系。但是王等（Wang et al.，2014）研究认为，创新组织中研发者之间的关系网络与知识元素之间的联系网络不仅不同构，而且不存在联系，即存在去耦性，他们将企业的技术创新活动嵌入双重网络中，一个是企业研究者之间的合作网络，另一个是企业知识元素之间的联系组成的网络，分析这两个网络的结构特征对企业探索式创新的影响。魏江等（2014）通过丰富的案例，将创新网络视作"技术网络/研发组织网络"构成的双重网络，揭示了技术网络与研发组织网络的同构/异构属性对案例企业创新活动的影响。辛格等（Singh et al.，2016）研究了专利发明人的协同网络，发现知识的组合和配置可以对创新主体的创新绩效产生影响。晏和官（Yan and Guan，2018）以专利引文网络为基础，基于一个社会和知识的综合框架，研究了社会网络和知识网络的中心度对知识创造绩效的影响。王和杨（Wang and Yang，2019）分析了产学研协同网络和知识网络嵌入下，协同网络社区动态性和知识网络的全部/局部凝聚力对探索式创

新的影响。官和刘（Guan and Liu，2016）的研究中，将创新组织的活动嵌入双重创新网络中，一个是创新组织之间的合作网络，另一个是创新组织知识元素之间的知识网络，分别分析这两个网络的直接联系、间接联系和网络效率对利用式创新和探索式创新的影响。无论是创新主体之间的合作关系组织网络，还是知识元素之间的联系网络，都不能简简单单地等同于单模态的网络。它们都只是孤立地关注了网络的一个侧面。组织网络忽略了知识元素之间的联系，知识网络忽略了创新主体之间的合作关系。在具体的创新主体创新过程中，无论是用具有合作关系的组织网络代替产学研合作网络，还是直接用知识元素之间的知识网络代替产学研合作网络都是不合适的，而且是以偏概全的。

上述研究中都是把两个网络割裂开，并没有考虑两种模态的网络间的相互连接和紧密作用。关于双模网络嵌入我们可以结合两种代表性的观点进行解释：一个是基于社会网络理论的观点，该观点将企业、高校、科研院所纳入研究范围，这些创新主体为了获取自身没有的知识，通过节点之间分享、扩散或转移形成节点之间合作关系的组织网络，并通过网络节点的自身努力和节点间的交流来进行知识的产出（Beckmann，1995）；另一个是基于知识管理理论的观点，该观点认为知识网络是知识元素与知识元素之间形成的网络关系，其本质是以知识元素为网络节点，以知识元素之间的关联为边建立的知识元素网络（Yayavaram and Ahuja，2008；肖东平等，2009）。其中，双模网络嵌入中的网络要素包括主体、主体之间的关系以及关系所涉及的资源。主体即企业、高校和科研机构。主体之间的关系包括主体对自身知识进行的组合和创新活动，主体为获得新知识和互补性知识而与其他主体进行的合作交流活动，以及资源在整个网络的主体之间的流动和分布活动。资源包括信息、技术、知识等。这些要素共同作用，实现了知识的积累、应用、创造和传播，从而实现价值（Seufert et al.，1999）。综上所述，结合纳德尔（Nadel，1952）、亨特等（Hunter et al.，2008）和博卡尔蒂等（Boccalctti et al.，2014）的研究，本书认为，双模网络嵌入实质上是将创新网络进行内容上的划分，认为创新主体的活动不仅嵌入于具有合作关系的组织网络和知识元素之间联系的知识网络，还嵌入于既包括组织网络又包括知识网络，二者间紧密连接，实现"你中有我，我中有你"的组织—知识双模网络，研究这种双模网络嵌入对创新主体活动的差异性影响。

2.3　创新主体双元创新的内涵分析

2.3.1　创新主体双元创新的内涵

邓肯（Duncan）最早用"双元"描述组织能力，即组织在面对不确定的环境时，对当前和未来情况的把握，双元概念由此诞生。对于双元的研究在管理学领域取得很多成果，包括组织学习、组织创新、知识搜索、组织设计等，这些研究主要认为组织中的双元是对当前状况的改进和对未来的变革，进而达到提升组织绩效的目的。马奇（March）在《组织学习中的探索与利用》中，首次将"探索"与"利用"引入管理学领域，为之后学者们研究双元创新奠定了基础。马奇认为，探索的本质在于尝试新的可能性，在这个过程中需要对知识进行搜索、变异、实验等一系列活动；利用的本质在于对现有的能力、技术或范式进行改进和拓展，包括与精炼、选项、生产、效率、选择、实施和执行相关的活动（马奇，1991）。探索与利用是两种不同的活动，当创新组织外部环境比较稳定时，进行利用是最好的选择，当组织外部环境充满动荡和竞争时，单一的利用或者探索已经无法满足组织的需求，且单一的利用会使创新组织陷入"成功陷阱"，而单一的探索则会让创新组织走入"失败陷阱"。因而，利用与探索同时进行成为创新组织的必然选择。

此后，许多学者针对探索与利用的差异以及探索与利用的共存展开了广泛的讨论，二者的差异主要存在于路径、策略目标、结构、文化、学习过程、知识基础以及结果等方面，如表 2.2 所示。

表 2.2　　　　　　　　　　　　探索与利用的比较

比较对象	探　　索	利　　用
路径	突破的	依赖的
策略目标	寻找与追求未来的和未知的事物	发展与加强现有的和已知的事物
结构方面	非正式的、灵活的结构	正式的、机械的结构
文化方面	冒险的、试验的、灵活的文化氛围	低风险、高效的文化氛围
学习过程	自下而上	自上而下
知识基础	与新的知识和技术相关	与现有的知识和技术相关
结果方面	难以预测、高不确定性	较易预测、低不确定性

探索与利用作为一种新的研究范式，被很多学者所青睐，逐渐从组织学习领域扩展到技术创新领域，并进一步将创新划分为探索式创新和利用式创新（钟竞和陈松，2007；Raisch and Birkinshaw，2008；周俊和薛求知，2009；Park and Kim，2015；Lin and Chen，2015；Sok and O'Cass，2015；吴晓波等，2015），但是他们在研究中把探索式创新看作建立在搜寻新知识基础上的突破式创新，用以满足新兴的市场和新的顾客需求；将利用式创新看作渐进式创新，用以满足已有市场和顾客的需求，并建立在现有的知识基础上（吴荻等，2020；戴海闻等，2020）。实际上，利用式创新和探索式创新与渐进式创新和突破式创新是有区别的：利用式创新和探索式创新是企业和组织层次的基于创新行为的创新方式，而渐进式创新和突破式创新是行业和产业层次的基于结构视角的创新方式。因此，本书研究认为，利用式创新和探索式创新不能等同于渐进式创新和突破式创新，利用式创新和探索式创新是更微观层面的研究范式，更适用于组织创新的分析（He and Wong，2004）。

综上所述，结合双元的概念、利用与探索的比较以及现有学者们对双元创新的阐述和界定，本书从组织层面对创新主体的双元创新进行定义：双元创新是指创新主体同时致力于现有事业和新事业的创新行为，在创新过程中可以采取利用式创新和探索式创新两种行为方式，为创新主体创造短期和长期的竞争优势的能力。其中，利用式创新是指以现有知识基础为依托，对当前现有技术和知识进行深入挖掘，对当前的技术、流程结构、产品及服务进行改进，提升现有竞争力和短期内绩效的过程；探索式创新是指获取新知识、新技术，拓展知识和技术的宽度，探索新的学习路径和创新范式，达到创造新产品、开辟新市场，提升创新主体长期或未来绩效的过程。

2.3.2 利用式创新和探索式创新的区别和特征

利用式创新和探索式创新是两种不同的创新方式，两种创新方式的不同主要体现在以下 13 个方面。在创新目标上，利用式创新以达成短期绩效指标为目标，是对当前市场的拓展，对现有顾客需求的满足；探索式创新为长期目标，旨在满足追求新鲜感，乐于尝试的顾客，打造未来市场的需求（Raisch and Birkinshaw，2008）。在创新结果的体现上，利用式创新的结果表现为现有技术、生产效率、销售水平的提高；探索式创新则表现为新的产品、新的营销手段、新的顾客和新的市场。从创新基础来看，利用式创新以现有知识基础为依托；探索式创新则是寻求、发现新技术、新知识，基于全新的知识库。从创新过程来看，利用式创新是对知识的提炼和重组，对产品技术和生产工艺进行改进，在实施过程中不断反馈现有方案不足的循环往复的过程；探索式创新是搜索外部新颖性知识和技术，对目前方案的变异，通过不断地实验进行新产品开发的过程（Lin and Chen，2015）。从创新路径来看，利用式创新是沿着原有的技术轨道和系统流程进行改进；探索式创新是脱离产品的现有路径，创造新的技术轨道。从创新结果的不确定性来看，利用式创新的不确定性较低；探索式创新的不确定性较高。从风险成本来看，利用式创新是对现有技术和产品的改进，成本和风险较低，同时收益较小；探索式创新则是从无到有，风险和成本较高，一旦成功所带来的收益很高。从创新周期、资金、能力来看，利用式创新的周期较短、资金投入较少；探索式创新的周期较长，资金投入较多。从创新能力来看，利用式创新只是在现有基础上进行改进，对于研发能力的要求也就相对较低；而探索式创新需要在技术上进行突破，往往需要很强的研发能力、知识的吸收、转化和创造能力（Sok and O'Cass，2015）。从创新程度和绩效来看，利用式创新的新颖性程度较低，保证了中短期的绩效成果；探索式创新的新颖性程度较高，保证了长期的竞争力（吴晓波等，2015）。从创新文化来看，利用式创新追求的是运营的效率，追求现有产品的利益最大化；探索式创新追求的是变革，创造全新的产品或新功能，更具创造性。具体情况如表 2.3 所示。

表 2.3　　　　　　　　　　　**两种创新方式的比较分析**

比较对象	利用式创新	探索式创新
创新目标	短期的、拓展当前市场、满足现有顾客需求	长期的、为未来市场做准备
创新结果	当前技术结构、生产流程和销售水平的改进	新市场、新产品、新营销、新顾客
创新基础	现有知识和技术	新技术、新知识
创新过程	提炼、复制、改进、实施	搜索、变异、柔性、实验
创新路径	原有产品的技术轨道	突破、脱离现有路径
不确定性	不确定性较低	不确定性较高

比较对象	利用式创新	探索式创新
风险成本	低成本、低风险	高成本、高风险
创新周期	周期较短	周期较长
创新资金	资金需求相对较小	资金需求大
创新能力	研发能力要求较低	较强的研发能力
创新程度	新颖程度较低	新颖度高
创新绩效	中短期绩效	长期绩效
创新文化	追求效率、最优化	追求变革、创造性

利用式创新和探索式创新除了上述所说的 13 个方面的差异外，它们的区别还体现在以下的特征：利用式创新的主要特征是渐进性和持续性，探索式创新的特征主要是技术先导的不确定性和不连续性。技术的不确定性是指探索式创新并没有固定的技术标准和技术轨道，而是在技术积累到一定程度上实现的对原有技术的跨越，是一种新型的路径；市场的不确定性体现在探索式创新始终关注潜在用户的市场需求，并不是现在市场上主流用户的需求。不连续性则代表着探索式创新对于技术卓越性的追求，在产业发展的过程中表现为产业核心技术出现的拐点或者新的核心技术的提出，象征着新工艺、新产品和新服务的出现；区别于利用式创新的简单的技术互补和拓展，以及对现有工艺和产品的调整、改良和性能的改进。

2.4 产学研合作双模网络嵌入对创新主体双元创新的影响研究体系设计

本书基于产学研合作网络的内涵和特点、产学研合作网络嵌入的内涵、组织网络嵌入的内涵、知识网络嵌入的内涵、双模网络嵌入的内涵辨析、创新主体双元创新的内涵建立集中于企业、高校和科研院所内部知识与外部合作的资源的互动，强调产学研合作创新组织网络、知识网络，以及组织—知识双模网络来帮助创新主体不断地获取、吸收和利用产学研合作创新网络中的资源，从而有效地做出双元创新策略，提升双元创新能力。产学研合作双模网络嵌入对创新主体双元创新的影响可以看作创新主体双元创新的过程中，由网络嵌入环境下的关系和结构要素以及嵌入节点属性对创新主体双元创新活动产生影响。因此，我们可以把产学研合作双模网络嵌入对创新主体双元创新的影响看作一个系统，按照系统的完整逻辑，分为输入、过程和输出三个部分，分别对应产学研合作双模网络嵌入对创新主体双元创新的影响机理，产学研合作双模网络嵌入对创新主体双元创新的影响机制以及产学研合作双模网络嵌入对创新主体双元创新的影响效果三个方面。

第一，输入。产学研合作创新主体通过组织—知识双模网络环境下的双元创新影响因素将外界起作用的要素输入系统。在产学研合作双模网络嵌入环境下的创新主体双元创新中，组织网络嵌入的主要变量、知识网络嵌入的主要变量、双模网络嵌入的主要变量都可能是影响创新主体双元创新的因素。根据格兰诺维特的研究关系嵌入和结构嵌入是最主要的影响网络嵌入环境下创新主体双元创新的因素。因此，从组织网络的关系和结构嵌入、知识网络的关系和结构嵌入、双模网络的关系和结构嵌入对创新主体双元创新影响机理进行分析是研究的开端和基础。

第二，处理。处理主要是在确定产学研合作双模网络嵌入性对创新主体双元创新影响机理后，分析产学研合作双模网络节点属性对创新主体双元创新的影响，分别对组织网络嵌入下的创新主体双元创新中合作伙伴选择机制、知识网络嵌入下的创新主体双元创新中知识搜索机制和双模网络嵌入下的创新主体双元创新中知识扩散机制进行研究，此环节是产学研合作双模网络嵌入对创新主体双元创新影响的核心过程环节。

第三，输出。输出是经过输入、处理后，输出创新主体双元创新影响效果的过程。创新主体双元创新影响效果直接反映了产学研合作双模网络嵌入的成败，间接反映了产学研合作双模网络嵌入下创新主体双元创新的影响因素、网络中的主体合作伙伴选择和知识搜索、网络中知识扩散的合理性，产学研合作创新主体可以根据影响效果评价结果调整自身的双元创新策略及方向，调整合作伙伴及其合作关系，调整知识搜索的方向和知识扩散的方式，影响效果评价结果将会对整个创新主体双元创新过程形成反馈。具体的研究体系如图 2.1 所示。

在本书第 1 章和第 2 章理论基础上，第 3 章产学研合作双模网络的构建，组织网络、知识网络、双模网络拓扑结构演化图、拓扑结构和主要指标，产学研合作双模网络嵌入的主要变量以及创新主体双元创新的测量为接下来的影响机理建立了理论（定性）和数学（定量）基础。

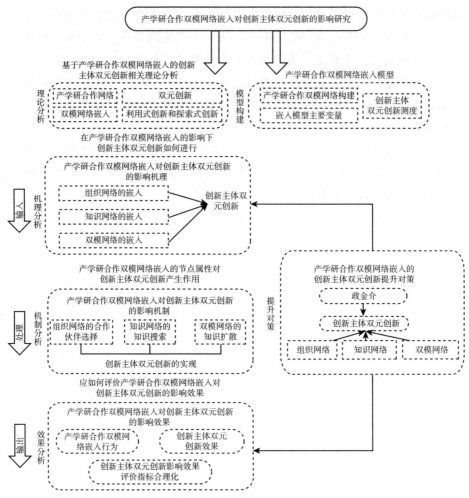

图 2.1　产学研合作双模网络嵌入对创新主体

双元创新的影响研究体系

第 4 章研究了产学研合作双模网络嵌入对创新主体双元创新的影响机理，从组织网络的关系嵌入、结构嵌入，知识网络的关系嵌入、结构嵌入，双模网络的关系嵌入、结构嵌入入手，结合社会网络指数随机图模型、负二项回归模型，分析产学研合作双模网络嵌入对创新主体双元创新的影响机理，并将样本拆为三个部分，分别研究创新主体的不同属性对利用式创新和探索式创新的影响。通过第 4 章的影响机理分析，本书发现，产学研合作网络创新主体需要根据自身特征选择差异化的双元创新战略，知识网络需要进行知识元素的转移，由于组织网络和知识网络的非同构性，需要组织—知识双模网络的动态调整，并与之相匹配的创新策略才能最大限度地发挥其影响效能，进而提升创新主体的双元创新。

于是在第 5 章本书研究了产学研合作双模网络嵌入的节点属性，建立了基于组织网络嵌入的创新主体双元创新合作伙伴选择机制，基于知识网络嵌入的创新主体双元创新知识搜索机制，基于双模网络嵌入的创新主体双元创新知识扩散机制，从而更好地实现创新主体的双元创新。当创新主体双元创新实现以后，需要就产学研合作双模网络嵌入对创新主体双元创新的影响效果进行评价，重点考虑两个方面的问题：一方面是创新主体双元创新影响效果的评价指标体系建立；另一方面是创新主体双元创新影响效果的差异性。于是在第 6 章，本书首先建立产学研合作双模网络嵌入下的创新主体双元创新影响效果评价的指标，即从产学研合作双模网络嵌入行为和创新主体双元创新效果两个方面来设置双模网络嵌入环境下双元创新主体的影响效果评价大类指标，其中，产学研合作双模网络嵌入行为由组织网络关系和结构、知识网络关系和结构、双模网络关系和结构、双模网络节点属性、双元创新投入比率和双元创新产出效果来反映，创新主体双元创新效果由双元创新投入比率和双元创新产出效果来反映；其次，将创新主体样本分为双元创新平衡方式、利用式创新主导方式和探索式创新主导方式三类，通过熵权 - Topsis实证分析了产学研合作双模网络嵌入对创新主体双元创新的影响效果；最后，证明了产学研合作双模网络嵌入下创新主体双元创新影响效果评价指标体系的合理性和有效性。第 7 章基于产学研合作双模网络嵌入的双元创新参与主体——企业、高校和科研机构，以及创新主体双元创新辅助主体——政府、金融机构和科技中介机构，构建了产学研合作双模网络嵌入的创新主体双元创新提升对策，从谨慎选择产学研合作创新伙伴、加强产学研合作创新主体之间的连接两方面提出了组织网络嵌入的创新主体双元创新提升对策；从构建创新主体双元创新知识管理平台、建立双元知识管理机制、健全知识产权保护制度三方面提出了知识网络嵌入的创新主体双元创新提升对策；从构建高效快速的信息技术环境、强化"政金介"对创新主体双元创新的支持能力两方面提出了双模网络嵌入对创新主体双元创新提升的对策。目的是提升组织、知识、组织—知识在产学研合作双模网络中的结构嵌入和关系嵌入效应，帮助创新主体在产学研合作双模网络嵌入环境中更好地开展创新活动，增加创新主体在产学研合作双模网络中的环境适应性和应变能力，提升创新主体双元创新能力，提高创新主体双元创新绩效。

2.5　本章小结

本章从理论上对产学研合作双模网络嵌入对创新主体双元创新的影响进行了解析。首先，本章界定了产学研合作网络的内涵及特点；其次，本章分别分析了产学研合作网络嵌入的内涵、组织网络嵌入的内涵、知识网络嵌入的内涵以及双模网络嵌入的内涵；再次；本章界定了创新主体双元创新的内涵、利用式创新和探索式创新的区别与特征；最后，建立了产学研合作双模网络嵌入对创新主体双元创新的影响研究体系。

第3章 产学研合作双模网络嵌入模型与创新主体双元创新的测度

第2章主要分析了产学研合作双模网络嵌入对创新主体双元创新的影响研究体系，结合系统学理论，构建了产学研合作双模网络嵌入对创新主体双元创新影响的输入、处理和输出系统模型。本章主要分析产学研合作双模网络嵌入模型与创新主体双元创新的测度。

3.1 产学研合作双模网络的构建

创新是企业成长的动力，在知识共享经济下，合作创新成为企业普遍采取的创新模式（王飞绒、陈劲，2010）。近几年的研究表明，产学研相结合，不同主体之间的耦合互动、深度融合、优势互补不仅可以提高创新主体的创新绩效，而且可以促进国家的创新能力和经济的增长（Schofield，2013；Temel and Glassman，2013）。产学研可以依据异质性的知识、观念、文化和创新能力促进合作深化，形成网络的自组织持续竞争优势，吸引更多的创新主体加入产学研合作创新网络（陈劲、阳银娟，2012）。一项专利由几个申请人组成，与此同时，这项专利也由多个相关联的技术 IPC 构成。申请人和申请人之间构成产学研合作创新主体之间的组织网络，IPC和 IPC 间的连边关系构成知识网络。其中，产学研合作创新组织网络是指企业、大学和研究所自发地形成一种非正式的合作网络，并充分利用合作网络的沟通功能与碰撞效应激发出大量的创新，进而加速科技成果的转化和技术创新能力的提升（高霞、陈凯华，2015）。而产学研合作创新知识网络是创新主体的知识元素之间建立的连接构成的网络，它们不同形式的组合、重组或创新构成主体的创新方式。目前的相关研究并没有把产学研合作创新组织网络和知识网络进行结合，考虑组织—知识双模网络的结构、关系和融合。因此，本书基于中国产学研合作的专利项目进行研究，首先，通过网络爬虫的方式对中国国家知识产权局（SIPO）信息服务平台的专利数据进行筛选，按照研究所、研究院、研究中心和大学、学院以及企业、公司的交叉组合建立搜索式；其次，对筛选出的专利进行条件限制选择，即必须为获得授权的发明专利，且时间跨度为 1995 ~ 2018 年；最后，确定的构建网络的文本数据必须满足专利申请人同时包括企业、高校和研究机构，专利技术类别是两个以上。例如，"天津大学前沿技术研究院有限公司"，单独的"××大学"，单独的"××研究院"，以及单独的"××公司"，单独的技术类别，只有企业、大学和研究院的其中两个，只有两个技术类别都是不符合研究标准的，都需要清理掉。最后筛选出符合条件的专利 11763 个，根据样本结果来看更多的侧重电力和能源领域，涉及的创新主体有 849 个，根据入选的样本通过以下三个过程构建产学研合作双模网络：（1）由申请专利数据中的申请人发明专利的情况，如果一项专利的申请人由大学、企业和研究所构成，则在申请人之间就会建立一种网络连接，这样的网络连接共同构成产学研合作组织网络。（2）知识网络的生成，根据亚瓦拉姆和阿胡亚所定义的知识网络以及对其所进行的描绘，知识网络中的节点——知识元素是由专利分类号表示，一项专利涉及多个技术领域，同时具有两个或两个以上的专利分类号，专利分类号（即知识元素）之间的连接关系便形成了知识网络，本书提取 IPC 分类号的前 4 位来表示知识元素，如果三个及三个以上不同技术类别的知识元素出现在同一专利中，则每两个知识元素之间存在一条连接。（3）通过专利申请人所拥有的技术类别建立连接，构建双模网络。于是我们建立了基于产学研合作专利的产学研合作组织网络、知识网络和双模网络，如图 3.1 所示。

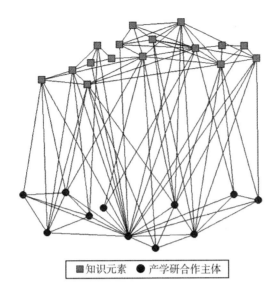

■知识元素　●产学研合作主体

图 3.1　产学研合作组织—知识双模网络模型

3.2　产学研合作双模网络拓扑结构演化

将第 3.1 节清洗出的数据分成 19 个时间窗，分别为 1995～1999 年、1996～2000 年、1997～2001 年、1998～2002 年、1999～2003 年、2000～2004 年、2001～2005 年、2002～2006 年、2003～2007 年、2004～2008 年、2005～2009 年、2006～2010 年、2007～2011 年、2008～2012 年、2009～2013 年、2010～2014 年、2011～2015 年、2012～2016 年、2013～2017 年，对这 19 个时间窗的数据进行可视化分析与相关指标的测量。由于篇幅所限，有些时间段的网络拓扑结构存在相似性，因此在接下来的分析中，我们选择了部分时间段的数据进行可视化的呈现。

3.2.1　组织网络拓扑结构演化

3.2.1.1　组织网络拓扑结构演化图

提取以产学研合作关系为基础的组织网，选取部分时间段的组织网络，如图 3.2～图 3.6 所示，其中图中节点的大小表示节点度数中心性的大小。

由图3.2～图3.6可知，网络中心都比较突出，且呈现出明显的聚簇特征。处于中心的创新主体构建的合作关系比较多，且具有很高的中心度。该类创新主体处于网络的核心位置，可称为核心主体。处于聚簇边缘或者网络边缘的是构建产学研合作关系网络不太活跃的创新主体，表现为较低的中心度，可称为边缘主体。而且这种变化在2010～2014年和2011～2015年区分度比较高。我们可以看到图3.2和图3.3的网络比较稀疏，网络中心不是很突出，网络中的连接也比较少，很多创新主体都是只有一到两次连接。而图3.4～图3.6则显得比较集中，有一些创新主体表现出很高的中心度，与多个主体产生直接联系。

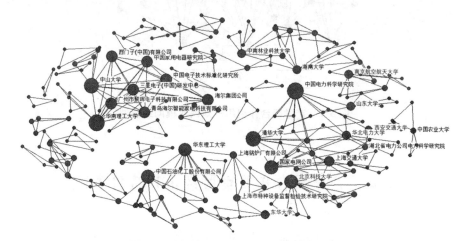

图3.2　2007～2011年组织网络拓扑结构

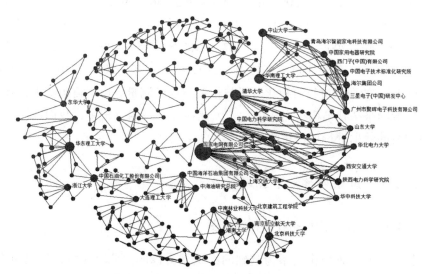

图3.3　2008～2012年组织网络拓扑结构

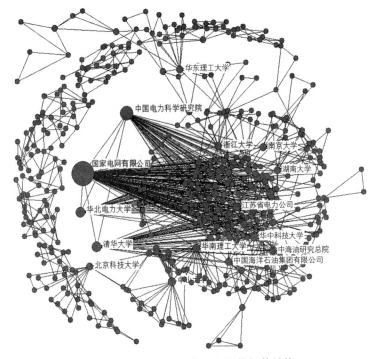

图 3.4　2009～2013 年组织网络拓扑结构

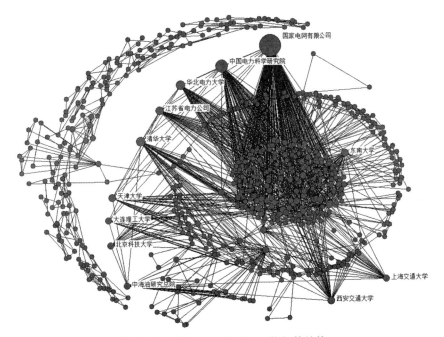

图 3.5　2010～2014 年组织网络拓扑结构

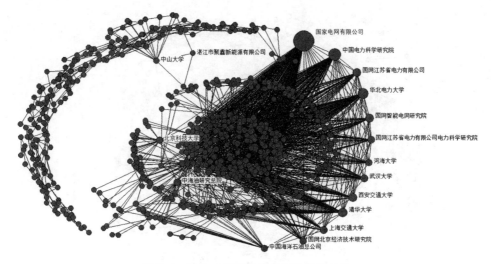

图 3.6　2011～2015 年组织网络拓扑结构

由图 3.2 可以看出，2007～2011 年度数中心性比较大的创新主体有西门子（中国）有限公司、中南林业科技大学、湖南大学、南京航空航天大学、中国电力科学研究院、山东大学、西安交通大学、中国农业大学、华北电力大学、湖北省电力公司电力科学研究院、上海交通大学、北京科技大学、国家电网有限公司、东华大学、上海特种设备监督检验技术研究院、华东理工大学、清华大学、华南理工大学、海尔集团公司、中国电子技术标准化研究所、中山大学、三星电子（中国）研发中心。这些组织有的是大学，有的是企业，有的是研究所，它们在网络中占据着重要的位置，连接着很多产学研创新主体，是网络中的核心节点，承担着重要的创新项目。

由图 3.3 可以看出，2008～2012 年度数中心性比较大的创新主体有东华大学、华东理工大学、浙江大学、中国石油化工股份有限公司、大连理工大学、中国海洋石油集团有限公司、中海油研究总院、中国林业科技大学、湖南大学、北京科技大学、南京航空航天大学、北京建筑工程学院、上海交通大学、华中科技大学、陕西电力科学研究院、西安交通大学、华北电力大学、山东大学、国家电网有限公司、中国电力科学研究院、清华大学、华南理工大学、三星电子（中国）研发中心、海尔集团公司、中国电子技术标准化研究所、西门子（中国）有限公司、中国家用电器研究院、青岛海尔智能家电科技有限公司和中山大学。相比上一个 5 年，增加了中国石油化工股份有限公司、大连理工大学、中国海洋石油分公司、中海油研究总院等。这些创新主体的增加使得网络的拓扑结构更加聚集，网络之间的连接更加紧密，主体之间互动更加频繁。

由图 3.4 可以看出，2009～2013 年度数中心性比较大的创新主体主要有华东理工大学、中国电力科学研究院、国家电网有限公司、华北电力大学、清华大学、北京科技大学、华南理工大学、中国海洋石油集团有限公司、中海油研究总院、华中科技大学、江苏省电力公司、湖南大学、南京大学和浙江大学。相比 2008～2012 年，增加了中国海洋石油集团有限公司、南京大学和江苏省电力公司。网络中的集聚性虽然增加了，但是不及上一个时间段多小组的连接，这一个时间段中主要被几个很重要的创新主体所主导，诸如国家电网公司和中国电力科学研究院，它们占据了一半多的网络中的连接数量，获取了巨量的资源优势，给这个时间段网络中的其他主体带来辐射作用。

由图 3.5 可以看出，2010～2014 年度数中心性比较大的创新主体主要有国家电网有限公司、中国电力科学研究院、华北电力大学、江苏省电力公司、清华大学、天津大学、大连理工大学、北京科技大学、中海油研究总院、西安交通大学、上海交通大学和东南大学。相比于 2009～2013 年，增加了天津大学、大连理工大学、西安交通大学、上海交通大学和东南大学，增加的都是大学，说明这一个时间段的高校比较活跃。战略性新兴产业是指建立在重大前沿科技突破基础上，代表未来科技和产业发展新方向，体现当代世界循环经济、低碳经济和知识经济的发展趋势，能够帮助和带动社会经济发展的产业。自战略性新兴产业在 2009 年提出以来，国家大力发展战略性新兴产业，并支持产学研结合，尤其是对高校的科研成果及时转化进行了重点扶持，使得高校在网络中的地位越来越重要。

由图 3.6 可以看出，2011～2015 年度数中心性比较大的创新主体主要有中山大学、湛江市聚鑫新能源有限公司、国家电网有限公司、中国电力科学研究院、国网江苏省电力有限公司、华北电力大学、国网智能电网研究院、国网江苏省电力有限公司电力科学研究院、河海大学、武汉大学、西安交通大学、清华大学、上海交通大学、国网北京经济技术研究院和中国海洋石油集团有限公司。相比上一个 5 年，增加的有湛江聚鑫新能源有限公司、华北电力大学、国网智能电网研究院、国网江苏省电力有限公司电力科学研究院、河海大学、武汉大学、国网北京经济技术研究院和中国海洋石油集团有限公司。2011 年提出的"2011 计划"为产学研合作提供了舞台，全国共培育了167 个"2011 协同创新中心"，由高校牵头，联合了科研院所和企业，发挥各自的资源优势，最终只有 14 个中心成为"2011 计划"首批国家协同创新中心。这一系列的举措为产学研合作提供了政策支持，并使得组织网络中的连接更加聚集，更有针对性。

3.2.1.2 组织网络主要拓扑指标变化

1995 ~ 2017 年，创新主体的合作组织网络的边数、密度、聚类系数、平均最短路径和网络中心化指数变化如表 3.1 所示。

表 3.1　　　　　　　1995 ~ 2017 年组织网络的主要拓扑指标

年份	边数	节点度平均值	节点度标准差	整体网络密度	聚类系数	平均最短路径	网络中心化指数
1995 ~ 1999	102	5.323	14.715	0.117	0.898	2.347	0.143
1996 ~ 2000	146	1.022	3.691	0.081	0.924	2.021	0.021
1997 ~ 2001	138	0.634	2.878	0.093	0.940	2.112	0.023
1998 ~ 2002	138	1.100	5.656	0.098	0.936	2.190	0.048
1999 ~ 2003	210	4.596	22.024	0.076	0.934	2.687	0.088
2000 ~ 2004	178	5.760	25.664	0.079	0.941	2.256	0.123
2001 ~ 2005	150	3.111	13.860	0.079	0.935	1.903	0.092
2002 ~ 2006	176	1.180	5.388	0.051	0.945	1.558	0.020
2003 ~ 2007	206	0.947	4.850	0.039	0.955	1.523	0.013
2004 ~ 2008	170	0.417	1.451	0.037	0.950	1.845	0.031
2005 ~ 2009	326	1.138	4.632	0.030	0.942	2.023	0.062
2006 ~ 2010	484	4.994	21.489	0.020	0.910	3.028	0.011
2007 ~ 2011	730	21.199	93.061	0.013	0.907	3.410	0.025
2008 ~ 2012	1014	145.564	680.350	0.011	0.890	3.956	0.127
2009 ~ 2013	1872	299.037	1987.727	0.010	0.854	3.452	0.327
2010 ~ 2014	2852	377.307	2985.964	0.009	0.846	3.249	0.344
2011 ~ 2015	3683	444.208	3603.202	0.009	0.845	3.225	0.326
2012 ~ 2016	4672	571.458	5028.135	0.008	0.843	3.124	0.379
2013 ~ 2017	5733	632.445	6025.223	0.007	0.841	3.003	0.315

　　1995～2003 年，组织网络的边数基本上是逐渐增加；节点度平均值经历了先减小后增加的过程；整体网络密度经历了先由 0.117 减小为 0.081，后又增加到 0.098，最后在 1999～2003 年达到 0.076；网络聚类系数经历了先增加后减少的过程，由 0.898 到 0.940 再到 0.934；平均最短路径由 1995～1999 年的 2.347 变为 1999～2003 年的 2.687；而网络中心化指数也是经历了先减后增的变化过程。2000～2009 年，边数的变化较为复杂，在 2003～2007 年和 2005～2009 年两个时间段的边数增加最多；节点度平均值和整体网络密度的变化比较有规律，逐渐递减；聚类系数则经历了先减后增再减的过程；平均最短路径也是一个先减后增的过程，最后达到 2.023；网络中心化指数则是逐年递减，但在 2004～2008 年和 2005～2009 年经历了反弹，分别为 0.031 和 0.062。在 2006～2010 年时间段之后，网络的边数、节点数平均值呈现逐年急剧增长的趋势，这说明参与合作的产学研创新主体越来越多，连接也越来越紧密。组织网络的密度和聚类系数呈现逐年下降的趋势，平均最短路径则经历了先增后减的过程，网络中心化指数则呈现先增后减再增的一个过程。

3.2.2　知识网络拓扑结构演化

3.2.2.1　知识网络拓扑结构演化图

　　提取以知识元素为节点的知识连接网络图，选取 2007～2011 年、2008～2012 年、2009～2013 年、2010～2014 年、2011～2015 年这五个时间段，如图 3.7～图 3.11 所示。知识网络中的节点在 2007～2011 年、2008～2012 年联系不是很紧密，在 2009～2013 年、2010～2014 年和 2011～2015 年，知识网络中的知识元素节点在网络图中的分布表现出一定的层次性。一些节点集中在网络中心区域，一些节点处于网络的边缘。处于网络中心的知识元素，很有可能是产学研合作中的核心技术，因此具有较高的互动频率。处于网络边缘的知识元素，是与其他知识存在较少联系的非核心技术，表现出低的频率。

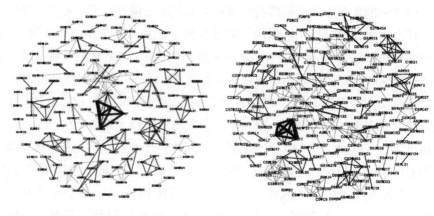

图 3.7　2007～2011 年知识网络拓扑结构　　图 3.8　2008～2012 年知识网络拓扑结构

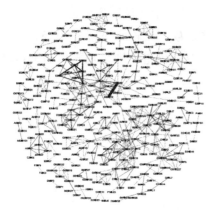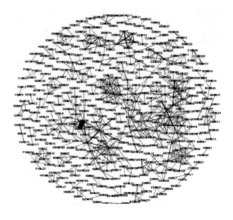

图 3.9　2009～2013 年知识网络拓扑结构　　图 3.10　2010～2014 年知识网络拓扑结构

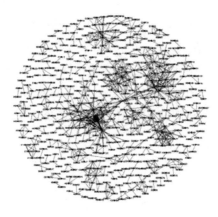

图 3.11　2011～2015 年知识网络拓扑结构

3.2.2.2　知识网络拓扑指标变化

1995～2017 年，知识网络的边数、密度、聚类系数、评价最短路径和网络中心化指数如表 3.2 所示。

表 3.2　　　　　　　　　　1995～2017 年知识网络的主要拓扑指标

年份	边数	节点度平均值	节点度标准差	整体网络密度	聚类系数	平均最短路径	网络中心化指数
1995～1999	14	0.118	0.471	0.156	0.778	1.222	0.017
1996～2000	22	0.083	0.400	0.105	0.889	1.154	0.008
1997～2001	24	0.136	0.457	0.100	0.762	1.200	0.009
1998～2002	32	1.100	5.656	0.076	0.833	1.158	0.048
1999～2003	46	0.108	0.649	0.053	0.952	1.148	0.006
2000～2004	58	0.211	0.893	0.049	0.930	1.216	0.006
2001～2005	54	0.242	0.954	0.058	0.930	1.229	0.008
2002～2006	116	0.653	3.014	0.054	0.902	1.372	0.018
2003～2007	206	0.836	3.611	0.041	0.937	1.396	0.010
2004～2008	210	0.577	2.356	0.040	0.949	1.317	0.005
2005～2009	238	0.306	2.434	0.031	0.960	1.201	0.005
2006～2010	362	1.128	5.998	0.021	0.918	1.564	0.004
2007～2011	444	1.485	7.933	0.017	0.894	1.697	0.005
2008～2012	604	3.080	15.553	0.013	0.879	2.130	0.005
2009～2013	994	74.380	351.967	0.010	0.783	5.163	0.04
2010～2014	1442	132.752	687.219	0.008	0.771	5.581	0.054
2011～2015	1740	139.545	710.359	0.007	0.737	5.215	0.048
2012～2016	2372	395.415	1618.525	0.006	0.716	5.632	0.058
2013～2017	3123	512.443	2711.336	0.005	0.364	5.367	0.044

由表 3.2 可知，知识网络的边数随着时间的变化从 1995～1999 年的 14 增加到 2013～2017 年的 3123；节点度平均值在 1995～1999 年是 0.118，1996～2000 年是 0.083，之后的时间段经历了短暂的增加后又下降，随着网络中创

新主体的增加和连边的增多，节点度平均值一直增加；整体网络的密度也逐渐减小，从 1995~1999 年的 0.156 减小为 2013~2017 年的 0.005；知识网络中的聚类系数呈现先增加后减小的趋势，这说明技术聚簇特征比较明显；而平均最短路径则呈现没有规则的变化，网络中心化指数也是如此。

3.2.3 双模网络拓扑结构演化

3.2.3.1 双模网络拓扑结构演化图

为了观察双模网络的关系变化趋势，下面画出了 2007~2011 年、2008~2012 年、2009~2013 年、2010~2014 年和 2011~2015 年的双模网络拓扑结构图。由图 3.12 可知，处于网络中度数中心性较大的点有国家电网有限公司、清华大学、中国海洋石油集团有限公司、中海油研究总院、G01N33、C02F9、C23F1、C02F1、G01R31、G06F19、H02J13、H02J3 和 G06Q50。由图 3.13 可知，处于网络中度数中心性较大的点有国家电网有限公司、中国海洋石油集团有限公司、中海油研究总院、H02J3、G01R31、G06Q10 和 G06Q50。由图 3.14 可知，处于网络中度数中心性较大的点有国家电网有限公司、中国电力科学研究院、国网江苏省电力有限公司、中国海洋石油集团有限公司、G01R31、G06F19、G06Q10、G06Q50、H02J3。由图 3.15 可知，处于网络中度数中心性较大的点有国家电网有限公司、中国电力科学研究院、华北电力大学、武汉大学、国家智能电网研究院、国网浙江省电力有限公司、华南师范大学、深圳市国华光电科技有限公司、深圳市国华光电研究院、G01R31、G06F17、G06F19、G06Q10、G06Q50 和 H02J3。由图 3.16 可知，处于网络中度数中心性较大的点有中国电力科学研究院、全球能源互联网研究院、国网河南省电力有限公司、华北电力大学、华南师范大学、深圳市国华光电科技有限公司、深圳市国华光电研究院、国家电网有限公司、G01R31、G06F17、G06Q10、G06Q50 和 H02J3。由此我们可以获悉，不管在哪一个时间段，国家电网有限公司都占据着很重要的位置，H02J3 和 G01R31 是核心技术，与网络中的很多节点都有联系。其中，H02J3 是一种交流干线或交流配电网络的电路装置，G01R31 是一种电性能的测试装置和电故障的探测装置。

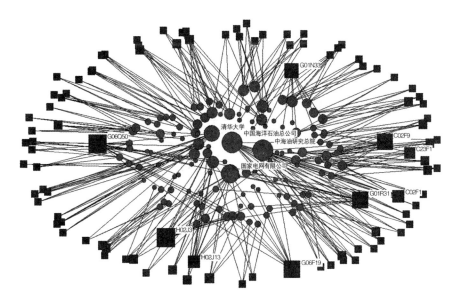

图 3.12 2007 ~ 2011 年双模网络拓扑结构

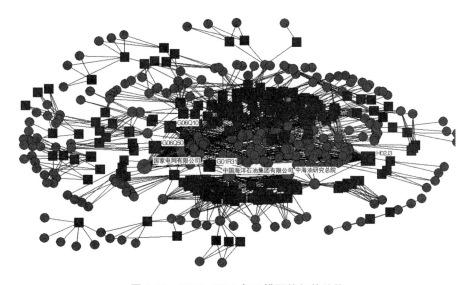

图 3.13 2008 ~ 2012 年双模网络拓扑结构

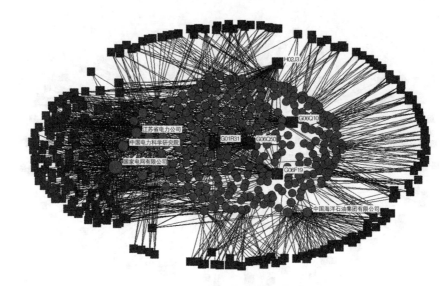

图 3. 14　2009～2013 年双模网络拓扑结构

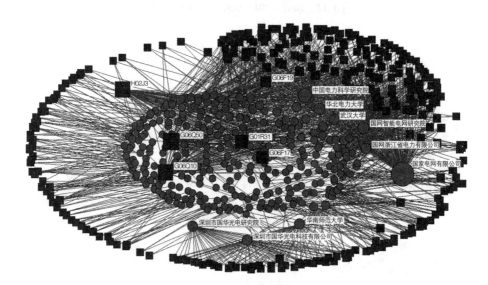

图 3. 15　2010～2014 年双模网络拓扑结构

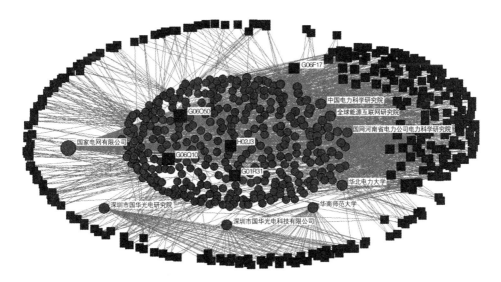

图 3. 16 2011~2015 年双模网络拓扑结构

3. 2. 3. 2 双模网络主要拓扑指标

1995~2017 年，双模网络的边数、整体网络密度、平均度、平均最短路径的变化如表 3. 3 所示。

表 3. 3   1995~2017 年双模网络的主要拓扑指标

年份	边数	整体网络密度	平均度	平均最短路径
1995~1999	8	0. 178	1. 600	1. 619
1996~2000	14	0. 154	2. 000	1. 956
1997~2001	26	0. 191	3. 059	2. 397
1998~2002	67	0. 113	3. 829	2. 924
1999~2003	68	0. 114	3. 886	2. 945
2000~2004	66	0. 133	4. 125	2. 966
2001~2005	127	0. 059	3. 848	4. 026
2002~2006	175	0. 049	4. 118	4. 261
2003~2007	110	0. 056	3. 492	4. 758
2004~2008	229	0. 028	3. 578	4. 587
2005~2009	437	0. 019	4. 065	4. 685

年份	边数	整体网络密度	平均度	平均最短路径
2006～2010	600	0.013	4.013	4.622
2007～2011	730	0.012	4.220	4.614
2008～2012	1866	0.010	6.029	3.893
2009～2013	2612	0.009	6.956	3.596
2010～2014	3457	0.009	7.965	3.558
2011～2015	4020	0.010	8.894	3.455
2012～2016	5176	0.009	9.585	3.413
2013～2017	6732	0.009	10.221	3.356

由表3.3可知，双模网络的边数由1995～1999年的8条边增加到2013～2017年的6732条边，实现了逐年段的增长；整体网络密度经历了先减小后增加再减小的过程，平均度在1995～1999年为1.600，经历了短暂的增加后变为4.125，出现在2000～2004年，之后经过多次复杂的增减变化变为2006～2010年的4.013，在后面的时间段一直增加，分别为4.220、6.029、6.956、7.965、8.894、9.585和10.221；双模网络的平均最短路径呈现先增加后减小的趋势，其中2003～2007年和2005～2009年为分界时间段。

综上所述，上述分析对我国的产学研合作有一定的启示作用。首先，在知识经济共享的时代，在产学研合作双模网络中，应该注重交叉学科的应用，开放、绿色、协调、可持续的理念应该深入各个领域。其次，产业的发展，尤其是战略性新兴产业需要产学研的合作，不仅仅是大学的"一枝独秀"。一方面，企业和学研机构建立合作关系后，应该加强信任，不断地进行交流和学习，增加下次合作的可能性；另一方面，企业应该主动寻找学研机构进行合作，为学研机构提供研发所需基础设施的同时，有效地整合学研机构的资源，这样更有利于相关产业健康有序地发展。最后，以企业为主体的产学研合作创新体系不完善，企业缺乏技术创新的动力，技术研发投入严重不足，目前，在我国仅有11%左右的创新企业有研发活动。政府需要出面落实顶层设计，完善产业政策，加强对于技术研发的投资力度，并搭建产学研合作技术创新平台，从而支持产业共性和关键性技术的研发。

3.3　产学研合作双模网络嵌入模型

3.3.1　组织网络嵌入模型构局

产学研合作组织网络的嵌入有很多种方式，需要将其模式化，而指数随机图模型（ERGM 模型）是一种以关系形成为对象的研究方法，其发源于 1959 年厄尔多斯（P. Erdos）和伦依（A. Renyi）提出的社会网络统计分析模型（伯努利分布），ERGM 的使用与社会网络的一些基本原理和理论假设一致认为：社会网络是局部涌现的；网络关系不仅是关系之间存在依赖的自组织，也受到网络中的行动者属性和其他外生因素的影响；网络内的模式可以看作一种正在进行的结构化的过程，也可以是多个过程同时进行的随机化过程。因此，ERGM 的基本原理是将根据参数设计的随机网络与实际网络进行比较，从而判断实际观测网络的关系是如何发生的过程。ERGM 模型就是其中的一种，针对单个网络的 ERGM 模型，一般形式如下：

$$P_r(Y = y) = \frac{1}{K(\theta)} \exp \sum_Q \theta_Q Z_Q(y) \qquad (3-1)$$

其中，设 Y 为一个网络变量，给定条件 $Y = y$，且 $Z_Q(y)$ 是网络结构效应或外生属性效应的效应向量，θ_Q 是各效应对应的参数向量，$K(\theta)$ 是归一化常数，有 $K(\theta) = \left\{ \sum_Q \theta_Q Z_Q(y) \right\}$。利用 ERGM 建模可以得到具体的组织网络嵌入模型的构局，如表 3.4 所示。

表 3.4　　　　　　　　　　　**组织网络嵌入模型的构局**

标签	构局
边	
2 星	

续表

标签	构局
3 星	
4 星	
5 星	
三角形	
伙伴圈	

3.3.2 知识网络嵌入模型构局

和产学研合作组织网络的嵌入模型构局类似，知识网络的嵌入模型构局如表 3.5 所示。

表 3.5　　　　　　　　　　　　**知识网络嵌入模型的构局**

标签	构局
边	
2 星	
3 星	
4 星	
5 星	
三角形	
知识群	

3.3.3 双模网络嵌入模型构局

一般的 ERGM 与大多数网络方法类似，侧重于单模网络分析，忽略了网络结构跨层级之间的依赖。相比于单模网络，双模网络分析能够反映和揭示两个不同网络模态间的效应，更能揭示系统的结构。为适应双模网络的特点，基于单模网络中的多种依赖假设发展出以下的双模网络的 ERGM 模型设定。

（1）伯努利（Bernoulli）模型。针对 (n,m) 双模网络的最简单的 ERGM 模型就是 Bernoulli 模型，该模型中，关系变量是条件独立的。Bernoulli 模型有一个边参数 θ_L，对应 x 中边的数量，统计量为 $Z_L(x)=\sum_{i,j}x_{ij}$。双模网络的密度为 $\mathrm{d}(x)=z_L(x)/nm$。对于 Bernoulli 模型，θ_L 的最大似然估计可以通过解析式 $\hat{\theta}_L=\log\mathrm{d}(x)-\log[1-\mathrm{d}(x)]$ 来获得。

（2）马尔可夫（Markov）模型。Markov 模型依赖两个关系变量是条件独立的，除非它们有共同节点。基于 Markov 依赖，代表网络扩张性的各种规模的星或 k-星，可以引入最初由斯科弗雷兹和弗斯特提出的 ERGM 模型设定中。可以定义的有两种类型的 k-星，记为 S_{Ak} 和 S_{Pk}。星 S_{Ak} 可以用公式 $Z_{SAk}(x)=\sum_i\binom{xi+}{k}$ 来计算。

（3）实现依赖模型。如果两条关系的某种邻居关系被观测到，那么，这两个关系变量就是依赖的。双模网络模型采用了两种类型的实现依赖：4-环（社会圈）假设和 3-路径假设。双模网络 4-环假设是这样的：如果 $x_{jk}=x_{il}=1$，那么关系变量 X_{ij} 和 X_{kl} 就是依赖的，以至于它们成为社会圈（4-环）的一部分。3-路径假设进一步概括了 4-环假设，因此，只要 $x_{il}=1$ 或 $x_{jk}=1$，两个关系变量 X_{ij} 和 X_{kl} 就是条件依赖的（即 X_{ij} 和 X_{kl} 是 3-路径的一部分）。3-路径假设暗含着 4-环假设，但是，反过来不成立。

（4）节点集构局。节点集构局考虑节点集的属性值。我们采用集合 A 的节点属性（y）来展示各种类型的模型设定。基于集合 P 的节点属性效应可以用相似的方式得到。二元属性和连续属性都可以定义二元关系属性扩张性效应（见表 3.6）。在表 3.6 中，具有二元属性的节点可以用包含"1"的方框来表示，连续属性具有更高分值的节点也用方框表示。正参数值表明，具有二元属性或更高连续属性的节点，倾向于发出更多条关系。

表 3.6 属性扩张性效应

二元属性扩张性 （［Attr]-rA（二元的））	连续属性扩张 （［Attr]-rA（连续的））

在 2 - 星水平上，可以定义下面几个构局（见表 3.7）。

表 3.7 二星属性效应

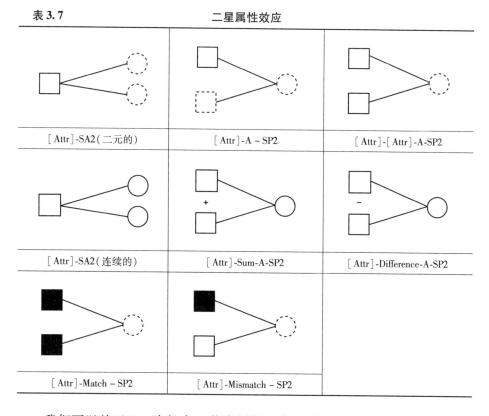

［Attr]-SA2（二元的）	［Attr]-A－SP2	［Attr]-［Attr]-A-SP2
［Attr]-SA2（连续的）	［Attr]-Sum-A-SP2	［Attr]-Difference-A-SP2
［Attr]-Match－SP2	［Attr]-Mismatch－SP2	

我们可以基于 2 - 路径中心节点属性（［Attr]-SA2）定义 2 - 星属性效应。二元和连续属性都适用于这种情况。因为 2 - 星参数表达的是度分布的差异，进而反映网络中心势趋势，因此，一个具有星中心节点的二元属性 2 - 星参数，反映了这类节点周围具有更高中心势趋势。相似地，连续属性参数表示的是在该属性具有更高得分的节点间具有更高的中心势趋势。

采用 2 - 路径末端节点的二元属性，我们可以定义检验具有某种属性节点与相同集内其他节点共享伙伴趋势的效应。这种方法给出了节点集内趋同性的二模图，借此共享属性的个体倾向于连接到相同组织（其中 *A* 节点是个体，*P* 节点是组织）。同时也需要注意，与单模网络趋同性设定在二元水平相比，趋同性的二部图涉及 3 个节点。

对于 2 - 路径末端节点的连续属性而言，求和（［Attr］-Sum-A-SP2）效应与绝对差（［Attr］-Difference-A-SP2）效应是存在的。

对于分类属性，［Attr］-Match-SP2 效应和［Attr］-Mismatch-SP2 效应可以检验二部图的趋同性，由此可知，来自相同或不同类别的二元关系倾向于连接到相同组织。

在 4 - 环水平上，我们可以基于相同点集中成对节点的属性定义相似效应（见表 3.8）。

表 3.8   **4 - 环属性效应**

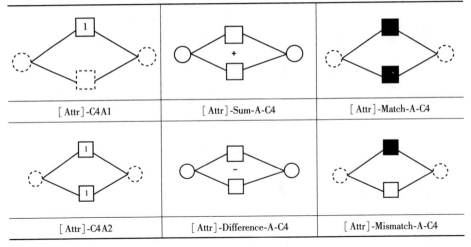

［Attr］-C4A1	［Attr］-Sum-A-C4	［Attr］-Match-A-C4
［Attr］-C4A2	［Attr］-Difference-A-C4	［Attr］-Mismatch-A-C4

二元属性效应［Attr］-C4A1 是测量 A 类型节点多大可能会涉及一个闭合。［Attr］-C4A2 效应显示在共享属性节点间发生闭合的趋势。

对于连续属性的 4 - 环结构，［Attr］-Sum-A-C4 效应可以识别出具有更高联合属性值的二元关系是否更倾向于展现闭合，而［Attr］-Difference-A-C4 效应检验具有相似属性值的二元关系是否更可能发生闭合。对于分类属性，［Attr］-Match-A-C4 参数和［Attr］-Mismatch-A-C4 参数检验涉及相同或不同类别节点的闭合趋势。

针对双模网络嵌入的 ERGM 模型，总的来说主要包括以下嵌入模型的构局，如表 3.9 所示。

表 3.9 双模网络嵌入模型的构局

标签	构局
边	
二模 2 星	
二模 2 星	
二模 3 星	
二模 3 星	
二模 3 路径	
二模 4 圈	

3.4　产学研合作双模网络嵌入变量

关于产学研合作双模网络嵌入的方式，格兰诺维特（Granovetter，1973）提出了最主流的划分，即将产学研合作双模网络嵌入分为结构嵌入和关系嵌入。其中，关系嵌入是基于网络成员之间的交往关系，更多地强调网络行动主体间的关联程度（Lin et al.，2009）。结构嵌入是指网络中的行动者受嵌入网络的总体结构和所处网络位置的影响，更多地强调网络行动主体间的结构特征，一般考察网络的规模、密度、占据的网络位置等（Cantner and Rake，2014）。之后，关系嵌入、结构嵌入这种划分方式被学者们在后续的研究中持续沿用（Burt，2009；Grewal et al.，2006；Min，2015）。本书研究在分析产学研合作网络嵌入的时候，延续了格兰诺维特的研究，从结构嵌入和关系嵌入进行分析。

3.4.1　组织网络嵌入的主要变量

利用直接关系刻画产学研合作组织网络的关系嵌入。利用创新主体间合作关系的结构洞刻画产学研合作组织网络的结构嵌入。组织网络中的直接关系突出关系的规模，组织网络中的结构洞突出关系的冗余性。

（1）直接关系。

本书采用创新主体在组织网络中与其他创新主体之间的关系强度来衡量直接关系，利用组织在组织网络中的度数中心度来测量。

$$Deg_i = \sum_j X_{ji} \qquad (3-2)$$

其中，i 表示目标节点，j 表示除 i 之外的节点，X_{ji} 表示 j 和 i 的关系数量。

（2）结构洞。

结构洞的测度一般涉及有效规模、效率、限制度和等级度四个维度。本书使用社会网络分析软件 Pajek 来计算结构洞（Dohleman，2006），并使用王等（Wang et al.，2014）提出的结构洞的测量方法。

$$S_{it} = 1 - \sum_q \left(p_{iqt} + \sum p_{ikt} p_{kqt} \right)^2, k \neq i, q \qquad (3-3)$$

其中，p_{iqt} 代表创新主体 i 与 q 在时间 t 的联系，$\sum_q \left(p_{iqt} + \sum_k p_{ikt}p_{kqt} \right)^2$ 表示创新主体 q 受到创新主体 i 的限制，也可以衡量创新主体 q 在个体网络中运用结构洞的能力。该指标适合于解释合作关系的相互制约和影响的特征。其数值的大小与节点所拥有的结构洞数量负相关。即综合约束度越大，结构洞数量越少，个体网络成员对节点的约束和影响程度越大，节点对结构洞的运用能力越低。综合约束度越小，结构洞数量越多，个体网络成员对节点的约束和影响程度越小，节点对结构洞的运用能力越高。

3.4.1.1　组织网络嵌入下的整体网关系和结构变量排名

表 3.10 统计了 1995～2017 年 19 个时间段的组织网络度数中心性和结构洞前 5 位的排名情况。

表 3.10　　　　　　**1995～2017 年组织网络的关系和结构指标排名**

年份	度数中心性	结构洞
1995～1999	中国石油化工集团有限公司，北京大学，冶金工业部钢铁研究总院，北京科技大学，冶金工业部北京钢铁设计研究总院	烟台大学，中国石油化工股份有限公司石油化工科学研究院，浙江农业大学，中国科学院上海生物化学研究所，浙江海宁丝绸集团有限责任公司
1996～2000	中国石油化工股份有限公司，中国石油化工集团有限公司，冶金工业部钢铁研究总院，北京科技大学，冶金工业部北京钢铁设计研究总院	中国石油化工股份有限公司石油化工科学研究院，浙江农业大学，中国科学院上海生物化学研究所，浙江海宁丝绸集团有限责任公司，化学工业部沈阳化工研究院
1997～2001	中国石油化工股份有限公司，华东理工大学，冶金工业部钢铁研究总院，北京科技大学，冶金工业部北京钢铁设计研究总院	浙江大学，浙江农业大学，中国科学院上海生物化学研究所，浙江海宁丝绸集团有限责任公司，中国石油化工集团有限公司
1998～2002	中国石油化工股份有限公司，华东理工大学，冶金工业部钢铁研究总院，北京科技大学，冶金工业部北京钢铁设计研究总院	浙江大学，浙江农业大学，中国科学院上海生物化学研究所，浙江海宁丝绸集团有限责任公司，四川大学
1999～2003	浙江大学，中国石油化工股份有限公司，华东理工大学，清华大学，上海交通大学	中国科学院上海微系统与信息技术研究所，复旦大学，上海联能科技有限公司，四川大学，中国石油化工股份有限公司石油化工科学研究院

续表

年份	度数中心性	结构洞
2000~2004	浙江大学，中国石油化工股份有限公司，华东理工大学，清华大学，上海交通大学	中国石油化工股份有限公司北京化工研究院，中国石油化工股份有限公司石油化工科学研究院，中国科学院上海微系统与信息技术研究所，复旦大学，上海联能科技有限公司
2001~2005	浙江大学，复旦大学，中国石油化工股份有限公司，清华大学，上海交通大学	中国石油化工股份有限公司北京化工研究院，中国科学院上海微系统与信息技术研究所，上海联能科技有限公司，中国石油化工股份有限公司上海石油化工研究院，中山大学
2002~2006	浙江大学，清华大学，复旦大学，上海交通大学，电子科技大学	中国科学院上海微系统与信息技术研究所，上海联能科技有限公司，博奥生物有限公司，中国医学科学院肿瘤医院肿瘤研究所，国家纳米技术与工程研究院
2003~2007	浙江大学，清华大学，复旦大学，上海交通大学，电子科技大学	中国科学院上海微系统与信息技术研究所，上海联能科技有限公司，博奥生物有限公司，中国医学科学院肿瘤医院肿瘤研究所，国家纳米技术与工程研究院
2004~2008	中国水利水电科学研究院，华东理工大学，东华大学，复旦大学，合肥工业大学	上海市纺织科学研究院，上海纺织控股（集团）公司，博奥生物有限公司，清华大学，中国医学科学院肿瘤医院肿瘤研究所
2005~2009	中国石油化工股份有限公司，海尔集团公司，青岛海尔智能家电科技有限公司，中山大学，中国电子技术标准化研究院	上海市纺织科学研究院，上海纺织控股（集团）公司，博奥生物有限公司，清华大学，中国医学科学院肿瘤医院肿瘤研究所
2006~2010	中国电力科学研究院，华东理工大学，清华大学，中国石油化工股份有限公司，海尔集团公司	漳州市翊辰菱镁制品有限公司，山东泰光电气有限公司，内蒙古祥响新型建材开发有限责任公司，西安交通大学，内蒙古昶泰资源循环再生利用科技开发有限责任公司

年份	度数中心性	结构洞
2007~2011	中国电力科学研究院，华南理工大学，清华大学，中山大学，国家电网有限公司	漳州市翊辰菱镁制品有限公司，新疆疆南电力有限责任公司，武汉大学，深圳市朗石生物仪器有限公司，广西三晶化工科技有限公司
2008~2012	国家电网有限公司，中国电力科学研究院，清华大学，华南理工大学，华东理工大学	漳州市翊辰菱镁制品有限公司，中国石油大学（华东），新疆疆南电力有限责任公司，中国石油大学（北京），武汉大学
2009~2013	国家电网有限公司，中国电力科学研究院，清华大学，华北电力大学，国网江苏省电力有限公司	吉林大学，东北石油大学，中国海洋大学，漳州市翊辰菱镁制品有限公司，新疆疆南电力有限责任公司
2010~2014	国家电网有限公司，中国电力科学研究院，华北电力大学，清华大学，国网江苏省电力有限公司	国家电网技术学院，东北石油大学，西安石油大学，国网陕西省电力有限公司经济技术研究院，成都理工大学
2011~2015	国家电网有限公司，中国电力科学研究院，华北电力大学，清华大学，国网江苏省电力有限公司	国家电网技术学院，国网河北省电力有限公司经济技术研究院，东北石油大学，西安石油大学，新疆疆南电力有限责任公司
2012~2016	国家电网有限公司，中国电力科学研究院，华北电力大学，清华大学，西安交通大学	国家电网技术学院，国网河北省电力有限公司经济技术研究院，中国地质大学（武汉），国网内蒙古东部电力有限公司经济技术研究院，东北石油大学
2013~2017	国家电网有限公司，中国电力科学研究院，华北电力有限大学，清华大学，西安交通大学	国家电网技术学院，国网河北省电力有限公司经济技术研究院，东北石油大学，西安石油大学，新疆疆南电力有限责任公司

3.4.1.2　组织网络嵌入下的创新主体关系和结构变量排名

产学研合作组织网络嵌入下的创新主体共有 849 个，由于篇幅所限，本部分选取排名在前 20 位的创新主体结构和关系变量进行统计，如表 3.11 所示。

表 3. 11   创新主体的组织网络嵌入关系和结构指标排名

项目	度数中心性	结构洞
排名前20位的创新主体	国家电网有限公司、中国电力科学研究院、华北电力大学、清华大学、西安交通大学、中国海洋石油集团有限公司、中海油研究总院、国网智能电网研究院、国网江苏省电力有限公司、北京科技大学、武汉大学、东南大学、重庆大学、国网浙江省电力有限公司、上海交通大学、天津大学、深圳市国华光电研究院、华南师范大学、华中科技大学、全球能源互联网研究院	中国电力科学研究院、华北电力大学、北京科技大学、西华大学、四川省农业科学院、四川省绿山农业开发有限公司、华中科技大学、电子科技大学、东莞电子科技大学电子信息工程研究院、哈尔滨工业大学、上海大学、新疆林业科学院、合肥工业大学、苏州大学、北京师范大学、西南科技大学、上海产业技术研究院、华东师范大学、安徽理工大学、湘潭大学

3.4.2 知识网络嵌入的主要变量

与组织网络嵌入的变量类似，运用知识网络的直接关系和结构洞来衡量知识网络的关系嵌入和结构嵌入。

（1）知识网络直接关系。

本书采用加权平均知识元素的度数中心性来测量知识网络的直接关系。测量共分两步：第一，计算每一个知识元素在之前 5 年的相关知识元素的数量；第二，收集创新主体的所有知识组合，计算知识元素的平均度数中心度。

$$d_i = \frac{\sum_{j=1}^{m} D_j}{m} \tag{3-4}$$

其中，D_j 表示知识元素 j 在知识网络中的度数中心性，m 表示属于创新主体 i 的总的知识元素的数量。

（2）知识网络结构洞。

本书研究中采用知识元素所占据的结构洞数量的平均值来衡量知识网络的结构嵌入水平。要计算知识网络的结构嵌入需要分三步：第一，我们需要构建创新主体的知识网络，基于之前的 5 年；第二，计算每一个知识元素的结构洞；第三，确定每一个创新主体的知识元素组合，并使用创新主体中所有知识元素的结构洞的加权平均数来表示创新主体的知识网络结构洞水平。公式如下：

$$S_i = 2 - \sum_j \left(p_{ij} + \sum_{q, q \neq i, q \neq j} p_{iq} p_{qj} \right)^2 \tag{3-5}$$

$$MKNSH = \frac{1}{N} \sum_{i=1}^{N} S_i \tag{3-6}$$

其中，创新主体 i 受到 j 的限制度为 $C_{ij} = \left(p_{ij} + \sum_q p_{iq} p_{qj} \right)^2$，$p_{iq}$ 代表创新主体 i 的全部关系中，投入到 q 的关系占总关系的比例，N 表示创新主体中知识元素的个数，S_i 表示知识元素 i 占据的结构洞数量。

3.4.2.1　知识网络嵌入下的整体网关系和结构变量排名

表 3.12 统计了 1995～2017 年产学研合作知识网络的度数中心性和结构洞，其中每一个时间段都有相应的最大度数中心性和最大结构洞。例如，在 1995～1999 年、1996～2000 年、1997～2001 年、1998～2002 年度数中心性最高的是知识元素 C12N15，结构洞最高的前两位知识元素分别是 A61K35、A61K38；在 2008～2012 年，度数中心性最高的前五位分别是 C08K5、C07H1、C08F22、A61K31 和 B09B3，结构洞前五位分别是 C14C3、C02F3、C08B30、G01N11 和 D06N7；在 2012～2016 年，度数中心性最高的前五位分别是 G01R31、H02J3、C08K3、G06Q50 和 C08F2，结构洞前五位分别是 H02J15、G06N99、G01R21、H02P11 和 C12M1；在 2013～2017 年，度数中心性最高的前五位分别是 H02J3、G01R31、C08F22、C08K3 和 G06Q50，结构洞前五分别是 H02J15、G06Q30、G01R21、G08G65 和 C12M1。

表 3.12　　　　　　1995～2017 年知识网络的关系和结构指标排名

年份	度数中心性	结构洞
1995～1999	C12N15，A61K35，A61K38，C07C7，C08F112	A61K35，A61K38，C07C7，C08F112，C08F4
1996～2000	C12N15，A61K35，A61K38，C06B45，C06B31	A61K35，A61K38，C06B45，C06B31，C06B23
1997～2001	C12N15，C08F4，A61K35，A61K38，C06B45	A61K35，A61K38，C06B45，C06B31，C06B23
1998～2002	C12N15，C08F10，A61K35，A61K38，C06B45	A61K35，A61K38，C06B45，C06B31，C06B23

年份	度数中心性	结构洞
1999～2003	H04B17，C12N15，H04B5，H04Q7，A61N1	C12N15，H04B5，H04Q7，A61N1，H04L12
2000～2004	C12N15，H04B17，H04B5，H04Q7，A61N1	H04B5，H04Q7，A61N1，H04L12，C12N5
2001～2005	C12N15，H04B17，C02F3，C02F9，C02F1	C02F3，C02F9，C02F1，H04B5，H04Q7
2002～2006	C12N15，A61P15，C07H17，A61K31，A61P13	C02F3，C02F9，C02F1，H04B5，H04Q7
2003～2007	C12N15，C02F1，A61P15，C07H17，A61K31	C02F11，A01N25，G01N33，H04B5，H04Q7
2004～2008	C02F1，C12N15，A61P15，C07H17，A61K31	C02F11，A01N25，H01B17，A01N63，A01P7
2005～2009	A61K31，A61P15，C07H17，A61P13，A61P9	C12R1，A01N25，C02F3，A61K36，C10L1
2006～2010	C01G49，A61K31，C02F1，A61P15，C07H17	C07D23，D06M15，A61K36，D06M153，E04C3
2007～2011	C02F1，C01G49，A01N25，B09B3，A61P31	C07D23，C02F3，G01N11，D06N7，A61K36
2008～2012	C08K5，C07H1，C08F22，A61K31，B09B3	C14C3，C02F3，C08B30，G01N11，D06N7
2009～2013	C08F22，C08K5，C12R1，H02J3，C08L23	C14C3，H02P21，C02F3，C08B30，G01N11
2010～2014	H02J3，G01R31，C08F22，C08K3，C12R1	C22B9，C14C3，H04L1，G01R21，C08G65
2011～2015	H02J3，G01R31，G06Q50，C12N15，C08F22	H02J15，G05B13，C22B9，G01R21，G06Q30
2012～2016	G01R31，H02J3，C08K3，G06Q50，C08F2	H02J15，G06N99，G01R21，H02P11，C12M1
2013～2017	H02J3，G01R31，C08F22，C08K3，G06Q50	H02J15，G06Q30，G01R21，G08G65，C12M1

3.4.2.2　知识网络嵌入下的创新主体关系和结构变量排名

每一个创新主体对应多个知识元素，而这些知识元素会有相应的知识网络的度数中心性和结构洞，选取排名前 20 位的创新主体，如表 3.13所示。

表 3.13　　　　　　　　创新主体的知识网络嵌入关系和结构指标排名

项目	度数中心性	结构洞
排名前 20 位的创新主体	北京信息科技大学、国网江西省电力有限公司经济技术研究院、重庆师范大学、浙江华云电力工程设计咨询有限公司、上海工程技术大学、国网天津市电力公司经济技术研究院、国网能源研究院、国网新疆电力有限公司经济技术研究院、新疆大学、山东科技大学、上海博英信息科技有限公司、国网辽宁节能服务有限公司、四川大学、西安工程大学、中国科学院大学、北京华天机电研究所有限公司、国网宁夏电力有限公司石嘴山供电公司、国网宁夏电力有限公司经济技术研究院、国网福建省电力有限公司泉州供电公司、中国矿业大学	中国电力科学研究院、华北电力大学、北京科技大学、西华大学、四川省农业科学院、四川省绿山农业开发有限公司、华中科技大学、电子科技大学、哈尔滨工业大学、上海大学、新疆林业科学院、合肥工业大学、山东科技大学、机械科学研究总院先进制造技术研究中心、合肥工业大学、南京大学昆山创新研究院、南京大学、昆山桑莱特新能源科技有限公司、华北电力大学、华东理工大学

3.4.3　双模网络嵌入的主要变量

与组织网络、知识网络嵌入的变量类似，运用组织与知识的连接 2 星和连接 3 星来衡量双模网络的关系嵌入和结构嵌入。

（1）双模网络 2 星。

基于 Markov 依赖，代表网络扩张性的 2 星，可以引入最初由斯科弗雷兹和弗斯特（1999）提出的 ERGM 模型设定，并用以下公式进行计算：

$$Z_{SPk}(x) = \sum_i \binom{xi+}{k} \tag{3-7}$$

（2）双模网络 3 星。

王、夏普、罗宾斯和帕蒂森（2009）引入 k - 星，这些 k 星是对度分布扩散的测量，因此一个大的正参数表明二部图是以两个网络少数几个高度节点为中心的。可以用下式进行计算：

$$Z_{KSP}(x,\lambda) = \sum_{k=2}^{m} (-1)^k \frac{Z_{SPK}(x)}{\lambda^{k-2}} \tag{3-8}$$

3.4.3.1 双模网络嵌入下的整体网关系和结构变量排名

1995～2017年双模网络嵌入的二星和三星结构关系排名如表3.14所示。1995～1999年，二星关系排名前五位的分别是 A61K38、A01N47、C12N15、C08F4 和 C10L1，三星结构排名前五位的分别是 A61K39、C10L1、C12N15、C07F15 和 C10G73；2008～2012年，二星关系排名前五位的分别是 C07D401、C07D43、A61P15、H02J13 和 D06P1，三星结构排名前五位的分别是 C07D401、C07D403、A61P15、H02J13 和 D06P1；2010～2014年，二星关系排名前五位的分别是 G01L11、B28B11、B60R19、A01J57 和 F27B17，三星结构排名前五位的分别是 G01L11、B28B11、B60R19、A01J57 和 F27B17；战略性新兴产业政策实施前后结构和关系发生了显著变化。

表3.14　　1995～2017年产学研合作双模网络的关系和结构指标排名

年份	二星	三星
1995～1999	A61K38、A01N47、C12N15、C08F4、C10L1	A61K39、C10L1、C12N15、C07F15、C10G73
1996～2000	B03D14、C10G73、C12N15、C07C45、D01F6	B03D14、C10G73、C07C45、D01F6、C12N15
1997～2001	C07C45、C10G7、C01F7、D01D1、C10L1	C07C45、C01F7、C10G7、C08F112、D01D1
1998～2002	C08F42、C08K7、C06B31、A61K39、C10G7	C08F42、C06B31、C08K7、C10G7、A61K39
1999～2003	C06B45、C01F7、A61N1、C08K9、H04N7	C06B45、A61N1、C01F7、C08K9、H04N7
2000～2004	C12N15、C02F3、C02F9、C08K9、C01F7	C12N15、C02F9、C02F3、C08K9、C01F7
2001～2005	C07C63、A61N1、C12N15、G01N23、C12N5	C07C63、A61N1、G01N23、C12N15、C02F1

年份	二星	三星
2002~2006	C08G69，C08F10，C07K14，F16L9，C12N1	C08G69，C08F10，C07K14，F16L9，C12N1
2003~2007	B05B15，A61P9，E21D9，A61K125，C08F10	B05B15，A61P9，E21D9，C08F10，A61K123
2004~2008	A61K125，B01F3，C07K14，A61P35，C07K14	A61K125，B01F3，C07K14，A61P35，C07K14
2005~2009	C22B9，A61K125，A61K36，C23C14，A61P3	C22B9，A61K125，A61K36，C23C14，A61P3
2006~2010	C08L83，C01G28，C01D5，B66B3，C02F10	C08L83，C01G28，C01D5，C02F10，D06M15
2007~2011	A61P7，E21F1，F04D27，G01W1，G08G3	A61P7，E21F1，F04D27，G01W1，G08G3
2008~2012	C07D401，C07D43，A61P15，H02J13，D06P1	C07D401，C07D403，A61P15，H02J13，D06P1
2009~2013	B08B95，E04H7，C01G9，F16K1，F16K31	B08B95，E04H7，C01G9，F16K1，F16K31
2010~2014	G01L11，B28B11，B60R19，A01J57，F27B17	G01L11，B28B11，B60R19，A01J57，F27B17
2011~2015	G06F7，G01R11，A61B55，H04W24，H01T4	G06F7，G01R11，A61B55，H01T4，A61Q17
2012~2016	H02B13，H02B3，C09D123，H01H11，C09D19	H02B15，H02B3，C09D13，H01H11，C09D19
2013~2017	G06F7，E04H7，C01G9，F16K1，C09D2	B08B95，H02B3，C01R13，H01T4，C09D19

3.4.3.2 双模网络嵌入下的创新主体关系和结构变量排名

每一个知识元素对应两个或三个创新主体，它们的连接构成二星或三星的关系和结构，选取排名前20位的创新主体，如表3.15所示。

表 3.15　　　　　　创新主体的双模网络嵌入关系和结构指标排名

项目	二星关系	三星结构
排名前 20 位的创新主体	国家电网有限公司、中国电力科学研究院、华北电力大学、国网江苏省电力有限公司电力科学研究院、清华大学、西安交通大学、东南大学、华南师范大学、深圳市国华光电科技有限公司、深圳市国华光电研究院、国网辽宁省电力有限公司电力科学研究院、武汉大学、国网陕西省电力公司电力科学研究院、国网河南省电力公司电力科学研究院、江苏省电力试验研究院有限公司、重庆大学、沈阳工业大学、华中科技大学、浙江大学、国网江苏省电力有限公司	国家电网有限公司、中国电力科学研究院、华北电力大学、西安交通大学、东南大学、华南师范大学、深圳市国华光电科技有限公司、深圳市国华光电研究院、国网江苏省电力有限公司电力科学研究院、清华大学、国网辽宁省电力有限公司电力科学研究院、沈阳工业大学、华中科技大学、浙江大学、国网江苏省电力有限公司、武汉大学、国网陕西省电力公司电力科学研究院、国网河南省电力公司电力科学研究院、江苏省电力试验研究院有限公司、重庆大学

3.5　创新主体双元创新的测度

根据前面的研究，双元创新既包括利用式创新，又包括探索式创新。目前关于利用式创新和探索式创新的测量主要有以下三种方式：第一种是通过问卷调研的方式，采用两个不同的量表分别测量利用式创新和探索式创新（Van Beers and Zand, 2014）。测量量表主要有何等（He et al., 2004）关于利用式创新（4 个题项）和探索式创新（4 个题项）的量表（Kretke, 2010）、阿图阿赫内（Atuahene, 2005）关于利用式创新（5 个题项）和探索式创新（5 个题项）的量表、詹森等（Jansen et al., 2006）和卢巴特金等（Lubatkin et al., 2006）关于利用式创新（6 个题项）和探索式创新（6 个题项）的量表，现有的实证研究中采用的利用式创新和探索式创新的测量量表都改编于上述四篇文献。第二种是通过内容分析法来测量利用式创新和探索式创新，乌蒂拉等（Uotila et al., 2009）运用马奇（March）对于探索式创新和开发式创新的最初定义中所使用的单词和短语并在成千上万则公开发布的新闻报道中搜索这些单词和短语，用这些单词和短语出现的频次来代表组织进行的探索式创新活动和利用式创新活动水平，以 explore, search, variation, risk, experiment, play, flexible, discover, innovate 代表探索性创新活动，以 exploit, refine, choice, production, efficiency, select, implement, execute 代表利用式创新。林明和董必荣（2014）、王益民和梁萌（2012）以公司年报为研究对象通过探索、追求、寻求、改变、冒险、试验、试探、新发现、革新等 9 个关键词代表探索式创新；以挖掘、选择、作业、效率、执行、实施、贯彻、实行等 8 个关键词来代表利用式创新。第三种是采用客观专利数据测度法测量利用式创新和探索式创新，陈守明和李汝（2013）认为，发明专利是探索式创新，实用新型与外观是利用式创新。有学者基于专利引用数据来测量，新引用专利/引用专利总数比值越接近 1，探索式程度越高，越接近 0，利用式程度越高（Benner and Tushman，2003）。曾德明等（2016）基于国内专利引用数据缺失，借鉴基尔辛等（Gilsing et al.，2008）的研究利用专利，应用以下准则计算探索式创新：该组织该年申请专利 i 分类号前 4 位数在过去 5 年未曾出现，则计数 $T_i = 1$，否则计数为 0，探索式创新 = T_i 计数和；应用以下准则计算利用式创新：该企业该年申请专利 i 分类号前 4 位数在过去 5 年曾出现 1 次，则计数 $M_i = 1$，否则计数为 0，利用式创新 = M_i 计数和。有学者基于专利分类号来测度，奥迪亚和贡卡洛（Audia and Goncalo，2007）通过知识元素的数量来测量组织双元创新，组织 i 在 t 年所申请专利的 IPC 分类号前 3 位或 4 位代表技术类别，如在过去的时间没有申请，在观察年申请，则视为探索式创新；如在过去时间和观察年都有申请则为利用式创新；如在过去 5 年未申请过则视为探索式创新，申请过则视为利用式创新（Gilsing et al.，2008；Guan and Liu，2016）。

借鉴以往的研究，本书利用王等（Wang et al.，2014）提出的专利数据中国际分类号 IPC 的技术分类代码中前 4 位判断专利所属技术类别，为了更加客观清楚地分辨出利用式创新和探索式创新，我们使用包含组织关系和知识元素关系的双模网进行测量。在双模网络中，由两种节点——组织节点和知识节点，所连接的线表明组织、知识元素以及组织和知识元素的关系。以过去 5 年间申请人所对应的技术类别为基础，在观察年间仍然出现的技术类别的数量测量创新主体的利用式创新，原有申请人对应产生的新的技术类别的数量测量创新主体的探索式创新（Dibiaggio et al.，2014）。

3.6　本章小结

本章首先构建了产学研合作双模网络，并使用 Ucinet、Gephi 软件绘制了产学研合作组织网络、知识网络、双模网络的拓扑结构演化图；其次，基于社会网络指数随机图模型（ERGM）建立了组织网络、知识网络、双模网络的嵌入模型构局，并对相关网络结构和关系变量进行了测量；再次，使用Ucinet软件计算了产学研合作组织网络和知识网络的度数中心性和结构洞，并对排名前五位的组织和知识元素进行了统计，使用MPNet软件对代表产学研合作双模网络结构和关系的二星与三星进行了计算，并对排名嵌入的星源进行统计；最后，对创新主体双元创新进行了测度，选择了客观有效的专利测量法。

第4章 产学研合作双模网络嵌入对创新主体双元创新的影响机理研究

第3章主要对产学研合作双模网络嵌入与创新主体双元创新的相关指标进行了测量。本章主要分析产学研合作双模网络嵌入下创新主体双元创新的输入，即产学研合作双模网络嵌入对创新主体双元创新的影响机理。

在高度竞争的社会环境中，创新主体追赶上技术的进步并不断创新的能力对于其生存和发展至关重要。但是，由于有限的专业知识和资源，创新主体越来越难以完全自行开发新技术。创新主体的管理者们已经普遍认识到，应加强企业和学研机构之间的合作，以便满足全球市场对创新主体创新不断增长的需求。创新主体想要推进双元创新，一方面，需要借助产学研合作伙伴间的多元关系，嵌入由企业和学研机构成的产学研合作组织网络，通过获取和利用主体间的优势资源，弥补自身内部研发所需资源的不足（解学梅、左蕾蕾，2013；Szücs，2018）。另一方面，创新主体在双元创新过程中要嵌入基于不同知识元素相互关联构建的知识网络，既需要充分整合、利用、发掘自身已有的知识，又需要不断探索新的知识以适应新市场环境的需求（王凤彬等，2012），这样才能加强创新主体适应动态环境的能力。但是，如果缺乏充足的网络资源，创新主体想要同时兼顾利用式创新和探索式创新将会面临新的困难，如何引导和协调双元创新主体已成为学术界的焦点。因此，研究基于网络嵌入理论，从市场和知识两个层面对产学研合作创新组织网络和知识网络解耦，分析组织网络嵌入、知识网络嵌入、双模网络嵌入对创新主体双元创新的影响能够为创新主体的政策制度和执行提供实证支持和现实指导，有助于创新主体有意识地运用网络获取所需的信息知识等资源，个性化地满足创新主体技术创新的需求，提高主体的经济利益与社会价值。然而现实中，嵌入网络的创新主体在利用式创新和探索式创新方面的表现差异性很大，或过分强调利用式创新，陷入"能力陷阱"，或不断强调探索式创新，无视自身基础，导致"技术漏洞"。由此可见，对于创新主体自身，如何根据自身知识基础有效地利用产学研合作创新网络资源以促进自身双元创新是一个亟待解决的重要问题。

关于网络嵌入下的创新主体双元创新的影响因素，学者们主要从网络嵌入的位置（Ouimet et al.，2007；常红锦等，2013）、网络规模（Rojas et al.，2018）、网络密度（Gonzalez-Brambila et al.，2013；李国强等，2019）、网络资源（Collinson and Wang，2012；张利平，2013）、网络环境（Karamanos，2012）等视角分析对创新主体双元创新的影响。而关于产学研合作双模网络嵌入下的创新主体双元创新的影响因素，学者们更多关注的是单模或双模网络的结构和关系对创新主体双元创新的影响（Wang et al.，2014；Yan and Guan，2018；Boccaletti et al.，2014；杨博旭等，2019；汤超颖等，2020；刘凤朝、杨爽，2020）。因此，关于产学研合作双模网络嵌入下的创新主体双元创新的影响因素，本书继续延续格兰诺维特的研究，从结构嵌入和关系嵌入的角度分析产学研合作双模网络嵌入对创新主体双元创新的影响机理。

4.1 产学研合作双模网络嵌入对创新主体双元创新的影响机理理论分析

4.1.1 组织网络嵌入对创新主体双元创新的影响机理假设

随着数字经济技术的不断发展，产学研主体之间的合作也越来越频繁，产学研创新主体在网络中的位置以及与其他主体之间的关系成为影响创新主体双元创新的重要因素。基于三螺旋理论，企业和学研机构的创新动力主要来源于三者之间的互动与合作，组织网络的合作关系嵌入主要反映创新主体的中心位置。格兰诺维特定义了强关系和弱关系。不同程度的关系嵌入，节点间的交流和沟通能力、信息传递能力是不同的，从而对创新活动的作用力是不一致的。较低的关系嵌入，节点与领结节点的交流和沟通较少，双方难以建立足够的信任，而想要实现知识的共享和共同利用需要建立在一定信任程度的基础上，这种低程度的关系嵌入，不利于网络中合作伙伴间资源的共享和共利用。随着合作频数的增加，节点间的交流就会变得频繁，关系嵌入也逐渐变强，网络中的节点信任基础雄厚，双方能够及时互动，制定符合最新创新活动的创新组织决策，从而也有助于创新主体自身节点获取复杂网络中隐性的知识资源，降低知识共享和转移成本，从而提高节点技术创新能力（Li et al.，2013）。然而，当关系嵌入达到一定程度后，在利用式创新过程中，创新主体间会保持着稳定而长久的联结关系，信息和知识的来源会比较单一，不利于对现有技术知识进行潜力挖掘和改善升级。因此，会抑制利用式创新。

同理，组织网络关系嵌入在一定范围内能够促进探索式创新（Thompson，2018）。伍兹（Uzzi，1999）认为关系嵌入与创新主体创新活动的关系，并非一直是线性的，当关系嵌入达到一定的阈值时，对创新主体探索式创新是一种抑制作用。这是因为较高的关系嵌入意味着较高的关系维持成本，且对外来说产生了进入壁垒，这样反而阻碍了主体间进行知识、技术和信息资源的共享。此外，强关系嵌入意味着关系节点间的资源冗余度较高，接触其他异质性资源的机会较少，不利于探索式创新的发展。基于以上分析，本书提出如下假设。

H4－1a：组织网络关系嵌入与创新主体利用式创新呈倒"U"型关系。

H4－1b：组织网络关系嵌入与创新主体探索式创新呈倒"U"型关系。

大多数学者认为，组织网络结构嵌入能够促进知识的转移，进而促进创新主体的利用式创新。首先，组织网络结构嵌入能够帮助主体带来位置上优势，有利的位置能够提高网络中非网络关系主体间与中间人之间的知识和信息的转化效率（Lin et al.，2009）。因此，最新的知识、技术和信息能够被快速转移到核心主体，缩短利用式创新的时间，减少利用式创新的成本。其次，组织的结构嵌入会使得创新主体占有足够多的结构洞，能够自由地控制信息的流动，控制其直接的网络关系，专注于其自身核心技术的研发。若拥有较少的结构洞，创新主体的网络权力有限，难以控制与其合作创新的其他主体，知识转移受阻，此时不利于创新主体的利用式创新。利用式创新是指创新主体基于现有的知识储量，通过加深理解、潜力挖掘、对现有技术知识进行改善升级的过程，它更多地强调知识的专一化。因此，不会受限于结构洞所带来的消极影响。组织网络结构嵌入的内部互动特征有助于创建对共同任务的信任和理解，增强内部成员的沟通，促进内部成员之间的知识共享，并根据市场需求深化现有知识，加深对现有知识的理解和挖掘，促进对原有知识的提炼，从而改善现有产品和服务精度，促进利用式创新活动。但是，过多的结构洞会导致过多的异质性知识，而异质性知识的增加会抑制创新主体利用式创新的发展。

除此之外，创新主体拥有足够的结构洞有助于主体进行探索式创新。创新主体所占据的结构洞的位置，具有控制整个组织网络的优势，拥有更多接触异质性资源的机会，这种独特的资源和控制力给其带来非常大的网络权力，一方面，能够提高节点间的信息传递效率，减少节点间的无效连接；另一方面，可以更快速地获取、吸收和整合自身发展所需的外部资源，更好地开展技术创新活动。创新主体处于结构洞的位置，不仅可以获取创新主体创新所需的基本知识，还有机会接触解决问题的新方式。通过外部社会资本获取的新知识，可以迅速协助主体发掘现有的技术和知识，重视产品的衍生性和新产品的开发，改变过去的认知结构，克服组织一直存在的惯性，尝试新的创新模式，从而促进创新主体探索式创新活动的实施。基于以上分析，本书提出如下假设。

H4 – 2a：组织网络结构嵌入与创新主体利用式创新呈倒"U"型关系。

H4 – 2b：组织网络结构嵌入正向影响创新主体探索式创新。

4.1.2 知识网络嵌入对创新主体双元创新的影响机理假设

知识是组织取得竞争优势的重要来源，创新的本质便是创新主体中已有知识元素组合和重组，主体中知识元素相互联系、相互作用就会形成知识网络。在真实的世界中，若两个知识元素出现在同一个专利中，则认为二者之间存在关系。知识元素的组合实质上是创新主体中的研究者或者科学家将不同技术结合实现创新的过程。知识网络关系嵌入反映了知识元素在知识网络中的嵌入水平，代表组织内知识元素之间的关系强度。王等（Wang et al.，2014）认为，知识网络的关系嵌入表现为以下三个方面：第一，相同或相近领域之间的知识元素会组合在一起；第二，知识要素之间的组合潜力是在社会资本的基础上构建的，它建立在与其他知识要素相结合的可行性和可取性的信念基础上（Shapere，1964），信念越强，将有更多资源分配给它以寻求组合的机会；第三，创新主体更可能根据经验结合已有的路径对主体内的知识进行组合和重组。知识网络关系嵌入水平越高，组织中的知识元素之间联系越多，不管是已经形成的知识组合，还是新的知识重组，都会促进创新主体的双元创新。

当知识网络关系嵌入非常高时,一方面,由于知识之间的关联性非常强,使得其他技术领域难以给创新主体提供新的知识组合和重组的机会,不利于创新主体继续发展现有技术领域的优势,抑制创新主体的利用式创新活动;另一方面,创新主体为探索和学习不同科学领域中的知识,在时间和资金方面将会进行巨大的投入(Alkhuraiji et al.,2016)。此时,探索新知识面临的较高转换成本使创新主体倾向于依赖已有技术创新路径,因此会抑制探索式创新。基于以上分析,本书提出以下假设。

H4 - 3a:知识网络关系嵌入与创新主体利用式创新呈倒"U"型关系。

H4 - 3b:知识网络关系嵌入与创新主体探索式创新呈倒"U"型关系。

知识网络的结构嵌入描述了知识元素在知识网络中的位置特征,反映了知识之间的结合,记录着知识元素之间的组合路径,为创新主体中的知识组合实现了重组和新的结合。一方面,当知识网络结构嵌入在一定程度范围内变化时,创新主体中知识元素的结构洞可以带来大量的知识的重组和结合的机会(Wang et al.,2014)。知识网络中知识的连接关系记录着之前创新活动中知识嵌套的内容和经验(Yayavaram and Ahuja,2008),就创新主体而言,知识的重组是指重新使用和提炼已有知识的结合去发展新的应用或者解决新的问题,这将会促进创新主体的利用式创新。然而,新的结合意味着使用主体中从没有结合的异质性的知识和已经存在的知识,结合已经存在的知识可以促进创新主体的利用式创新,结合异质性知识可以促进创新主体的探索式创新。另一方面,结构嵌入可以促进大多数想法和创新路径相互作用,它们的相互碰撞可以产生创新性想法,从而促进创新主体的探索式创新。当创新主体的知识网络结构嵌入程度较深时,会花费很多组织知识的重组和结合的时间、资源等机会成本,这将阻碍创新主体的双元创新。基于以上分析,本书提出以下假设。

H4 - 4a:知识网络结构嵌入与创新主体利用式创新呈倒"U"型关系。

H4 - 4b:知识网络结构嵌入与创新主体探索式创新呈倒"U"型关系。

4.1.3 双模网络嵌入对创新主体双元创新的影响机理假设

知识作为创新主体双元创新活动中的重要资源,依赖于创新主体而存在。产学研合作组织拥有的知识为创新主体创新活动提供支持。具有2星参数的组织—知识关系表达的是度分布的差异，进而反映网络中心势的趋势，因此，一个具有星中心节点的二元属性 2 星参数，反映了这类节点周围具有更高中心势的趋势（陈烨等，2020），体现了这类节点高中心度与低中心度的离差状况。一方面，产学研合作组织多样性的增加，模糊了部分知识的核心角色，使得知识与知识之间的相对地位扁平化（刘璇等，2019），从而使得知识与知识之间的联系缺乏明确的指向性，呈现更多的不规则属性，在这种情况下，阻碍了创新主体利用式创新活动。另一方面，如果产学研合作组织拥有更多的自我中心连接，与其他创新主体的合作频次会增多，这样就会在产学研合作创新过程中处于"领头羊"的角色，从而主导知识的利用式和探索式学习行为，使得合作主体的知识建立在高中心度组织知识范畴基础上，知识的获取与动态演化也受高中心度研究者的意向主导，从而抑制创新主体中知识的多样性结合，限制创新主体的探索式创新。基于以上分析，本书提出以下假设。

H4 –5a：双模网络关系嵌入负向影响创新主体利用式创新。

H4 –5b：双模网络关系嵌入负向影响创新主体探索式创新。

采用双模网络 3 星属性结构，可以检验具有产学研合作双模网络结构嵌入中某种属性节点与相同集内其他节点共享知识趋势的效应，创新主体中具有的共性知识具有趋同性，而这种共性的知识倾向于连接到相同主体（刘晓燕等，2019）。共性知识由于其独有的特征使得其成为创新主体创新的基础知识。一方面，创新主体的共性知识具有较强的公共性，常常是主体内部的基准知识，为与其他知识结合提供支撑，从而进行主体内部知识的转移和结合，逐渐提升创新主体的利用式创新。另一方面，创新主体的共性知识具有低复杂度和研究广泛的特征。创新主体拥有的共性知识由于复杂度较低，可以被大多数其他主体所掌握并进行广泛的研究，使得跨领域知识间的交叉引用联系很高（段庆锋，2019），这样可以有效地提升创新主体的探索式创新。基于以上分析，本书提出以下假设。

H4 –6a：双模网络结构嵌入正向影响创新主体利用式创新。

H4 –6b：双模网络结构嵌入正向影响创新主体探索式创新。

基于以上分析，本书构建了产学研合作双模网络嵌入与创新主体双元创新关系的概念模型，如图 4.1 所示。

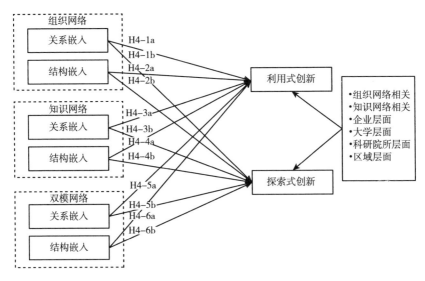

图 4.1　产学研合作组织—知识双模网络嵌入与创新主体双元创新概念模型

4.2　产学研合作双模网络嵌入对创新主体双元创新的影响机理研究方法

4.2.1　数据收集

根据第 3.1 节中产学研合作双模网络构建的数据，最后筛选出符合条件的专利 11763 个，涉及的创新主体 849 个，专利在各年份的分布如图 4.2 所示。

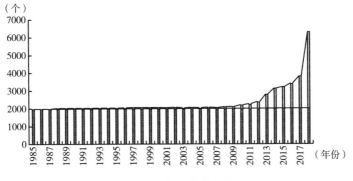

图 4.2　专利申请分布

4.2.2 变量及其测量

4.2.2.1 因变量

根据第 3 章的研究，本章利用王等（2014）提出的专利数据中国际分类号 IPC 的技术分类代码中前 4 位判断专利所属技术类别。为了清楚地分辨出创新主体的利用式创新和探索式创新，我们使用包含组织关系和知识元素关系的双模网络进行测量。在双模网络中，由两种节点——组织节点和知识节点所连接的线表明组织和知识元素的关系。以过去 5 年间创新主体所对应的技术类别为基础，在观察年间仍然出现的技术类别的数量衡量创新主体的利用式创新，创新主体对应产生的新的技术类别的数量衡量创新主体的探索式创新（Dibiaggio et al.，2014）。

4.2.2.2 自变量

（1）组织网络关系嵌入。根据第 3 章的分析，本章采用创新主体在组织网络中与其他创新主体之间的关系强度来衡量关系嵌入水平，即利用创新主体在组织网络中的度数中心性来衡量组织网络的关系嵌入。

（2）组织网络结构嵌入。本章使用结构洞来衡量组织网络中结构嵌入的水平。

（3）知识网络关系嵌入。本章采用创新主体的加权平均知识元素的度数中心性来衡量知识网络的关系嵌入。

（4）知识网络结构嵌入。本章采用创新主体中的知识元素所占据的结构洞数量的平均值来衡量知识网络的结构嵌入水平。

（5）双模网络关系嵌入。本章使用二星关系衡量双模网络的关系嵌入。

（6）双模网络结构嵌入。本章使用三星结构衡量双模网络的结构嵌入。

4.2.2.3 控制变量

（1）组织网络层面。组织网络加权度数中心性是指创新主体在过去 5 年的合作者数量。组织网络集聚系数是局部图结构的度量，组织网络的特点是与大多数其他人联系在一起的本地人集群（Newman，2001），聚类系数的计算公式为：

$$CC = 1/g \sum_{i=1}^{g} C_i(w) \qquad\qquad (4-1)$$

其中，$C_i(w)$ 是创新主体 i 的集群系数。

（2）知识网络层面。知识网络加权度数中心性，收集创新主体的知识组合，然后对每一个主体的知识元素度数中心性进行加权平均。知识网络集聚系数的测量需要以下三步：首先，构建创新主体的知识网络；其次，计算每一个知识元素的集聚系数；最后，确定每一个创新主体的知识组合，计算每一个创新主体知识元素的加权平均集聚系数（Wang et al.，2014）。

（3）大学层面。

大学，我们引进虚拟变量来表示创新主体是大学（曹霞、宋琪，2016）。

211 大学，如果创新主体是高校，且属于"211 工程项目"，记为 1。

（4）研究机构层面。

研究机构，我们引进虚拟变量来表示创新主体是研究机构（Guan and Liu，2016）。

省级研究机构，如果创新主体是研究机构，且属于省属研究机构，记为 1。

其他研究机构，如果创新主体是研究机构，且属于其他研究机构，记为 1。

（5）企业层面。

企业，我们引进虚拟变量来表示创新主体是企业（Yan and Guan，2018）。

东部区域，如果创新主体是企业，且位于中国东部区域，记为 1。

西部区域，如果创新主体是企业，且位于中国西部区域，记为 1。

4.3　产学研合作双模网络嵌入对创新主体双元创新的影响机理实证研究

4.3.1　变量的描述性统计及相关性分析

在进行回归分析之前，需要对所有的变量进行描述性统计分析和相关分析，相关分析结果和描述性统计如表 4.1 和表 4.2 所示。根据表 4.2 中的描述性统计分析可知，被解释变量利用式创新和探索式创新的方差和均值差异不是很大，且是计数的非负整数，因此本书选择负二项回归模型进行假设检验。

表 4.1 变量相关分析

变量	1	2	3	4	5	6	7	8	9	10	11	12	13	14	15	16	17	18	19	20
1 利用式创新																				
2 探索式创新	0.78																			
3 合作网络度数中心性	0.88	0.66																		
4 合作网络结构洞	-0.22	-0.21	-0.36																	
5 平均知识度数中心性	0.11	0.07	0.15	-0.41																
6 平均知识结构洞	-0.10	-0.07	-0.14	0.62	-0.57															
7 双模网络二星关系	-0.02	-0.01	0.01	0.07	-0.06	0.06														
8 双模网络三星结构	-0.02	-0.01	0.01	0.06	-0.05	0.06	0.68													
9 合作网络加权度数中心性	0.91	0.60	0.95	-0.21	0.12	0.09	-0.00	-0.00												
10 合作网络聚类系数	-0.28	-0.28	-0.49	0.73	-0.14	0.21	0.01	0.01	-0.30											
11 平均知识加权度数中心性	0.10	0.05	0.15	-0.36	0.98	-0.48	-0.04	-0.04	0.12	-0.13										
12 平均知识聚类系数	-0.11	-0.08	-0.13	0.47	-0.77	0.85	0.07	0.07	-0.09	0.16	-0.67									
13 大学	-0.07	-0.05	0.00	-0.01	-0.17	0.15	-0.05	-0.04	-0.05	-0.22	-0.15	0.16								
14 211大学	-0.03	-0.02	0.05	-0.10	-0.16	0.16	-0.06	-0.06	-0.02	-0.31	-0.14	0.16	0.82							
15 其他大学	-0.00	-0.01	-0.01	0.02	0.03	0.05	-0.08	-0.07	-0.00	0.02	0.03	0.01	0.02	0.01						
16 研究机构	-0.01	-0.02	-0.04	0.06	0.06	-0.07	0.05	0.04	-0.02	0.10	0.04	-0.09	-0.57	-0.47	0.03					
17 省级研究机构	-0.03	-0.03	-0.08	-0.02	0.18	-0.15	-0.05	-0.04	-0.05	0.05	0.15	-0.21	-0.46	-0.38	0.05	0.77				
18 其他研究机构	-0.04	-0.04	-0.04	0.11	-0.08	0.07	-0.05	-0.04	-0.02	0.10	-0.07	0.09	-0.13	-0.10	-0.02	0.22	-0.08			
19 东部	0.08	0.08	0.11	0.00	-0.16	0.08	0.01	0.01	0.09	-0.04	-0.15	0.16	-0.03	0.05	-0.04	-0.06	-0.24	0.07		
20 西部	-0.04	-0.03	-0.06	0.06	0.10	-0.06	0.07	0.08	-0.04	0.04	0.09	-0.11	-0.02	-0.06	0.07	0.09	0.18	-0.05	-0.53	

表4.2	描述性统计	
变量	M	SD
1 利用式创新	14.55	18.60
2 探索式创新	14.08	17.83
3 合作网络度数中心性	41.93	83.11
4 合作网络结构洞	0.35	0.18
5 平均知识度数中心性	110.75	107.88
6 平均知识结构洞	0.31	0.17
7 双模网络二星关系	287.68	675.03
8 双模网络三星结构	200.77	722.52
9 合作网络加权度数中心性	166.08	701.14
10 合作网络聚类系数	0.62	0.32
11 平均知识加权度数中心性	632.31	805.17
12 平均知识聚类系数	0.47	0.29
13 大学	0.41	0.49
14 211 大学	0.32	0.47
15 其他大学	0.10	0.09
16 研究机构	0.32	0.47
17 省级研究机构	0.24	0.43
18 其他研究机构	0.02	0.15
19 东部	0.56	0.50
20 西部	0.18	0.39

4.3.2　回归分析

产学研合作的创新主体共有 849 个样本，这些创新主体有的是企业，有的是大学，有的是科研院所。其中，企业样本有 225 个，大学样本有 349 个，科研院所样本有 275 个。接下来将分别对三种类型的样本进行回归。

4.3.2.1　总样本的回归分析

本部分共建立 10 个回归模型，其中，模型 1~模型 5 是以利用式创新为因变量的回归模型，模型 6~模型 10 是以探索式创新为因变量的回归模型。实证结果如表 4.3 和表 4.4 所示。在回归中，模型 1 和模型 6 仅包括控制变量，模型 2 和模型 7 在模型 1 和模型 6 的基础上引入组织网络关系嵌入和结构嵌入，结果显示组织网络关系嵌入对利用式创新在 0.1% 的显著水平上具有显著的促进作用，H4 - 1a 得到部分验证；组织网络关系嵌入的系数为正，且在 0.1% 的显著水平上显著，同时对组织网络关系嵌入平方项的系数为负，且在 0.1% 的显著水平上显著，表明组织网络关系嵌入对探索式创新具有倒 "U" 型影响，H4 - 1b 得到验证；组织网络结构嵌入的系数为正，组织网络结构嵌入平方项的系数为负，且都在 0.1% 的显著水平上显著，表明组织网络结构嵌入对利用式创新具有倒 "U" 型影响，H4 - 2a 得到验证；模型 7 中组织网络结构嵌入的系数为负，且在 10% 的显著水平上显著，组织网络结构嵌入平方项的系数为正，且在 5% 的显著水平上显著，H4 - 2b 部分得到验证。

表 4.3　　　　　　　　　　　　创新主体利用式创新回归结果

变量	利用式创新				
	模型 1	模型 2	模型 3	模型 4	模型 5
合作网络度数中心性		14.44 *** (0.42)			13.74 *** (0.44)
合作网络度数中心性平方		0.47 (0.38)			0.63 (0.40)
合作网络结构洞		1.79 *** (0.34)			1.36 *** (0.37)
合作网络结构洞平方		- 2.28 *** (0.41)			- 1.44 ** (0.44)
平均知识度数中心性			4.83 *** (0.78)		1.80 *** (0.30)
平均知识度数中心性平方			- 0.01 (0.27)		1.02 *** (0.28)
平均知识结构洞			6.11 *** (0.64)		4.08 *** (0.65)
平均知识结构洞平方			- 6.46 *** (0.77)		- 4.44 *** (0.74)
双模网络二星关系				- 0.001 *** (0.00)	- 0.001 *** (0.00)
双模网络三星结构				0.001 *** (0.00)	0.0005 *** (0.00)

续表

变量	利用式创新				
	模型 1	模型 2	模型 3	模型 4	模型 5
控制变量					
合作网络加权度数中心性	2.79 *** (0.41)	− 11.01 *** (0.70)	2.84 *** (0.42)	2.73 *** (0.04)	− 10.56 *** (0.72)
合作网络聚类系数	− 3.10 *** (0.04)	− 1.61 *** (0.07)	− 3.06 *** (0.05)	− 3.14 *** (0.04)	− 1.76 *** (0.08)
平均知识加权度数中心性	− 0.73 *** (0.07)	− 0.40 *** (0.07)	− 5.07 *** (0.29)	− 0.75 *** (0.07)	− 2.74 *** (0.31)
平均知识聚类系数	− 1.88 *** (0.07)	− 1.35 *** (0.08)	− 1.40 *** (0.14)	− 1.85 *** (0.07)	− 1.28 *** (0.14)
大学	− 0.68 *** (0.06)	− 0.47 *** (0.06)	− 0.59 *** (0.06)	− 0.68 *** (0.06)	− 0.46 *** (0.06)
211 大学	− 0.03 (0.06)	− 0.01 (0.06)	− 0.08 (0.06)	− 0.07 (0.06)	− 0.01 (0.06)
其他大学	0.06 + (0.03)	0.08 * (0.03)	0.02 (0.03)	− 0.00 (0.03)	− 0.00 (0.03)
研究机构	0.06 + (0.03)	− 0.19 *** (0.03)	0.09 ** (0.03)	0.15 *** (0.03)	− 0.04 (0.04)
省级研究机构	− 0.27 *** (0.04)	0.22 *** (0.04)	− 0.31 *** (0.04)	− 0.38 *** (0.04)	0.04 (0.04)
其他研究机构	− 1.45 *** (0.18)	− 1.12 *** (0.18)	− 1.45 *** (0.18)	− 1.60 *** (0.18)	− 1.29 *** (0.18)
东部	0.26 *** (0.03)	0.17 *** (0.03)	0.27 *** (0.03)	0.23 *** (0.03)	0.14 *** (0.03)
西部	0.17 *** (0.03)	0.11 ** (0.03)	0.15 *** (0.03)	0.16 *** (0.03)	0.11 ** (0.03)
常数	4.98 *** (0.05)	3.24 *** (0.08)	3.14 *** (0.13)	5.12 *** (0.06)	2.57 *** (0.14)
组织数量	849	849	849	849	849
观察数量	7764	7764	7764	7764	7764
对数概率	− 6223.33	− 5261.46	− 6013.19	− 6158.27	− 5138.31

注：括号内为标准误差；$+p < 0.1$，$*p < 0.05$，$**p < 0.01$，$***p < 0.001$。

表4.4 　　　　　　　　　　　　**创新主体探索式创新回归结果**

变量	探索式创新				
	模型 6	模型 7	模型 8	模型 9	模型 10
合作网络度数中心性		12.96 *** (0.42)			11.77 *** (0.44)
合作网络度数中心性平方		− 9.04 *** (0.51)			− 9.63 *** (0.53)
合作网络结构洞		− 0.52 + (0.31)			− 1.87 *** (0.33)
合作网络结构洞平方		0.74 * (0.35)			1.91 *** (0.38)
平均知识度数中心性			5.74 *** (0.29)		1.31 *** (0.30)
平均知识度数中心性平方			0.29 (0.29)		1.94 *** (0.30)
平均知识结构洞			5.54 *** (0.57)		5.73 *** (0.59)
平均知识结构洞平方			− 4.07 *** (0.65)		− 4.52 *** (0.64)
双模网络二星关系				− 0.001 *** (0.00)	− 0.0005 *** (0.00)
双模网络三星结构				0.0005 *** (0.00)	0.0003 *** (0.00)
控制变量					
合作网络加权度数中心性	2.11 *** (0.05)	− 1.79 * (0.71)	2.14 *** (0.05)	2.07 *** (0.05)	− 0.19 (0.82)
合作网络聚类系数	− 3.01 *** (0.04)	− 1.16 *** (0.07)	− 3.05 *** (0.05)	− 3.03 *** (0.04)	− 1.14 *** (0.07)
平均知识加权度数中心性	− 1.06 *** (0.07)	− 0.75 (0.07)	− 6.67 *** (0.31)	− 1.10 *** (0.07)	− 3.46 *** (0.32)
平均知识聚类系数	− 1.33 *** (0.07)	− 0.65 (0.07)	− 1.26 *** (0.13)	− 1.32 *** (0.07)	− 1.37 *** (0.13)
大学	− 0.68 ** (0.06)	− 0.43 (0.06)	− 0.52 *** (0.06)	− 0.68 *** (0.06)	− 0.38 *** (0.06)

续表

变量	探索式创新				
	模型 6	模型 7	模型 8	模型 9	模型 10
211 大学	0.05 (0.06)	0.01 (0.06)	-0.18 ** (0.06)	-0.07 (0.06)	-0.02 (0.06)
其他大学	0.11 ** (0.03)	0.01 (0.03)	0.03 (0.03)	0.07 * (0.03)	-0.04 (0.04)
研究机构	-0.19 *** (0.03)	-0.51 *** (0.03)	-0.14 *** (0.03)	-0.14 *** (0.03)	-0.36 *** (0.04)
省级研究机构	-0.04 (0.04)	0.55 *** (0.04)	-0.12 ** (0.04)	-0.11 ** (0.04)	0.41 *** (0.04)
其他研究机构	-0.99 *** (0.16)	-0.62 ** (0.17)	-0.98 *** (0.17)	-1.08 *** (0.17)	-0.70 ** (0.17)
东部	0.32 *** (0.03)	0.15 *** (0.03)	0.33 *** (0.03)	0.30 *** (0.03)	0.13 *** (0.03)
西部	0.25 *** (0.03)	0.18 *** (0.03)	0.23 *** (0.03)	0.24 *** (0.03)	0.17 *** (0.03)
常数	4.94 *** (0.05)	3.30 *** (0.08)	3.20 *** (0.13)	5.05 *** (0.05)	2.69 *** (0.13)
组织数量	849	849	849	849	849
观察数量	7764	7764	7764	7764	7764
对数概率	-7917.96	-6056.43	-7603.98	-7883.79	-5903.93

注：括号内为标准误差；+$p<0.1$，*$p<0.05$，**$p<0.01$，***$p<0.001$。

模型 3 和模型 8 在模型 1 和模型 6 的基础上引入知识网络关系嵌入和结构嵌入，结果显示，知识网络关系嵌入对利用式创新在 0.1% 的显著水平上具有显著的促进作用，H4-3a 得到部分验证；知识网络关系嵌入的系数为正，且在 0.1% 的显著水平上显著，表明知识网络关系嵌入对探索式创新具有正向影响，H4-3b 得到部分验证；知识网络结构嵌入的系数为正，知识网络结构嵌入平方项的系数为负，且都在 0.1% 的显著水平上显著，表明知识网络结构嵌入对利用式创新具有倒"U"型影响，H4-4a 得到验证；模型 8 中知识网络结构嵌入的系数为正，且在 0.1% 的显著水平上显著，知识网络结构嵌入平方项的系数为负，且在 0.1% 的显著水平上显著，表明知识网络结构嵌入对探索式创新具有倒"U"型影响，H4-4b 得到验证。

模型 4 和模型 9 在模型 1 和模型 6 的基础上引入双模网络关系嵌入和结构嵌入，结果显示，双模网络关系嵌入对利用式创新在 0.1% 的显著水平上具有显著的抑制作用，H4 - 5a 得到验证；双模网络关系嵌入的系数为负，且在 0.1% 的显著水平上显著，表明双模网络关系嵌入对探索式创新具有负向影响，H4 - 5b 得到验证；双模网络结构嵌入的系数为正，且在 0.1% 的显著水平上显著，表明双模网络结构嵌入对利用式创新具有正向影响，H4 - 6a 得到验证；双模网络结构嵌入的结果显示对探索式创新在 0.1% 的显著水平上具有显著的促进作用，H4 - 6b 得到验证。模型 5 和模型 10 是所有自变量和控制变量的结合，经检验，验证了之前的假设。

4.3.2.2　企业样本的回归结果

当创新主体为企业时，企业的利用式创新和探索式创新回归结果如表 4.5 和表 4.6 所示。

表 4.5　　　　　　　　　　　企业利用式创新回归结果

变量	利用式创新				
	模型 1	模型 2	模型 3	模型 4	模型 5
合作网络度数中心性		21.25 *** (0.74)			19.02 *** (0.80)
合作网络度数中心性平方		7.97 *** (1.34)			- 0.43 (1.61)
合作网络结构洞		3.55 *** (0.60)			2.38 *** (0.68)
合作网络结构洞平方		- 4.19 *** (0.72)			- 2.95 *** (0.80)
平均知识度数中心性			1.67 ** (0.63)		2.40 ** (0.70)
平均知识度数中心性平方			0.04 (0.51)		0.92 (0.62)
平均知识结构洞			9.73 *** (1.17)		7.04 *** (1.24)
平均知识结构洞平方			- 10.21 *** (1.34)		- 6.09 *** (1.23)
双模网络二星关系				- 0.001 *** (0.00)	- 0.001 *** (0.00)

变量	利用式创新				
	模型 1	模型 2	模型 3	模型 4	模型 5
双模网络三星结构			0.001 ***	0.001 ***	
			(0.00)	(0.00)	
控制变量					
合作网络加权度数中心性	3.64 ***	-23.50 ***	3.67 ***	3.62 ***	-14.14 ***
	(0.08)	(1.69)	(0.08)	(0.08)	(1.97)
合作网络聚类系数	-3.05 ***	-1.19 ***	-2.92 ***	-3.12 ***	-1.11 ***
	(0.08)	(0.12)	(0.09)	(0.09)	(0.14)
平均知识加权度数中心性	-0.37 **	-0.03	-1.94 **	-0.37 **	-3.08 ***
	(0.13)	(0.14)	(0.62)	(0.13)	(0.77)
平均知识聚类系数	-1.34 ***	-0.80 ***	-2.16 ***	-1.33 ***	-1.45 ***
	(0.13)	(0.14)	(0.28)	(0.13)	(0.33)
东部	0.61 ***	0.22 ***	0.64 ***	0.58 ***	0.16 *
	(0.06)	(0.06)	(0.06)	(0.06)	(0.06)
西部	0.40 ***	0.36 ***	0.41 ***	0.40 ***	0.36 ***
	(0.07)	(0.07)	(0.07)	(0.07)	(0.07)
常数	3.99 ***	1.95 ***	2.32 ***	4.11 ***	0.96 ***
	(0.09)	(0.14)	(0.24)	(0.09)	(0.27)
组织数量	225	225	225	225	225
观察数量	849	849	849	849	849
对数概率	-1863.79	-1323.57	-1818.33	-1847.18	-1254.63

注：括号内为标准误差；* $p < 0.05$，** $p < 0.01$，*** $p < 0.001$。

表 4.6　　　　　　　　　　企业探索式创新回归结果

变量	探索式创新				
	模型 6	模型 7	模型 8	模型 9	模型 10
合作网络度数中心性		21.00 ***			16.85 ***
		(0.74)			(0.83)
合作网络度数中心性平方		8.55 ***			-4.91 **
		(1.40)			(1.82)
合作网络结构洞		3.42 ***			1.34 *
		(0.52)			(0.62)

续表

变量	探索式创新				
	模型 6	模型 7	模型 8	模型 9	模型 10
合作网络结构洞平方		-2.20^{***} (0.60)			-0.54 (0.66)
平均知识度数中心性			1.72^{**} (0.65)		1.92^{**} (0.71)
平均知识度数中心性平方			-0.18 (0.56)		1.85^{**} (0.66)
平均知识结构洞			10.58^{***} (1.04)		8.76^{***} (1.21)
平均知识结构洞平方			-10.07^{***} (1.14)		-7.61^{***} (1.19)
双模网络二星关系				-0.001^{***} (0.00)	-0.002^{***} (0.00)
双模网络三星结构				0.001^{***} (0.00)	0.002^{***} (0.00)
控制变量					
合作网络加权度数中心性	3.74^{***} (0.08)	-23.67^{***} (1.76)	3.78^{***} (0.08)	3.68^{***} (0.07)	-8.11^{***} (2.21)
合作网络聚类系数	-2.99^{***} (0.08)	-1.43^{***} (0.11)	-2.79^{***} (0.09)	-3.06^{***} (0.09)	-1.18^{***} (0.13)
平均知识加权度数中心性	-0.96^{***} (0.13)	-0.52^{***} (0.14)	-2.50^{***} (0.64)	-0.94^{***} (0.14)	-3.95^{***} (0.76)
平均知识聚类系数	-0.93^{***} (0.12)	-0.60^{***} (0.13)	-2.27^{***} (0.27)	-0.87^{***} (0.12)	-1.62^{***} (0.31)
东部	0.78^{***} (0.06)	0.34^{***} (0.06)	0.82^{***} (0.06)	0.77^{***} (0.06)	0.31^{***} (0.06)
西部	0.50^{***} (0.07)	0.39^{***} (0.07)	0.51^{***} (0.07)	0.50^{***} (0.07)	0.42^{**} (0.07)
常数	3.98^{***} (0.09)	2.05^{***} (0.14)	2.25^{***} (0.23)	4.10^{***} (0.09)	1.12^{***} (0.27)
组织数量	225	225	225	225	225
观察数量	849	849	849	849	849
对数概率	-2088.17	-1475.62	-2025.56	-2059.43	-1377.18

注：括号内为标准误差；$*p<0.05$，$**p<0.01$，$***p<0.001$。

本部分共建立 10 个回归模型，其中，模型 1 ~ 模型 5 是以企业利用式创新为因变量的回归模型，模型 6 ~ 模型 10 是以企业探索式创新为因变量的回归模型。实证结果如表 4.5 和表 4.6 所示。在回归中，模型 1 和模型 6 仅包括控制变量，模型 2 和模型 7 在模型 1 和模型 6 的基础上引入组织网络关系嵌入和结构嵌入，结果显示组织网络关系嵌入对企业利用式创新具有显著的促进作用；组织网络关系嵌入的系数为正，表明组织网络关系嵌入对企业探索式创新具有正向的影响；组织网络结构嵌入的系数为正，组织网络结构嵌入平方项的系数为负，表明组织网络结构嵌入对企业利用式创新具有倒 "U" 型影响；模型 7 中组织网络结构嵌入的系数为正，组织网络结构嵌入平方项的系数为负，表明组织网络结构嵌入对企业探索式创新具有倒 "U" 型影响。

模型 3 和模型 8 在模型 1 和模型 6 的基础上引入知识网络关系嵌入和结构嵌入，结果显示，知识网络关系嵌入对企业利用式创新具有促进作用；知识网络关系嵌入的系数为正，表明知识网络关系嵌入对企业探索式创新具有正向影响；知识网络结构嵌入的系数为正，知识网络结构嵌入平方项的系数为负，表明知识网络结构嵌入对企业利用式创新具有倒 "U" 型影响；模型 8 中知识网络结构嵌入的系数为正，知识网络结构嵌入平方项的系数为负，表明知识网络结构嵌入对企业探索式创新具有倒 "U" 型影响。

模型 4 和模型 9 在模型 1 和模型 6 的基础上引入双模网络关系嵌入和结构嵌入，结果显示，双模网络关系嵌入对企业利用式创新具有显著的抑制作用；双模网络关系嵌入的系数为负，表明双模网络关系嵌入对企业探索式创新具有负向影响；双模网络结构嵌入的系数为正，表明双模网络结构嵌入对企业利用式创新具有正向影响；双模网络结构嵌入的结果显示对企业探索式创新具有显著的促进作用。模型 5 和模型 10 是所有自变量和控制变量的结合，经检验，验证了之前的假设。

4.3.2.3　大学样本的回归分析

当创新主体为大学时，大学的利用式创新和探索式创新回归结果如表 4.7 和表 4.8 所示。

表 4.7　　　　　　　　　　　　大学利用式创新回归分析

变量	利用式创新				
	模型 1	模型 2	模型 3	模型 4	模型 5
合作网络度数中心性		8.20 *** (1.05)			8.18 *** (1.14)
合作网络度数中心性平方		− 59.96 *** (5.67)			− 61.40 *** (5.70)
合作网络结构洞		− 1.81 ** (0.68)			− 3.81 *** (0.77)
合作网络结构洞平方		0.01 (0.69)			2.10 ** (0.78)
平均知识度数中心性			2.61 *** (0.43)		1.74 *** (0.44)
平均知识度数中心性平方			1.21 ** (0.43)		1.40 ** (0.45)
平均知识结构洞			3.55 *** (0.94)		5.23 *** (1.03)
平均知识结构洞平方			− 4.75 *** (1.16)		− 5.73 *** (1.28)
双模网络二星关系				0.0005 ** (0.00)	− 0.0001 (0.00)
双模网络三星结构				− 0.0004 ** (0.00)	0.0001 (0.00)
控制变量					
合作网络加权度数中心性	8.82 *** (0.33)	27.98 *** (3.14)	8.63 *** (0.34)	8.78 *** (0.33)	28.77 *** (3.14)
合作网络聚类系数	− 1.97 *** (0.06)	− 0.53 *** (0.15)	− 2.03 *** (0.07)	− 1.97 *** (0.06)	− 0.40 * (0.16)
平均知识加权度数中心性	− 0.12 (0.10)	− 0.65 *** (0.12)	− 3.42 ** (0.48)	− 0.10 (0.11)	− 3.29 *** (0.50)
平均知识聚类系数	− 1.33 *** (0.11)	− 1.28 *** (0.12)	− 0.82 *** (0.19)	− 1.31 *** (0.11)	− 1.25 *** (0.19)
东部	0.20 *** (0.04)	0.13 ** (0.04)	0.20 *** (0.04)	0.22 *** (0.04)	0.11 ** (0.04)

续表

变量	利用式创新				
	模型1	模型2	模型3	模型4	模型5
西部	− 0. 04 (0. 05)	− 0. 06 (0. 05)	− 0. 06 (0. 05)	− 0. 03 (0. 05)	− 0. 06 (0. 06)
常数	3. 78 *** (0. 07)	3. 36 *** (0. 12)	2. 81 *** (0. 19)	3. 72 *** (0. 08)	2. 59 *** (0. 20)
组织数量	349	349	349	349	349
观察数量	849	849	849	849	849
对数概率	− 2452. 21	− 2357. 67	− 2414. 73	− 2446. 13	− 2325. 20

注：括号内为标准误差；＊p＜0.05，＊＊p＜0.01，＊＊＊p＜0.001。

表4.8   **大学探索式创新回归分析**

变量	探索式创新				
	模型6	模型7	模型8	模型9	模型10
合作网络度数中心性		10. 59 *** (1. 04)			10. 28 *** (0. 83)
合作网络度数中心性平方		− 69. 79 *** (5. 85)			− 74. 97 *** (1. 82)
合作网络结构洞		− 3. 64 *** (0. 65)			− 7. 25 *** (0. 73)
合作网络结构洞平方		2. 09 ** (0. 67)			5. 27 (0. 75)
平均知识度数中心性			2. 39 *** (0. 43)		2. 06 *** (0. 44)
平均知识度数中心性平方			2. 97 (0. 44)		3. 00 *** (0. 45)
平均知识结构洞			3. 71 *** (0. 82)		6. 79 *** (0. 91)
平均知识结构洞平方			− 3. 67 *** (0. 97)		− 6. 17 *** (1. 11)
双模网络二星关系				0. 0004 ** (0. 00)	− 0. 0001 (0. 00)
双模网络三星结构				− 0. 0003 ** (0. 00)	0. 0001 (0. 00)

续表

变量	探索式创新				
	模型 6	模型 7	模型 8	模型 9	模型 10
控制变量					
合作网络加权度数中心性	6.98 *** (0.36)	27.67 *** (3.23)	7.02 *** (0.38)	7.00 *** (0.37)	31.37 *** (3.15)
合作网络聚类系数	-2.00 *** (0.07)	-0.22 (0.14)	-2.18 *** (0.08)	-1.96 *** (0.07)	0.17 (0.16)
平均知识加权度数中心性	-0.45 *** (0.11)	-1.07 *** (0.12)	-5.04 *** (0.47)	-0.51 *** (0.11)	-5.41 *** (0.50)
平均知识聚类系数	-1.05 *** (0.11)	-0.99 *** (0.11)	-1.00 *** (0.18)	-1.15 *** (0.11)	-1.40 *** (0.17)
东部	0.20 *** (0.04)	0.08 * (0.04)	0.16 *** (0.04)	0.21 *** (0.04)	0.02 (0.04)
西部	-0.03 (0.05)	-0.05 (0.05)	-0.10 *** (0.05)	-0.04 (0.05)	-0.08 (0.06)
常数	3.97 *** (0.07)	3.64 *** (0.12)	3.21 *** (0.18)	3.94 *** (0.08)	2.92 *** (0.19)
组织数量	349	349	349	349	349
观察数量	849	849	849	849	849
对数概率	-2738.56	-2608.86	-2674.40	-2728.17	-2522.08

注：括号内为标准误差；$* p < 0.05$，$** p < 0.01$，$*** p < 0.001$。

本部分共建立 10 个回归模型，其中，模型 1 ~ 模型 5 是以大学利用式创新为因变量的回归模型，模型 6 ~ 模型 10 是以大学探索式创新为因变量的回归模型。实证结果如表 4.7 和表 4.8 所示。在回归中，模型 1 和模型 6 仅包括控制变量，模型 2 和模型 7 在模型 1 和模型 6 的基础上引入组织网络关系嵌入和结构嵌入，结果显示组织网络关系嵌入对大学利用式创新具有倒 "U" 型的影响；组织网络关系嵌入的系数为正，组织网络关系嵌入平方项为负，表明组织网络关系嵌入对大学探索式创新具有倒 "U" 型的影响；组织网络结构嵌入的系数为负，表明组织网络结构嵌入对大学利用式创新具有负向影响；模型 7 中组织网络结构嵌入的系数为负，组织网络结构嵌入平方项的系数为正，表明组织网络结构嵌入对大学探索式创新具有 "U" 型影响。

模型3和模型8在模型1和模型6的基础上引入知识网络关系嵌入和结构嵌入，结果显示知识网络关系嵌入对大学利用式创新具有促进作用；知识网络关系嵌入的系数为正，表明知识网络关系嵌入对大学探索式创新具有正向影响；知识网络结构嵌入的系数为正，知识网络结构嵌入平方项的系数为负，表明知识网络结构嵌入对大学利用式创新具有倒"U"型影响；模型8中知识网络结构嵌入的系数为正，知识网络结构嵌入平方项的系数为负，表明知识网络结构嵌入对大学探索式创新具有倒"U"型影响。

模型4和模型9在模型1和模型6的基础上引入双模网络关系嵌入和结构嵌入，结果显示双模网络关系嵌入对大学利用式创新具有显著的促进作用；双模网络关系嵌入的系数为正，表明双模网络关系嵌入对大学探索式创新具有正向影响；双模网络结构嵌入的系数为负，表明双模网络结构嵌入对大学利用式创新具有负向影响；双模网络结构嵌入的结果显示对大学探索式创新具有显著的抑制作用。模型5和模型10是所有自变量和控制变量的结合，经检验，验证了之前的假设。

4.3.2.4　研究所样本的回归分析

当创新主体为研究所时，研究所的利用式创新和探索式创新回归结果如表4.9和4.10所示。

表4.9　　　　　　　　　研究所利用式创新回归结果

变量	利用式创新				
	模型1	模型2	模型3	模型4	模型5
合作网络度数中心性		8.88*** (0.90)			9.48*** (1.08)
合作网络度数中心性平方		−7.22*** (0.84)			−5.19*** (0.94)
合作网络结构洞		4.80*** (0.70)			5.51*** (0.77)
合作网络结构洞平方		−6.52*** (0.99)			−6.15*** (1.06)
平均知识度数中心性			9.05*** (0.51)		4.23*** (0.56)

续表

变量	利用式创新				
	模型 1	模型 2	模型 3	模型 4	模型 5
平均知识度数中心性平方			-2.68 *** (0.47)		-1.41 ** (0.52)
平均知识结构洞			10.00 *** (1.31)		5.38 *** (1.30)
平均知识结构洞平方			-11.14 *** (1.62)		-7.06 *** (1.59)
双模网络二星关系				-0.001 *** (0.00)	-0.0001 (0.00)
双模网络三星结构				0.001 *** (0.00)	0.0001 (0.00)
控制变量					
合作网络加权度数中心性	3.12 *** (0.05)	2.81 + (1.63)	3.21 *** (0.06)	3.12 *** (0.05)	0.20 (1.89)
合作网络聚类系数	-3.15 *** (0.07)	-1.67 *** (0.11)	-2.88 *** (0.08)	-3.18 *** (0.07)	-1.87 *** (0.12)
平均知识加权度数中心性	-1.73 *** (0.12)	-1.20 *** (0.13)	-7.60 *** (0.47)	-1.95 *** (0.13)	-3.76 *** (0.52)
平均知识聚类系数	-3.00 *** (0.13)	-2.03 *** (0.14)	-1.43 *** (0.27)	-3.04 *** (0.13)	-1.21 *** (0.26)
东部	0.28 *** (0.05)	0.11 * (0.05)	0.34 *** (0.05)	0.23 *** (0.05)	0.13 * (0.05)
西部	0.36 *** (0.06)	0.13 * (0.06)	0.28 *** (0.06)	0.36 *** (0.06)	0.16 * (0.06)
常数	5.26 *** (0.09)	3.13 *** (0.16)	1.66 *** (0.25)	5.50 *** (0.09)	1.35 *** (0.28)
组织数量	275	275	275	275	275
观察数量	849	849	849	849	849
对数概率	-2114.29	-1610.07	-1906.21	-2071.94	-1535.70

注：括号内为标准误差；+ $p<0.1$，* $p<0.05$，** $p<0.01$，*** $p<0.001$。

表 4.10　　　　　　　　　　**研究所探索式创新回归结果**

变量	探索式创新				
	模型 6	模型 7	模型 8	模型 9	模型 10
合作网络度数中心性		14.29*** (0.87)			16.45*** (1.05)
合作网络度数中心性平方		-10.99*** (0.88)			-7.80*** (0.99)
合作网络结构洞		0.42 (0.57)			0.90 (0.65)
合作网络结构洞平方		-0.58 (0.68)			-0.88 (0.78)
平均知识度数中心性			11.49*** (0.51)		3.82*** (0.56)
平均知识度数中心性平方			-1.76** (0.54)		-0.77 (0.55)
平均知识结构洞			6.00*** (1.00)		5.03*** (1.08)
平均知识结构洞平方			-4.06*** (1.07)		-3.51** (1.14)
双模网络二星关系				-0.001*** (0.00)	0.0004** (0.00)
双模网络三星结构				0.001*** (0.00)	-0.0005*** (0.00)
控制变量					
合作网络加权度数中心性	2.05*** (0.07)	0.95 (1.59)	2.07*** (0.07)	2.05*** (0.07)	-6.31** (1.87)
合作网络聚类系数	-2.70*** (0.07)	-0.55*** (0.11)	-2.77*** (0.08)	-2.71*** (0.07)	-0.62*** (0.12)
平均知识加权度数中心性	-1.62*** (0.13)	-1.03*** (0.13)	-10.99*** (0.54)	-1.81*** (0.13)	-3.84*** (0.57)
平均知识聚类系数	-1.88*** (0.12)	-0.78*** (0.12)	-0.57* (0.26)	-1.94*** (0.12)	-1.02*** (0.26)
东部	0.25*** (0.05)	-0.01 (0.05)	0.36*** (0.05)	0.22*** (0.05)	0.07 (0.05)

续表

变量	探索式创新				
	模型 6	模型 7	模型 8	模型 9	模型 10
西部	0.42 (0.06)	0.19 ** (0.06)	0.40 *** (0.06)	0.41 (0.06)	0.32 *** (0.06)
常数	4.77 *** (0.09)	2.77 *** (0.14)	1.68 *** (0.21)	4.96 *** (0.09)	1.19 *** (0.24)
组织数量	349	349	349	349	349
观察数量	849	849	849	849	849
对数概率	−2950.10	−1884.07	−2626.55	−2928.80	−1791.54

注：括号内为标准误差；$*p<0.05$，$**p<0.01$，$***p<0.001$。

本部分共建立 10 个回归模型，其中，模型 1～模型 5 是以研究所利用式创新为因变量的回归模型，模型 6～模型 10 是以研究所探索式创新为因变量的回归模型。实证结果如表 4.9 和表 4.10 所示。在回归中，模型 1 和模型 6 仅包括控制变量，模型 2 和模型 7 在模型 1 和模型 6 的基础上引入组织网络关系嵌入和结构嵌入，结果显示组织网络关系嵌入对研究所利用式创新具有显著的倒 "U" 型影响；组织网络关系嵌入的系数为正，组织网络关系嵌入平方项的系数为负，表明组织网络关系嵌入对研究所探索式创新具有倒 "U" 型的影响；组织网络结构嵌入的系数为正，组织网络结构嵌入平方项的系数为负，表明组织网络结构嵌入对研究所利用式创新具有倒 "U" 型影响；模型 7 中组织网络结构嵌入对研究所探索式创新没有显著性影响。

模型 3 和模型 8 在模型 1 和模型 6 的基础上引入知识网络关系嵌入和结构嵌入，结果显示，知识网络关系嵌入对研究所利用式创新为倒 "U" 型作用；知识网络关系嵌入的系数为正，知识网络关系嵌入平方项的系数为负，表明知识网络关系嵌入对研究所探索式创新具有倒 "U" 型影响；知识网络结构嵌入的系数为正，知识网络结构嵌入平方项的系数为负，表明知识网络结构嵌入对研究所利用式创新具有倒 "U" 型影响；模型 8 中知识网络结构嵌入的系数为正，知识网络结构嵌入平方项的系数为负，表明知识网络结构嵌入对研究所探索式创新具有倒 "U" 型影响。

模型 4 和模型 9 在模型 1 和模型 6 的基础上引入双模网络关系嵌入和结构嵌入，结果显示，双模网络关系嵌入对研究所利用式创新具有显著的抑制作用；双模网络关系嵌入的系数为负，表明双模网络关系嵌入对研究所探索式创新具有负向影响；双模网络结构嵌入的系数为正，表明双模网络结构嵌入对研究所利用式创新具有正向影响；双模网络结构嵌入的结果显示对研究所探索式创新具有显著的促进作用。模型 5 和模型 10 是所有自变量和控制变量的结合，经检验，验证了之前的假设。

4.3.2.5　产学研合作创新主体双元创新结果比较分析

由表 4.11 可知，组织网络的关系嵌入对大学和研究所的利用式创新影响是倒"U"型的，这一结果印证了 H4 – 1a，但是组织网络的关系嵌入对企业的利用式创新影响是正的，和总的回归结果一致。对于企业和总的回归结果出现正向的影响可能是因为组织网络关系嵌入的变强，可以促使网络中的节点信任基础变得雄厚，双方能够及时地互动，制定符合最新的创新活动的创新组织决策，从而也有助于创新主体自身节点获取复杂的网络中隐性的知识资源，降低知识共享和转移成本，从而提高节点技术创新能力。组织网络结构嵌入对企业、研究所和总的创新主体利用式创新是倒"U"型的影响，但是对大学的利用式创新是负向的影响，这可能是因为作为创新主体的大学很难自主地去控制其与其他创新主体的合作，使得其知识转移过程被动，知识转移受阻，不利于其进行利用式创新。知识网络关系嵌入对企业、大学和总的创新主体的利用式创新是正向的影响，对研究所的利用式创新是倒"U"型的影响，研究所的利用式创新验证了 H4 – 3a，而企业、大学和总的创新主体出现这样的情况可能是因为知识网络关系嵌入水平越高，组织创新主体中的知识元素之间联系越多，不管是已经形成的知识组合，还是新的知识重组，都会促进创新主体的利用式创新。知识网络的结构嵌入对企业、大学、研究所和总的创新主体的利用式创新都是倒"U"型的影响。双模网络的关系嵌入对企业、研究所和总的创新主体的利用式创新是负向的影响，但是对大学的利用式创新是正向的影响，这可能是因为对于大学而言，科研能力突出，知识网络关系嵌入所带来的知识都是复杂性比较低的，可以被大学轻松地掌握和研究的，具有较强的公共性的基准知识，可以为其他知识的结合提供支撑，从而可以更好地促进大学主体内部知识的转移和结合，进而促进利用式创新。双模网络的结构嵌入对企业、研究所和总的创新主体的利用式创新是正向的影响，但是对大学的利用式创新是负向的影响，这可能是因为双模网络结构嵌入下的大学具有不同的属性，不能及时地确定网络中知识的核心角色，使得知识之间呈现扁平化和不规则性，从而不能促使大学很好地进行利用式创新活动。

表 4.11 　　　　　　　　　产学研创新主体利用式创新结果比较

变量	利用式创新			
	企业	大学	研究所	总的
组织网络关系嵌入	+	倒"U"	倒"U"	+
组织网络结构嵌入	倒"U"	－	倒"U"	倒"U"
知识网络关系嵌入	+	+	倒"U"	+
知识网络结构嵌入	倒"U"	倒"U"	倒"U"	倒"U"
双模网络关系嵌入	－	+	－	－
双模网络结构嵌入	+	+	+	+

注："+"表示正向影响，"－"表示负向影响。

由表 4.12 可知，组织网络的关系嵌入对大学、研究所和总的创新主体的探索式创新影响是倒"U"型的，这一结果印证了 H4－1b，但是对企业的探索式创新的影响是正向的，这可能是因为组织网络关系嵌入下的企业节点资金雄厚，资源充足，可以及时地接触异质性的资源，从而促进自身的探索式创新。组织网络结构嵌入对大学和总的创新主体探索式创新是"U"型的影响，这可能是因为创新主体所占据的结构洞位置较少时，不具有控制整个组织网络的优势，虽然拥有更多接触异质性资源的机会，但是这种独特的资源和控制力不能给其带来非常大的网络权力。随着创新主体所占据的结构洞位置的增多，一方面提高了组织节点间的信息传递效率，减少了节点间的无效连接；另一方面，可以更快速地获取、吸收和整合自身发展所需的外部资源，更好地开展技术创新活动，创新主体增加了接触解决问题的新方式，通过外部社会资本获取的新知识，迅速协助创新主体发掘现有的技术和知识，重视产品的衍生性和新产品的开发，改变过去的认知结构，克服创新主体一直存在的惯性，尝试新的创新模式，从而促进探索式创新活动的实施。但是对企业的探索式创新却是倒"U"型的影响，这可能是因为当组织网络的结构嵌入程度较深时，会拥有较多的异质性知识，而这些异质性的知识需要企业付出巨额的成本进行知识的组合和重组，因此会抑制企业的探索式创新；而对研究所的探索式创新没有显著影响，这或许是因为结构洞对于研究所没有影响。知识网络关系嵌入对企业、大学和总的创新主体的探索式创新是正向的影响，对研究所的探索式创新是倒"U"型的影响，研究所的探索式创新验证了 H4 - 3b，而企业、大学和总的创新主体出现这样的情况可能是因为知识网络关系嵌入水平越高，组织创新主体中的知识元素之间联系越多，不管是已经形成的知识组合，还是新的知识重组，都会促进创新主体的探索式创新。知识网络的结构嵌入对企业、大学、研究所和总的创新主体的探索式创新都是倒"U"型的影响。双模网络的关系嵌入对企业、研究所和总的创新主体的探索式创新是负向的影响，但是对大学的探索式创新是正向的影响，这可能是因为对于大学而言，科研能力突出，知识网络关系嵌入所带来的知识都是复杂性比较低的，可以被大学轻松地掌握和研究，使得跨领域知识间的交叉引用联系很高，从而可以更好地促进大学主体内部知识的转移、结合和重组，进而促进探索式创新。双模网络的结构嵌入对企业、研究所和总的创新主体的探索式创新是正向的影响，但是对大学的探索式创新是负向的影响，这可能是因为双模网络结构嵌入下的大学具有不同的属性，拥有更多的自我中心连接，与其他主体的合作频次会增多，这样就会在产学研合作创新过程中具有"领头羊"的角色，从而主导知识的探索式学习行为，使得合作主体的知识基建立在高中心度组织知识范畴基础上，知识的获取与动态演化也受高中心度大学的意向主导，从而抑制创新主体中知识的多样性结合，不能促使大学很好地进行探索式创新活动。

表 4.12　　　　　　　　　　产学研创新主体探索式创新结果比较

变量	探索式创新			
	企业	大学	研究所	总的
组织网络关系嵌入	+	倒"U"	倒"U"	倒"U"
组织网络结构嵌入	倒"U"	"U"	"N"	"U"
知识网络关系嵌入	+	+	倒"U"	+
知识网络结构嵌入	倒"U"	倒"U"	倒"U"	倒"U"
双模网络关系嵌入	-	+	-	-
双模网络结构嵌入	+	-	+	+

注："+"表示正向影响，"-"表示负向影响。

4.3.3　稳健性检验

为检验研究结论的稳健性，本书通过改变控制变量对假设检验结果进行稳健性检验，即删除了"211"大学、其他大学、省级研究机构和其他研究机构，结果如表4.13和表4.14所示。从表4.13和表4.14可以看出，回归结果与表4.3和表4.4的结果保持一致，表明本书研究结果具有稳健性。而对于不同样本的创新主体的稳健性检验也基本和对应的模型一致，由于篇幅所限，在这里就不一一列出。

表4.13　　　　　　　　创新主体利用式创新稳健性检验回归结果

变量	利用式创新				
	模型1	模型2	模型3	模型4	模型5
合作网络度数中心性		14.03 *** (0.41)			13.69 *** (0.43)
合作网络度数中心性平方		0.60 (0.38)			0.71 + (0.39)
合作网络结构洞		1.57 *** (0.33)			1.26 ** (0.36)
合作网络结构洞平方		− 2.06 *** (0.40)			− 1.40 ** (0.44)
平均知识度数中心性			4.66 *** (0.28)		1.81 *** (0.30)
平均知识度数中心性平方			0.15 (0.27)		0.97 ** (0.28)
平均知识结构洞			6.22 *** (0.64)		4.43 *** (0.64)
平均知识结构洞平方			− 6.77 *** (0.78)		− 4.73 *** (0.74)
双模网络二星关系				− 0.001 *** (0.00)	− 0.001 *** (0.00)
双模网络三星结构				0.0005 *** (0.00)	0.0004 *** (0.00)
控制变量					
合作网络加权度数中心性	2.78 *** (0.41)	− 10.80 *** (0.70)	2.85 *** (0.04)	2.74 *** (0.04)	− 10.60 *** (0.72)
合作网络聚类系数	− 3.17 *** (0.04)	− 1.64 *** (0.07)	− 3.12 *** (0.05)	− 3.21 *** (0.04)	− 1.77 *** (0.08)

续表

变量	利用式创新				
	模型 1	模型 2	模型 3	模型 4	模型 5
平均知识加权度数中心性	−0.77 *** (0.07)	−0.43 *** (0.07)	−5.07 *** (0.29)	−0.79 *** (0.07)	−2.73 *** (0.31)
平均知识聚类系数	−1.86 *** (0.07)	−1.44 *** (0.08)	−1.36 *** (0.14)	−1.81 *** (0.07)	−1.37 *** (0.14)
大学	−0.70 *** (0.03)	−0.49 *** (0.03)	−0.66 *** (0.03)	−0.73 *** (0.03)	−0.48 *** (0.03)
研究机构	−0.12 *** (0.02)	−0.08 *** (0.03)	−0.11 *** (0.02)	−0.11 *** (0.02)	−0.04 (0.03)
东部	0.29 *** (0.03)	0.13 *** (0.03)	0.31 *** (0.03)	0.28 *** (0.03)	0.12 *** (0.03)
西部	0.17 *** (0.03)	0.12 *** (0.03)	0.14 *** (0.03)	0.16 *** (0.03)	0.12 ** (0.03)
常数	4.97 *** (0.05)	3.40 *** (0.08)	3.13 *** (0.13)	5.06 *** (0.05)	2.57 *** (0.14)
组织数量	849	849	849	849	849
观察数量	7764	7764	7764	7764	7764
对数概率	−6293.34	−5316.35	−6088.03	−6253.38	−5180.41

注：括号内为标准误差；+ $p<0.1$，* $p<0.05$，** $p<0.01$，*** $p<0.001$。

表 4.14　　　　　创新主体探索式创新稳健性检验回归结果

变量	探索式创新				
	模型 6	模型 7	模型 8	模型 9	模型 10
合作网络度数中心性		12.36 *** (0.42)			11.37 *** (0.43)
合作网络度数中心性平方		−7.94 *** (0.49)			−8.70 *** (0.51)
合作网络结构洞		−0.95 ** (0.31)			−2.22 *** (0.33)
合作网络结构洞平方		1.25 *** (0.34)			2.31 *** (0.38)
平均知识度数中心性			5.63 *** (0.29)		1.54 *** (0.30)

续表

变量	探索式创新				
	模型 6	模型 7	模型 8	模型 9	模型 10
平均知识度数中心性平方			0.34 (0.29)		1.79 *** (0.30)
平均知识结构洞			5.61 *** (0.56)		6.49 *** (0.58)
平均知识结构洞平方			− 4.23 *** (0.64)		− 5.17 *** (0.64)
双模网络二星关系				− 0.001 *** (0.00)	− 0.001 *** (0.00)
双模网络三星结构				0.0004 *** (0.00)	0.0004 *** (0.00)
控制变量					
合作网络加权度数中心性	2.11 *** (0.05)	− 2.31 ** (0.77)	2.16 *** (0.05)	2.08 *** (0.05)	− 0.72 (0.81)
合作网络聚类系数	− 3.02 *** (0.04)	− 1.17 *** (0.07)	− 3.06 *** (0.05)	− 3.06 *** (0.04)	− 1.14 *** (0.07)
平均知识加权度数中心性	− 1.09 *** (0.07)	− 0.77 *** (0.07)	− 6.63 *** (0.31)	− 1.13 *** (0.07)	− 3.56 *** (0.32)
平均知识聚类系数	− 1.34 *** (0.07)	− 0.80 *** (0.07)	− 1.25 *** (0.13)	− 1.32 *** (0.07)	− 1.54 *** (0.13)
大学	− 0.72 *** (0.02)	− 0.49 *** (0.03)	− 0.68 *** (0.03)	− 0.74 *** (0.02)	− 0.46 *** (0.03)
研究机构	− 0.22 *** (0.02)	− 0.23 *** (0.03)	− 0.22 *** (0.02)	− 0.22 *** (0.02)	− 0.16 *** (0.03)
东部	0.31 *** (0.03)	0.06 * (0.03)	0.33 *** (0.03)	0.31 *** (0.03)	0.06 *** (0.03)
西部	0.25 *** (0.03)	0.20 *** (0.03)	0.24 *** (0.03)	0.25 *** (0.03)	0.19 *** (0.03)
常数	4.96 *** (0.05)	3.59 *** (0.08)	3.20 *** (0.13)	5.05 *** (0.05)	2.77 *** (0.13)
组织数量	849	849	849	849	849
观察数量	7764	7764	7764	7764	7764
对数概率	− 7948.01	− 6180.11	− 7635.74	− 7917.85	− 5979.23

注：括号内为标准误差；* $p < 0.05$，** $p < 0.01$，*** $p < 0.001$。

4.3.4　研究结论

本章根据双模网络嵌入理论，基于产学研合作双模网络嵌入划分，从关系嵌入和结构嵌入两个维度分析其对创新主体双元创新的影响，得出以下结论。

第一，组织网络的关系嵌入对创新主体利用式创新存在正向的影响，并非假设的倒"U"型关系。这是因为关系嵌入的变强，可以使网络中的节点信任基础雄厚，双方能够及时互动，制定符合最新的创新活动的创新组织决策，从而也有助于创新主体自身节点获取复杂的网络中隐性的知识资源，降低知识共享和转移成本，提高节点技术创新能力。组织网络的关系嵌入对创新主体探索式创新具有倒"U"型的影响。

第二，组织网络的结构嵌入对创新主体利用式创新存在倒"U"型的影响。组织网络的结构嵌入对创新主体探索式创新存在"U"型的影响，这是因为当创新主体所占据的结构洞位置较少时，不具有控制整个组织网络的优势，虽然拥有更多接触异质性资源的机会，但是这种独特的资源和控制力不能给其带来非常大的网络权力。随着创新主体所占据的结构洞位置的增多，一方面，提高了主体节点间的信息传递效率，减少了节点间的无效连接；另一方面，可以更快速地获取、吸收和整合自身发展所需的外部资源，更好地开展技术创新活动，创新主体增加了接触解决问题的新方式，通过外部社会资本获取的新知识，迅速地协助主体发掘现有的技术和知识，重视产品的衍生性和新产品的开发，改变过去的认知结构，克服组织一直存在的惯性，尝试新的创新模式，从而促进创新主体探索式创新活动的实施。

第三，知识网络的关系嵌入对创新主体利用式创新和探索式创新均存在正向的影响。王等（2014）认为，知识网络的关系嵌入表现为以下三个方面：其一，相同或相近领域之间的知识元素会组合在一起；其二，知识要素之间的组合潜力是在社会资本的基础上构建的，它建立在与其他知识要素相结合的可行性和可取性的信念基础上，信念越强，将有更多资源分配给它以寻求组合的机会；其三，创新主体更可能根据经验结合已有的路径对主体内的知识进行组合和重组。知识网络关系嵌入水平越高，创新主体中的知识元素之间联系越多，不管是已经形成的知识组合，还是新的知识重组，都会促进创新主体的双元创新。

第四，知识网络的结构嵌入对创新主体利用式创新和探索式创新均存在倒 "U" 型的影响。

第五，双模网络关系嵌入对创新主体利用式创新存在负向的影响，双模网络的结构嵌入对创新主体探索式创新存在正向的影响。

通过本章研究可以更好地理解产学研合作双模网络嵌入和创新主体双元创新的关系，主要的理论贡献包括：（1）之前的大多数研究都集中于产学研合作创新网络的组织属性或知识属性，很少有学者去分析产学研合作双模网络嵌入属性与创新主体双元创新的关系，本章研究丰富了产学研合作创新网络嵌入的研究，并解决了单一网络研究方法难以解决的网络嵌入问题。（2）大多数研究描述了创新主体双元创新的特点，或企业或组织，但是很少有学者基于双模网络的视角去分析双模网络嵌入对创新主体双元创新的影响，本书基于双模网络的分析方法诠释了产学研合作创新网络对创新主体双元创新的影响，拓展了创新主体双元创新的研究。（3）本书将双模网络嵌入和双元创新纳入同一研究框架，辨析产学研合作创新主体嵌入不同属性的网络下，网络结构和网络关系对利用式和探索式创新的影响差异性，加深了对双元创新的理解，拓宽了产学研合作网络运行规律的研究（Gibson and Birkinshaw, 2004）。

而在具体的实践层面，获得以下启示：（1）在具体的管理实践中，管理者会发现仅仅使用单一的网络资源很难促进多样化的创新，尤其是在面对利用式创新和探索式创新时。本章研究表明，不同类型的创新形式需要不同的网络嵌入方式。产学研合作创新主体应积极发挥主观能动性利用网络资源，占据网络的控制位置，利用适度的网络关系，获取异质性资源，提升创新主体创新的多元化程度。（2）知识网络中现有知识间的整合可以为创新主体带来更多的利用式创新，但不利于创新主体长久的发展。因此，当创新主体知识深度程度较高时，主体应该发掘知识多元化所带来的更多的内部知识整合的机会，在已涉足知识基础领域进行有计划的新知识学习，避免陷入 "多元化能力陷阱"，以促进自身的双元创新。（3）产学研合作网络创新主体需要根据自身特征选择差异化的创新方式。由于组织网络和知识网络的非同构性，需要与之相匹配的柔性创新策略才能最大限度地发挥其影响效能，进而提升组织弹性，促进创新主体的双元创新。

4.4　本章小结

　　本章首先确定了产学研合作双模网络嵌入下创新主体双元创新的影响因素，并从理论角度分析了产学研合作组织网络、知识网络和双模网络关系嵌入和结构嵌入对双元创新的影响，构建了产学研合作双模网络嵌入对创新主体双元创新影响机理的概念模型。其次，以 SIPO 产学研合作项目为样本，对专利检索平台中检索出的产学研合作专利数据进行了可视化分析。最后，基于构建的概念模型，对产学研合作组织网络、知识网络、双模网络的关系嵌入和结构嵌入对创新主体双元创新的影响机理进行了回归分析。组织网络的关系嵌入对创新主体利用式创新存在正向的影响，组织网络的关系嵌入对创新主体探索式创新存在倒"U"型的影响，组织网络的结构嵌入对创新主体利用式创新和探索式创新存在倒"U"型的影响；知识网络的关系嵌入对创新主体利用式创新和探索式创新存在正向的影响，知识网络的结构嵌入对创新主体利用式创新和探索式创新存在倒"U"型的影响；双模网络关系嵌入对创新主体利用式创新存在负向的影响，双模网络的结构嵌入对创新主体探索式创新存在正向的影响。并对比了创新主体为企业、大学和研究所的回归结果差异性，假设得到了验证。

第5章 产学研合作双模网络嵌入对创新主体双元创新的影响机制研究

根据第 4 章产学研合作双模网络嵌入对双元创新的影响机理，我们明确了组织网络的关系和结构嵌入、知识网络的关系和结构嵌入以及双模网络的关系和结构嵌入如何影响创新主体的双元创新。首先，从产学研合作组织网络嵌入的层面来看，组织网络的结构和关系嵌入会使得网络中的节点的连接方式发生改变，会有新的主体的加入，或者一些主体的退出，新加入或退出的主体会影响原有的创新主体双元创新方式。其次，从产学研合作知识网络嵌入的层面来看，知识网络中的关系嵌入和结构嵌入会引起知识网络中知识元素的变化，通过知识元素之间的知识搜索，会使得知识进行重新组合和创新，从而作用于创新主体的双元创新。最后，从产学研合作双模网络嵌入的层面来看，组织间的知识通过知识转移的方式形成双模网络结构，并借助双模网络的扩张属性，完成双模网络的知识扩散，影响网络中创新主体的双元创新。创新主体双元创新的提升需要产学研合作双模网络的嵌入，但在具体实现的过程中，可能需要各个网络层面的配合，即需要通过组织网络嵌入的合作伙伴选择、知识网络嵌入的知识搜索和产学研合作双模网络嵌入的知识扩散属性。鉴于此，本章在第 4 章阐述的产学研合作双模网络嵌入的创新主体双元创新的影响机理基础上，探究在产学研合作双模网络嵌入的创新主体双元创新的影响机制，以便为创新主体双元创新的长久健康发展提供理论指导。

5.1　组织网络嵌入的合作伙伴选择对创新主体双元创新的影响机制研究

5.1.1　组织网络嵌入对创新主体双元创新影响的合作伙伴选择分析

组织网络嵌入下创新主体想要实现双元创新，需要考虑组织网络嵌入下网络中合作伙伴的变化，新的合作伙伴的加入或者原有合作伙伴的退出，都可能会导致网络嵌入环境的变化，进而影响网络中创新主体的双元创新策略的选择。因此，选择什么样的创新主体加入组织网络显得尤为重要。而组织网络嵌入下的创新主体双元创新的合作伙伴选择需要考虑多方面的因素，本节在借鉴双元创新情景下组织网络嵌入对创新主体双元创新影响的合作伙伴选择指标体系基础上，通过频数统计法，最终确定五个高频因素，将组织网络嵌入对创新主体双元创新的合作伙伴选择影响因素分为合作伙伴网络结构（C_1）、合作伙伴网络关系（C_2）、合作伙伴技术双元性（C_3）、合作伙伴相容性（C_4）和合作伙伴抗风险性（C_5）五个方面。其中，合作伙伴网络结构包括网络节点数量（C_{11}）、网络直接关系（C_{12}）、网络间接关系（C_{13}）、网络结构洞数（C_{14}）；合作伙伴网络关系包括网络关系互惠（C_{21}）、网络关系沟通（C_{22}）、网络关系优化（C_{23}）、网络关系协调（C_{24}）；合作伙伴技术双元性包括双元技术互补性（C_{31}）、双元技术先进性（C_{32}）、双元技术平衡性（C_{33}）；合作伙伴相容性包括战略目标相容性（C_{41}）、企业文化相容性（C_{42}）、管理理念相容性（C_{43}）；合作伙伴抗风险性包括市场占有率（C_{51}）、资产周转率（C_{52}）和销售毛利率（C_{53}）。共有一级指标 5 个，二级指标 17 个，如表 5.1 所示。

表 5.1　组织网络嵌入对创新主体双元创新影响的合作伙伴选择因素

项目	一级指标	二级指标	参考文献
创新主体双元创新情景下组织网络嵌入的合作伙伴选择	合作伙伴网络结构	网络节点数量	常红锦等（2013）
		网络直接关系	Guan and Liu（2016）
		网络间接关系	Guan and Liu（2016）
		网络结构洞数	Wang et al.（2014）

续表

项目	一级指标	二级指标	参考文献
创新主体双元创新情景下组织网络嵌入的合作伙伴选择	合作伙伴网络关系	网络关系互惠	Nahapiet and Ghoshal (1998)
		网络关系沟通	Zukin and Dimaggio (1990)
		网络关系优化	Hagedoorn (2006)
		网络关系协调	Inkpen and Tsang (2005)
	合作伙伴技术双元性	双元技术互补性	汤超颖等 (2020)
		双元技术先进性	田善武和许秀瑞 (2019)
		双元技术平衡性	杨博旭等 (2019)
	合作伙伴相容性	战略目标相容性	李柏洲等 (2018)
		企业文化相容性	Yan and Guan (2018)
		管理理念相容性	韩莹和陈国宏 (2018)
	合作伙伴抗风险性	市场占有率	吴菲菲等 (2019)
		资产周转率	叶飞等 (2003)
		销售毛利率	薛伟贤和张娟 (2010)

5.1.2　组织网络嵌入对创新主体双元创新影响的合作伙伴选择模型

5.1.2.1　区间三角模糊数

定义 1（Atanassov, 2016）　设 X 是一个非空集合，则称 $A = \{\langle x, u_A(x), v_A(x) \rangle \mid x \in X\}$ 为直觉模糊集，其中 $u_A(x)$ 和 $v_A(x)$ 分别为 X 中元素 x 属于 A 的隶属度和非隶属度，即：

$$u_A : X \to [0,1], x \in X \to u_A(x) \in [0,1] \tag{5-1}$$

$$v_A : X \to [0,1], x \in X \to u_A(x) \in [0,1] \tag{5-2}$$

且满足条件：

$$0 \leq u_A(x) + v_A(x) \leq 1, x \in X \tag{5-3}$$

此外，

$$\pi_A(x) = 1 - u_A(x) - v_A(x), x \in X \tag{5-4}$$

其中，X 中元素 x 属于 A 的犹豫度或不确定性。

定义2　扎德（Zadeh，1979）首先提出三角模糊数的概念，X 是一个非空集合，三角模糊集（TFNIFS）A 被定义为 $X = \{\langle x, \hat{u}_A(x), \hat{v}_A(x)\rangle | x \in X\}$。其中，$\hat{u}_A = [\hat{u}_A^l(x), \hat{u}_A^m(x), \hat{u}_A^u(x)]$，$\hat{v}_A = [\hat{v}_A^l(x), \hat{v}_A^m(x), \hat{v}_A^u(x)]$，而且 $0 \leqslant \hat{u}_A^u(x) + \hat{v}_A^u(x) \leqslant 1, \hat{u}_A^l(x) \geqslant 0, \hat{v}_A^l(x) \geqslant 0$。

这样我们就称（$[\hat{u}_A^l(x), \hat{u}_A^m(x), \hat{u}_A^u(x)], [\hat{v}_A^l(x), \hat{v}_A^m(x), \hat{v}_A^u(x)]$）是一个考虑区间值的三角直觉模糊数（IVTFNIFN），计作（$[a,b,c], [d,e,f]$）。

定义3　假设 $\tilde{\alpha}_1 = ([a_1, b_1, c_1], [d_1, e_1, f_1])$ 和 $\tilde{\alpha}_2 = ([a_2, b_2, c_2], [d_2, e_2, f_2])$ 是两个独立的区间三角直觉模糊数，则：

$$\tilde{\alpha}_1 \oplus \tilde{\alpha}_2 = ([a_1 + a_2 - a_1 a_2, b_1 + b_2 - b_1 b_2, c_1 + c_2 - c_1 c_2], [d_1 d_2, e_1 e_2, f_1 f_2])$$
$$(5-5)$$

$$\tilde{\alpha}_1 \otimes \tilde{\alpha}_2 = ([a_1 a_2, b_1 b_2, c_1 c_2], [d_1 + d_2 - d_1 d_2, e_1 + e_2 - e_1 e_2, f_1 + f_2 - f_1 f_2])$$
$$(5-6)$$

$$\lambda \tilde{\alpha}_1 = ([1 - (1-a_1)^\lambda, 1 - (1-b_1)^\lambda, 1 - (1-c_1)^\lambda], [d_1^\lambda, e_1^\lambda, f_1^\lambda])$$
$$(5-7)$$

$$\tilde{\alpha}_1^\lambda = ([a_1^\lambda, b_1^\lambda, c_1^\lambda], [1 - (1-d_1)^\lambda, 1 - (1-e_1)^\lambda, 1 - (1-f_1)^\lambda])$$
$$(5-8)$$

定义4（Xinfan，2008）　对于任意的 IVTFNIFN $\tilde{\alpha} = ([a,b,c], [d,e,f])$，$\tilde{\alpha}$ 的得分可以通过得分函数 S 进行计算：

$$S(\tilde{\alpha}) = \frac{a + 2b + c}{4} - \frac{d + 2e + f}{4}$$
$$(5-9)$$

其中，$S(\tilde{\alpha}) \in [-1, 1]$。

精确函数可以通过下面的公式计算：

$$H(\tilde{\alpha}) = \frac{a + 2b + c}{4}\left(2 - \frac{a + 2b + c}{4} - \frac{d + 2e + f}{4}\right)$$
$$(5-10)$$

定义5（Bonferroni，1950）　假设 $\tilde{\alpha}_1$ 和 $\tilde{\alpha}_2$ 是两个 IVTFNIFN。

（1）如果 $S(\tilde{\alpha}_1) < S(\tilde{\alpha}_2)$，则 $\tilde{\alpha}_1 < \tilde{\alpha}_2$。

（2）如果 $S(\tilde{\alpha}_1) = S(\tilde{\alpha}_2)$，若 $H(\tilde{\alpha}_1) < H(\tilde{\alpha}_2)$，则有 $\tilde{\alpha}_1 < \tilde{\alpha}_2$；若 $H(\tilde{\alpha}_1) = H(\tilde{\alpha}_2)$，则有 $\tilde{\alpha}_1 = \tilde{\alpha}_2$。

5.1.2.2 区间三角模糊数 BM 算子

定义6 设 $p, q \geqslant 0$，$a_i(i=1,2,\cdots,n)$ 是一个非负整数集合，如果，

$$B^{p,q}(a_1, a_2, \cdots, a_n) = \left(\frac{1}{n(n-1)} \sum_{\substack{i,j=1 \\ i \neq j}}^{n} a_i^p a_j^q \right)^{\frac{1}{p+q}} \qquad (5-11)$$

那么 $B^{p,q}$ 叫作 Bonferroni 平均算子，简称 BM。

定义7 设 $\tilde{\alpha}_i = ([a_i, b_i, c_i], [d_i, e_i, f_i])$ 是一个 *IVTFNIFN* 集，对于任意的 p，$q>0$，如果，

$$IVTFNIFBM^{p,q}(\tilde{\alpha}_1, \tilde{\alpha}_2, \cdots, \tilde{\alpha}_n) = \left(\frac{1}{n(n-1)} \left(\bigoplus_{\substack{i,j=1 \\ i \neq j}}^{n} (\tilde{\alpha}_i^p \otimes \tilde{\alpha}_j^q) \right) \right)^{\frac{1}{p+q}}$$

$$(5-12)$$

定理1 令 p，$q>0$，$\tilde{\alpha}_i = ([a_i, b_i, c_i], [d_i, e_i, f_i])$ 是一个正的 *IVTFNIFN* 集，紧接着通过使用 *IVTFNIFBM*，仍旧是一个 *IVTFNIFN*，证明见附录。而且，

$$IVTFNIFBM^{p,q}(\tilde{\alpha}_1, \tilde{\alpha}_2, \cdots, \tilde{\alpha}_n) = ([a,b,c], [d,e,f]) \qquad (5-13)$$

$$a = \left(1 - \prod_{\substack{i,j=1 \\ i \neq j}}^{n} (1 - a_i^p a_j^q)^{\frac{1}{n(n-1)}} \right)^{\frac{1}{p+q}} \qquad (5-14)$$

$$b = \left(1 - \prod_{\substack{i,j=1 \\ i \neq j}}^{n} (1 - b_i^p b_j^q)^{\frac{1}{n(n-1)}} \right)^{\frac{1}{p+q}} \qquad (5-15)$$

$$c = \left(1 - \prod_{\substack{i,j=1 \\ i \neq j}}^{n} (1 - c_i^p c_j^q)^{\frac{1}{n(n-1)}} \right)^{\frac{1}{p+q}} \qquad (5-16)$$

$$d = 1 - \left(1 - \prod_{\substack{i,j=1 \\ i \neq j}}^{n} (1 - (1-d_i)^p (1-d_j)^q)^{\frac{1}{n(n-1)}} \right)^{\frac{1}{p+q}} \qquad (5-17)$$

$$e = 1 - \left(1 - \prod_{\substack{i,j=1 \\ i \neq j}}^{n} (1 - (1-e_i)^p (1-e_j)^q)^{\frac{1}{n(n-1)}} \right)^{\frac{1}{p+q}} \qquad (5-18)$$

$$f = 1 - \left(1 - \prod_{\substack{i,j=1 \\ i \neq j}}^{n} (1 - (1 - f_i)^p (1 - f_j)^q)^{\frac{1}{n(n-1)}}\right)^{\frac{1}{p+q}} \qquad (5-19)$$

然后通过公式 (5-7) 和公式 (5-8)，我们可以得到：

$$\frac{1}{n(n-1)} \left(\bigoplus_{\substack{i,j=1 \\ i \neq j}}^{n} (\alpha_i^p \otimes \alpha_j^q)\right)^{\frac{1}{p+q}} = ([a,b,c],[d,e,f]) \qquad (5-20)$$

其中，

$$a = \left(1 - \prod_{\substack{i,j=1 \\ i \neq j}}^{n} (1 - a_i^p a_j^q)^{\frac{1}{n(n-1)}}\right)^{\frac{1}{p+q}}$$

$$b = \left(1 - \prod_{\substack{i,j=1 \\ i \neq j}}^{n} (1 - b_i^p b_j^q)^{\frac{1}{n(n-1)}}\right)^{\frac{1}{p+q}}$$

$$c = \left(1 - \prod_{\substack{i,j=1 \\ i \neq j}}^{n} (1 - c_i^p c_j^q)^{\frac{1}{n(n-1)}}\right)^{\frac{1}{p+q}}$$

$$d = 1 - \left(1 - \prod_{\substack{i,j=1 \\ i \neq j}}^{n} (1 - (1 - d_i)^p (1 - d_j)^q)^{\frac{1}{n(n-1)}}\right)^{\frac{1}{p+q}}$$

$$e = 1 - \left(1 - \prod_{\substack{i,j=1 \\ i \neq j}}^{n} (1 - (1 - e_i)^p (1 - e_j)^q)^{\frac{1}{n(n-1)}}\right)^{\frac{1}{p+q}}$$

$$f = 1 - \left(1 - \prod_{\substack{i,j=1 \\ i \neq j}}^{n} (1 - (1 - f_i)^p (1 - f_j)^q)^{\frac{1}{n(n-1)}}\right)^{\frac{1}{p+q}}$$

定义 8　令 $\tilde{\alpha}_i = ([a_i, b_i, c_i], [d_i, e_i, f_i])$ 是一个正的 *IVTFNIFN* 集合。$w = (w_1, w_2, \cdots, w_n)^T$ 是 $\tilde{\alpha}_i$ $(i = 1, 2, \cdots, n)$ 的权重，其中 $w_i \geq 0$ ，$\sum_{i=1}^{n} w_i = 1$。如果，

$$IVTFNIFBM_w^{p,q}(\tilde{\alpha}_1, \tilde{\alpha}_2, \cdots, \tilde{\alpha}_n) = \left(\frac{1}{n(n-1)} \left(\bigoplus_{\substack{i,j=1 \\ i \neq j}}^{n} ((w_i \, \tilde{\alpha}_i^p) \otimes (w_j \, \tilde{\alpha}_j^q))\right)\right)^{\frac{1}{p+q}}$$

$$(5-21)$$

则 $IVTFNIFN_w^{p,q}$ 被叫作区间三角模糊值加权 BM 算子（$IVTFNIFWBM$）。

定理 2 设 $\tilde{\alpha}_i = ([a_i, b_i, c_i], [d_i, e_i, f_i])$ $(i = 1, 2, \cdots, n)$ 是一个正的 $IVTFNIFN$ 集合，$w = (w_1, w_2, \cdots, w_n)^T$ 是 $\tilde{\alpha}_i$ $(i = 1, 2, \cdots, n)$ 的权重，其中 $w_i \geq 0$，$\sum_{i=1}^{n} w_i = 1$。然后，通过使用 $IVTFNIFWBM$，算子合成值也是 $IVTFNIFN$，并且，

$$IVTFNIFWBM^{p,q}(\tilde{\alpha}_1, \tilde{\alpha}_2, \cdots, \alpha_n) = ([\widehat{a}, \widehat{b}, \widehat{c}], [\widehat{d}, \widehat{e}, \widehat{f}]) \quad (5-22)$$

$$\widehat{a} = \left(1 - \prod_{\substack{i,j=1 \\ i \neq j}}^{n} (1 - (w_i a_i)^p (w_j a_j)^q)^{\frac{1}{n(n-1)}}\right)^{\frac{1}{p+q}}$$

$$\widehat{b} = \left(1 - \prod_{\substack{i,j=1 \\ i \neq j}}^{n} (1 - (w_i b_i)^p (w_j b_j)^q)^{\frac{1}{n(n-1)}}\right)^{\frac{1}{p+q}}$$

$$\widehat{c} = \left(1 - \prod_{\substack{i,j=1 \\ i \neq j}}^{n} (1 - (w_i c_i)^p (w_j c_j)^q)^{\frac{1}{n(n-1)}}\right)^{\frac{1}{p+q}}$$

$$\widehat{d} = 1 - \left(1 - \prod_{\substack{i,j=1 \\ i \neq j}}^{n} (1 - (1 - w_i d_i)^p (1 - w_j d_j)^q)^{\frac{1}{n(n-1)}}\right)^{\frac{1}{p+q}}$$

$$\widehat{e} = 1 - \left(1 - \prod_{\substack{i,j=1 \\ i \neq j}}^{n} (1 - (1 - w_i e_i)^p (1 - w_j e_j)^q)^{\frac{1}{n(n-1)}}\right)^{\frac{1}{p+q}}$$

$$\widehat{f} = 1 - \left(1 - \prod_{\substack{i,j=1 \\ i \neq j}}^{n} (1 - (1 - w_i f_i)^p (1 - w_j f_j)^q)^{\frac{1}{n(n-1)}}\right)^{\frac{1}{p+q}}$$

5.1.2.3 基于 Entropy-TOPSIS 的属性权重

定义 9 $\tilde{\alpha} = (a_i, b_i, c_i)$ 和 $\tilde{\beta} = (\hat{a}_i, \hat{b}_i, \hat{c}_i)$ 是两个 $IVTFNIFNs$ 集，$\tilde{\alpha}$ 和 $\tilde{\beta}$ 的距离是：

$$D(\tilde{\alpha}, \tilde{\beta}) = \sqrt{\frac{1}{3}[(a_i - \hat{a}_i)^2 + (b_i - \hat{b}_i)^2 + (c_i - \hat{c}_i)^2]} \quad (5-23)$$

在不确定性、多准则、有限的决策情况下，$\tilde{A} = (A_1, A_2, \cdots, A_n)$ 是 n 的备择方案，$\tilde{C} = (C_1, C_2, \cdots, C_n)$ 是属性集，$w = (w_1, w_2, \cdots, w_n)^T$ 是 $\tilde{C}$ 的权重，

其中 $w_i \geqslant 0$，$\sum\limits_{i=1}^{n} w_i = 1$。

如果通过 IVTFNIFN 来衡量在属性集 C_j 中 A_i 的性能，则所有 IVTFNIFs 都包含在直觉模糊集决策集 $D = (\tilde{d}_{ij})_{n \times m}$ 中。

定义 10　如果 $d_j^* = (\tilde{d}_j, \hat{d}_j, \widehat{d}_j)$ 是属性值的理想解，一般而言，有收益标准和成本标准。

当数值是收益标准值时，$\tilde{d}_j = \max\limits_i \tilde{d}_{ij}$，$\hat{d}_j = \max\limits_i \hat{d}_{ij}$，$\widehat{d}_j = \max\limits_i \widehat{d}_{ij}$。

当数值是成本标准时，$\tilde{d}_j = \min\limits_i \tilde{d}_{ij}$，$\hat{d}_j = \min\limits_i \hat{d}_{ij}$，$\widehat{d}_j = \min\limits_i \widehat{d}_{ij}$。

通常，如果备选方案在属性的性能值上的差异较小，则属性对多属性决策问题的影响较小。相反，差异越大，效果越好。因此，我们具有的属性偏差性能值越大，属性权重就越大。我们可以从熵中获知，熵越低，则它包含更多的信息量。

由于熵的限制，我们需要通过公式（5 – 23）获得标准化的决策矩阵，并获得属性与理想属性之间的距离。

属性权重的步骤如下：首先，根据 IVTFNIFN，通过定义 11 构造属性的理想性能值；其次，通过公式（5 – 23）计算与每个属性和理想属性的距离；再次，我们可以构建一个距离矩阵 $R_1 = (\tilde{r}_{ij})_{n \times m}$，$R_2 = (\hat{r}_{ij})_{n \times m}$，在这里我们使用 $r_{ij}^* = r_{ij} / \sum\limits_{i=1}^{m} r_{ij}$，然后将 IVTFNIFN 距离矩阵标准化，得到 $R_1^* = (\tilde{r}_{ij}^*)_{n \times m}$ 和 $R_2^* = (\hat{r}_{ij}^*)_{n \times m}$。最后，计算属性权重 $\tilde{C} = (C_1, C_2, \cdots, C_n)$。

$$e_j = -\sum_{i=1}^{n} (r_{ij}^* \times \ln r_{ij}^*) / \ln n \qquad (5-24)$$

$$w_j^1 = \frac{1 - e_j^1}{\sum\limits_{j=1}^{m} (1 - e_j^1)} (j = 1, 2, \cdots, m) \qquad (5-25)$$

$$w_j^2 = \frac{1 - e_j^2}{\sum\limits_{j=1}^{m} (1 - e_j^2)} (j = 1, 2, \cdots, m) \qquad (5-26)$$

$$w_j = \sqrt{w_j^1 w_j^2} (j = 1, 2, \cdots, m) \qquad (5-27)$$

我们可以得到最终的权重是 $w_j (j = 1, 2, 3, \cdots, m)$。

5.1.2.4 动态时间熵

类比传统的多属性决策问题，基于时间熵的动态多属性决策要同时考虑时间因素的影响、属性的重要性。所以，确定时间权重是一个很重要的问题。郭亚军（2007）提出的"厚今薄古"思想对最新信息及其时效性十分重视，对于特定时间度 λ，最大化时间熵 $I = -\sum\limits_{k=1}^{p} w_k \ln w_k$，以此为标准完成时间权重 $\eta(t_k)$（$k=1,2,\cdots,p$）的确定，即对下述非线性规划模型进行求解：

$$\begin{cases} \max I = -\sum\limits_{k=1}^{p} \eta_k \ln \eta_k \\ \text{s. t. } \lambda = \sum\limits_{k=1}^{p} \dfrac{p-k}{p-1} \eta_k, \sum\limits_{k=1}^{p} \eta_k = 1, \eta_k \in [0,1] \end{cases} \qquad (5-28)$$

$I = -\sum\limits_{k=1}^{p} w_k \ln w_k$ 即为时间熵，它在客观层面对时间权重中的信息量进行反映，越少的信息量对应越大的 I。

基于"厚今薄古"思想，张小芝等（2014）对于特定时间度完成时间权重系数的寻找，保证其具有最大的贴进度，由此构建了带有正理想时间权向量和负理想时间权向量的时间度优化模型：

$$\begin{cases} \max c(\eta(t_k), \eta(t_k)^+) = \dfrac{\sqrt{(1-\eta(t_1))^2 + \sum\limits_{k=2}^{p} \eta(t_k)^2}}{\sqrt{(1-\eta(t_1))^2 + \sum\limits_{k=2}^{p} \eta(t_k)^2} + \sqrt{\sum\limits_{k=1}^{p-1} \eta(t_k)^2 + (1-\eta(t_p))^2}} \\ \text{s. t. } \lambda = \sum\limits_{k=1}^{p} \dfrac{p-k}{p-1} \eta(t_k), \sum\limits_{k=1}^{p} \eta(t_k) = 1, \eta(t_k) \in [0,1], k=1,2,\cdots,p \end{cases}$$

$$(5-29)$$

求解此模型即可以得出时序多属性决策问题的时间权向量。本书运用综合性的动态时间权重模型，既注重信息的时效性，又注重信息的客观性和有效性。新的优化模型如下：

$$
\begin{cases}
\max R = l \dfrac{\sqrt{(1-\eta(t_1))^2 + \sum\limits_{k=2}^{p}\eta(t_k)^2}}{\sqrt{(1-\eta(t_1))^2 + \sum\limits_{k=2}^{p}\eta(t_k)^2} + \sqrt{\sum\limits_{k=1}^{p-1}\eta(t_k)^2 + (1-\eta(t_p))^2}} \\[4mm]
\qquad + (1-l)\left(-\sum\limits_{k=1}^{p}\eta(t_k)\ln\eta(t_k)\right) \\[4mm]
s.t.\ \lambda = \sum\limits_{k=1}^{p}\dfrac{p-k}{p-1}\eta(t_k),\ \sum\limits_{k=1}^{p}\eta(t_k)=1,\ \eta(t_k)\in[0,1],\ k=1,2,\cdots,p
\end{cases}
$$

$$(5-30)$$

其中，l 是一个调节参数，$l\in[0,1]$，当 l 接近于 0 时，意味着决策者更倾向于时间权重基于客观信息，当 l 接近于1，意味着决策者更倾向于时间权重基于主观偏好信息。

5.1.3　组织网络嵌入对创新主体双元创新影响的合作伙伴选择过程

根据组织网络嵌入对创新主体双元创新影响的合作伙伴选择影响因素，我们需要进行合作伙伴的选择。假设存在四个创新主体，分别来自企业、高校和科研机构，$S_i = \{S_1, S_2, S_3, S_4\}$，为选择最适合的合作创新伙伴，创新主体 X 邀请 8 位本领域的专家，其中专家包括企业的管理者、高校的创新人员和科研院所的科研工作者，按照本书组织网络嵌入对创新主体双元创新影响的合作创新伙伴选择影响因素对上述 4 个候选伙伴并选择 3 年的时间期 $t_k = (t_1, t_2, t_3)$，进行匿名预测和判断，按照 0～1 分数打分，在综合第一次专家评估后，将新的评估表返还给专家进行第二次评估，经过多轮综合反馈和专家评估，最后 8 位专家评估结果趋于一致。其原始评估属性信息矩阵如表 5.2～表 5.4 所示。

基于 4 家候选合作伙伴最初的原始评估属性信息矩阵，通过公式（5-23）～公式（5-27），可以计算他们的评价指标的属性权重，如表 5.5 所示。在此我们把时间度参数取 $\lambda = 0.3$，离散时间权向量可以通过公式（5-28）、公式（5-29）、公式（5-30）和 Lingo11.0 软件获得，即 $\eta(t_k) = (\eta(t_1), \eta(t_2), \eta(t_3))^T = (0.582, 0.236, 0.182)$。

表5.2 t_1 时原始评估属性信息矩阵

创新主体	C_1	C_2	C_3	C_4	C_5
S_1	([0.6,0.7,0.8],[0.1,0.2,0.3])	([0.5,0.6,0.6],[0.2,0.2,0.2])	([0.1,0.1,0.4],[0.2,0.2,0.5])	([0.6,0.7,0.7],[0.1,0.2,0.3])	([0.7,0.8,0.9],[0.1,0.1,0.1])
S_2	([0.2,0.3,0.4],[0.4,0.5,0.5])	([0.4,0.4,0.5],[0.4,0.4,0.5])	([0.1,0.2,0.2],[0.6,0.7,0.8])	([0.3,0.4,0.5],[0.2,0.2,0.3])	([0.5,0.6,0.7],[0.2,0.2,0.3])
S_3	([0.4,0.5,0.6],[0.1,0.2,0.2])	([0.3,0.4,0.5],[0.3,0.4,0.4])	([0.2,0.3,0.4],[0.5,0.6,0.6])	([0.6,0.7,0.8],[0.1,0.2,0.2])	([0.7,0.7,0.7],[0.1,0.2,0.2])
S_4	([0.6,0.6,0.7],[0.2,0.2,0.2])	([0.4,0.5,0.6],[0.2,0.2,0.3])	([0.6,0.6,0.7],[0.1,0.1,0.1])	([0.4,0.5,0.5],[0.1,0.2,0.3])	([0.2,0.3,0.4],[0.5,0.6,0.6])

表5.3 t_2 时原始评估属性信息矩阵

创新主体	C_1	C_2	C_3	C_4	C_5
S_1	([0.2,0.3,0.4],[0.3,0.4,0.4])	([0.5,0.6,0.7],[0.2,0.2,0.2])	([0.5,0.5,0.6],[0.1,0.2,0.5])	([0.6,0.7,0.7],[0.1,0.2,0.3])	([0.4,0.5,0.6],[0.1,0.1,0.1])
S_2	([0.3,0.4,0.5],[0.1,0.2,0.3])	([0.4,0.5,0.5],[0.1,0.2,0.2])	([0.3,0.4,0.5],[0.1,0.2,0.3])	([0.4,0.5,0.6],[0.2,0.2,0.3])	([0.6,0.6,0.7],[0.1,0.2,0.2])
S_3	([0.4,0.5,0.6],[0.1,0.2,0.2])	([0.7,0.7,0.7],[0.1,0.1,0.1])	([0.4,0.5,0.5],[0.1,0.2,0.3])	([0.6,0.7,0.8],[0.1,0.2,0.2])	([0.3,0.4,0.5],[0.2,0.3,0.3])
S_4	([0.6,0.6,0.7],[0.1,0.1,0.1])	([0.4,0.5,0.6],[0.2,0.2,0.3])	([0.6,0.6,0.7],[0.1,0.1,0.1])	([0.2,0.3,0.3],[0.3,0.4,0.5])	([0.2,0.3,0.4],[0.5,0.6,0.6])

表 5.4 t_3 时原始评估属性信息矩阵

创新主体	C_1	C_2	C_3	C_4	C_5
S_1	([0.6,0.7,0.8], [0.1,0.2,0.2])	([0.8,0.9,0.9], [0.1,0.1,0.1])	([0.2,0.3,0.4], [0.3,0.4,0.5])	([0.7,0.8,0.9], [0.1,0.1,0.1])	([0.4,0.5,0.6], [0.2,0.3,0.4])
S_2	([0.8,0.8,0.9], [0.1,0.1,0.1])	([0.7,0.7,0.8], [0.2,0.2,0.2])	([0.7,0.7,0.8], [0.1,0.2,0.2])	([0.4,0.5,0.6], [0.2,0.2,0.3])	([0.5,0.6,0.7], [0.1,0.2,0.2])
S_3	([0.4,0.5,0.6], [0.1,0.2,0.2])	([0.4,0.5,0.5], [0.2,0.3,0.4])	([0.4,0.5,0.5], [0.1,0.2,0.3])	([0.7,0.7,0.8], [0.1,0.1,0.1])	([0.4,0.6,0.7], [0.2,0.3,0.3])
S_4	([0.3,0.4,0.5], [0.1,0.1,0.3])	([0.4,0.5,0.6], [0.2,0.2,0.3])	([0.6,0.6,0.7], [0.1,0.1,0.1])	([0.4,0.5,0.7], [0.1,0.2,0.3])	([0.1,0.2,0.3], [0.5,0.6,0.6])

表 5.5 候选合作伙伴属性权重

t	C_1	C_2	C_3	C_4	C_5
t_1	0.199	0.192	0.208	0.201	0.200
t_2	0.217	0.225	0.162	0.185	0.211
t_3	0.086	0.288	0.107	0.183	0.336

通过属性权重向量 $w = (w_1, w_2, w_3, w_4, w_5)$，以及公式（5-22），我们可以获得不同的时刻四个备选合作伙伴决策信息的综合值，并确定创新主体单一维度的综合选择信息矩阵，如表 5.6 和表 5.7 所示。

表 5.6 不同 l 下的综合评价值

$l = 0.2$	综合评估价值
S_1	$([0.008, 0.185, 0.213], [0.439, 0.452, 0.469])$
S_2	$([0.007, 0.154, 0.180], [0.458, 0.471, 0.482])$
S_3	$([0.008, 0.177, 0.199], [0.444, 0.466, 0.469])$
S_4	$([0.007, 0.152, 0.180], [0.457, 0.465, 0.475])$
$l = 0.5$	
S_1	$([0.008, 0.185, 0.213], [0.438, 0.451, 0.468])$
S_2	$([0.007, 0.153, 0.179], [0.458, 0.471, 0.482])$
S_3	$([0.008, 0.176, 0.197], [0.444, 0.466, 0.469])$
S_4	$([0.007, 0.150, 0.179], [0.456, 0.464, 0.475])$
$l = 0.8$	
S_1	$([0.008, 0.181, 0.208], [0.436, 0.449, 0.465])$
S_2	$([0.006, 0.150, 0.175], [0.458, 0.470, 0.480])$
S_3	$([0.007, 0.170, 0.190], [0.443, 0.465, 0.468])$
S_4	$([0.006, 0.144, 0.172], [0.453, 0.462, 0.473])$

表 5.7 完全客观或者完全主观信息下的综合评价值

$l = 0$	综合评估价值
S_1	$([0.008, 0.189, 0.215], [0.440, 0.453, 0.466])$
S_2	$([0.007, 0.169, 0.196], [0.444, 0.459, 0.468])$
S_3	$([0.008, 0.180, 0.200], [0.439, 0.461, 0.466])$
S_4	$([0.006, 0.146, 0.177], [0.456, 0.465, 0.477])$

$l = 1$	
S_1	$([0.008, 0.174, 0.197], [0.436, 0.449, 0.461])$
S_2	$([0.007, 0.158, 0.183], [0.437, 0.453, 0.461])$
S_3	$([0.007, 0.166, 0.184], [0.434, 0.455, 0.461])$
S_4	$([0.006, 0.132, 0.161], [0.452, 0.461, 0.473])$

在表 5.6 中我们获得了 l 取不同值时，四个备选的合作伙伴的决策综合评价值。在表 5.7 中计算了完全客观，即 $l = 0$ 和完全主观，即 $l = 1$ 的评价决策信息条件下，四个备选的创新主体合作伙伴的决策综合评价值。

最后，根据评价结果的排名确定不同时间权重下最优的创新主体合作伙伴，如表 5.8 所示。

表 5.8　　　　　　　　　　不同时间权重下的排名对比

项目	S_i	排名结果
$l = 0$	$(-0.303, -0.322, -0.315, -0.347)$	$S_1 > S_3 > S_2 > S_4$
$l = 1$	$(-0.311, -0.325, -0.321, -0.354)$	$S_1 > S_3 > S_2 > S_4$
$l = 0.2$	$(-0.305, -0.347, -0.321, -0.343)$	$S_1 > S_3 > S_4 > S_2$
$l = 0.5$	$(-0.304, -0.348, -0.322, -0.343)$	$S_1 > S_3 > S_4 > S_2$
$l = 0.8$	$(-0.305, -0.349, -0.326, -0.346)$	$S_1 > S_3 > S_4 > S_2$

由表 5.8 可知，不管时间权重 l 取五个中的任意值，S_1 在组织网络嵌入对创新主体双元创新影响的合作伙伴选择中都是最大的，其次是 S_3。当处于完全客观信息评价和完全主观信息评价时，排名一直是 $S_1 > S_3 > S_2 > S_4$；在其他情形下，排名是 $S_1 > S_3 > S_4 > S_2$。研究组织网络嵌入对创新主体双元创新影响的合作伙伴选择，对于增强创新主体竞争力、提升创造主体双元创新能力具有重要的意义。本节针对组织网络嵌入的合作伙伴对创新主体双元创新的影响机制建立模型，并进行了实证分析，证实了合作伙伴选择方法的合理性和科学性。组织网络嵌入对创新主体双元创新影响的合作伙伴选择多属性决策方法不仅考虑了决策矩阵的主观偏好，还结合了客观信息，使用动态时间熵，并结合 Entropy-TOPSIS 计算了区间三角模糊数的属性权重，为组织网络嵌入下的创新主体科学合理地选择合作创新伙伴实施双元创新提供了一

种有效的决策方法，期望为提高创新主体双元创新能力提供一些帮助，同时为多属性决策问题提供新思路。

5.1.4 组织网络嵌入对创新主体双元创新影响的合作伙伴选择机制分析

根据前面的分析，提出组织网络嵌入对创新主体双元创新影响的资源互补机制、公平合作机制、风险共担机制。

（1）资源互补机制。资源互补是一种合作伙伴知识、技术和信息等多方面的互补行为。组织网络嵌入下创新主体选择的合作伙伴要具有专业的、成熟的、可实施的核心技术创新能力，并且可以应用到市场，形成市场竞争优势，因此需要合作伙伴双方具有双元性技术的先进性和互补性，具有丰富的合作经验，可以维持合作关系的互惠和沟通，明白知识和技术在不同情景下是如何转化的，并能够弥补组织网络嵌入下的创新主体合作伙伴间的技术能力缺口，实现真正意义上的技术和知识的互补。

（2）公平合作机制。公平合作是一种合作伙伴在文化、价值观、资源等方面一致的行为。组织网络嵌入下的合作伙伴选择，一方面，需要创新主体合作双方具有可以相互匹配的资源、使命、愿景、价值观和行为准则等，减少合作伙伴双方的文化距离，使得合作伙伴双方不会因为心理上的负担而影响合作，当然也需要避免因为机会主义行为而导致合作不能进行，需要合作双方达到一种真正的动态的公平；另一方面，创新主体合作创新的双方都需要有高度的合作精神，要有共同的双元创新目标、共同的理想和追求、共同的组织愿景、共同的前瞻性战略，真心地愿意为彼此付出，实现合作共赢。

（3）风险共担机制。风险共担是一种创新性的鼓励机制，它需要合作伙伴创新主体在具体的合作过程开始到科研成果推向市场的过程中，共同承担风险。具体的组织网络嵌入下的创新主体在选择合作伙伴时，要保证合作伙伴双方共同承担可能因为在双元创新过程中发生的意外的物理、人理和事理风险，合作创新主体之间应该共同商量和讨论去如何控制风险，降低风险发生的概率，以及风险来临时的应急。合作伙伴双方要确定风险的诱发因素，建立风险管理制度去识别风险，与此同时要评估风险，进而达到控制风险的目的。在网络嵌入下的双元创新过程中，创新主体合作双方可能会因为需要考虑自身利益的最大化而忽略合作方的感受，这时候需要真正地做到换位思考，为了共同的创新目标，忽略个人的精致的利己主义行为，实现真正意义上的双元创新过程中的风险共担、利益共享。

5.2　知识网络嵌入的知识搜索对创新主体双元创新的影响机制研究

5.2.1　知识网络嵌入对创新主体双元创新影响的知识搜索过程

知识网络嵌入对创新主体双元创新影响的知识搜索代表着知识网络中知识的流入，是对知识的识别、获取、整合，以及应用的过程（何郁冰、梁斐，2017）。知识网络嵌入创新主体间的知识搜索具有以下特征，即知识搜索是一种在可以接收的环境下进行的，具有目的性和增值性的特殊的知识传播过程。除了产学研合作创新主体间知识搜索的一般特征外，企业和学研机构具有自身明确的特征。具体情况如下所述。

（1）待搜索知识同时具有先进性和应用性。创新主体中企业的知识搜索更多地强调知识在不同企业间的应用，但有时候理论性不足，学研机构的知识成果往往更多地注重基础性研究和理论性，以追求较高的学术价值为目标。其中，学研机构的研究开发能力较强，原创性也比较高，使得知识产品具有较高的先进性，并专注于知识搜索的活动，强调知识产品的工艺化过程，使得产生的知识具有较高的应用性。而企业的知识搜索往往只是一种对现有知识源知识的复制，应用性也很局限，一旦消费者的个性化需求偏好发生变化或者市场中出现新的技术，企业现有的知识源就会因为缺乏创新的源泉而无能为力。因此，企业和学研机构之间可以相互补充，相互促进，来弥补彼此知识搜索中的不足，保证知识产品的先进性和应用性。

（2）知识发送方具有较强的知识搜索能力。学研机构基于其独特的优势，可以在实际的情景下接触到不同类型的企业、不同的应用背景，根据其自身所具有的掌握知识搜索技巧和能力的主动性与便利性来完成促进知识的生产、转移和应用的使命。而企业的知识搜索不是知识发送方的主营业务，并不会十分关注知识搜索的技巧、能力和知识转移的积累和学习，因此知识搜索能力较弱。

（3）知识发送方和接受方都具有强烈的动机和意愿。对知识发送方来说，知识搜索是一种成本，这个成本主要包括接受方对知识的理解所付出的时间、精力和物质成本等。一般情况下，创新主体间的知识搜索过程中，都是知识接受方拥有强烈的知识搜索动机，及时地发现知识的缺口，产生知识需求，并主动地开展知识搜索；而知识发送方会因为各种原因，或自身经营目标的不同，或对于自身权利的考虑等，使其缺乏知识搜索的主动性甚至不愿意轻易将知识转移出去。但是，企业和学研机构的知识搜索可以从根本上改变这种状况，双方都有着强烈的知识转移意愿，都会去积极地寻找知识搜寻的对象，主动开展知识搜索活动。

（4）知识搜索的关键是知识创造。随着创新网络化范式的演进，知识创造已经不是单纯的局限于科学认知的范畴，而是成了所有的经济和社会活动的实质性的组成部分。其中，知识的产生有两种途径：一方面来自科学研究与试验发展；另一方面来自不同创新主体之间的相互作用的过程。而对于产学研之间的知识搜索，企业会将知识搜索的新知识吸收到自身的知识库，并通过应用于知识整合也会继续创造出新知识；学研机构会根据企业的技术需求进行知识的生产与加工，并通过向企业转移知识的形式，熟练知识的应用，获得外部环境、市场和客户的信息，与原有的知识整合或者产生新的知识。

知识网络嵌入下创新主体双元创新的知识搜索活动过程如下：首先，企业提出技术需求，学研机构对企业的知识现状、知识需求、知识用途以及竞争对手的知识现状进行分析，制定知识生产方案，开展针对特定问题寻找解决方案的知识生产活动。其次，学研机构针对企业的需求、知识现状、心智模式等信息，通过反思，运用自身的经验和技巧，对生产出的知识特别是隐性知识进行加工和编码，将隐性知识清楚地表达成可以被接受方理解的形式。然后，开展知识的发送—吸收活动，学研机构将编码化的知识发送给企业，企业进行编码，完成知识从学研机构向企业的传递。最后，企业对知识进行应用和整合，一方面将知识真正保留在已经形成的自身知识库中，另一方面实现知识的整合和商业化，取得并按协议分享经济效益。具体情况如图 5.1 所示。

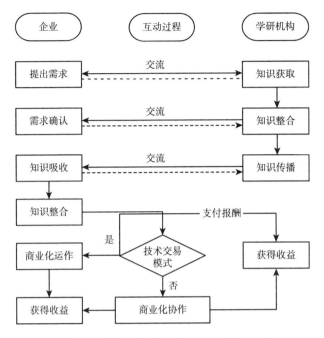

图 5.1　知识网络嵌入下创新主体双元创新的产学研知识搜索过程

5.2.2　知识网络嵌入对创新主体双元创新影响的知识搜索模型

本部分用微分博弈模型对知识网络嵌入下创新主体双元创新的问题进行研究，考虑的是知识网络嵌入下知识宽度搜索和知识深度搜索的产学研合作创新主体的知识搜索体系，从而衔接知识网络嵌入对创新主体双元创新影响的中间过程。相关假设如下。

假设 5 - 1：产学研合作知识网络嵌入的知识搜索体系中企业和学研机构在知识宽度搜索上的努力程度用 N 表示，在知识深度搜索上的努力程度用 H 表示，则 N_F、N_U 分别表示企业和学研机构在知识宽度搜索上的努力（主要是指创新主体积累的知识、诀窍和经验的技术领域范围，代表其多样性（王巍等，2017），是知识存量的横向覆盖维度（于飞等，2017）），H_F、H_U 分别表示企业及学研机构在知识深度搜索上的努力（主要是指创新主体对某技术领域知识的熟悉、掌握程度，代表其专业性（Boh et al.，2014），是知识存量的纵向垂直维度（Gonzalez-Brambila et al.，2013））。企业和学研机构在知识宽度和知识深度搜索投入的努力成本与其努力程度相关，努力成本随努力程度的增加而增加,且增加的幅度呈上升趋势。考虑到努力成本的凸性特征(赵黎明等,2017)(即付出的努力越多,增加的成本越高),设企业和学研机构在知识宽度搜索及知识深度搜索上的成本函数分别为:

$$C_{N_F}(t) = \frac{1}{2}k_{N_F}N_F^2(t), C_{N_U}(t) = \frac{1}{2}k_{N_U}N_U^2(t) \tag{5-31}$$

$$C_{H_F}(t) = \frac{1}{2}k_{H_F}H_F^2(t), C_{H_U}(t) = \frac{1}{2}k_{H_U}H_U^2(t) \tag{5-32}$$

其中,k_{N_F}、k_{N_U}分别表示企业和学研机构的知识宽度搜索成本系数,k_{H_F}、k_{H_U}分别表示企业及学研机构的知识深度搜索成本系数,$N_F(t)$、$N_U(t)$分别表示t时刻企业和学研机构在知识宽度搜索上的努力程度,$H_F(t)$、$H_U(t)$分别表示t时刻企业及学研机构在知识深度搜索上的努力程度,$C_{N_F}(t)$、$C_{N_U}(t)$分别表示企业和学研机构在t时刻在知识宽度搜索上的成本函数,$C_{H_F}(t)$、$C_{H_U}(t)$则分别表示企业和学研机构在t时刻在知识深度搜索上的成本函数。

假设5-2:知识网络嵌入下的知识搜索体系中知识宽度和知识深度搜索水平变动均是动态过程,分别用$P_F(t)$、$P_U(t)$表示,两者均可通过企业和学研机构合作研发的方式来提高,即产学研合作知识网络嵌入的知识搜索体系中知识宽度和知识深度搜索水平的增减变化与企业和学研机构双方的努力程度相关。知识网络的嵌入可以改变知识网络的知识结构,使得知识元素之间打破原有的网络边界,进行知识的宽度和知识的深度搜索,参照文献(赵黎明等,2017;王巍等,2020)的思想,将产学研合作知识网络嵌入的知识搜索体系中知识宽度和知识深度水平随时间的变化规律分别用下列微分方程来表示:

$$\begin{cases} \dot{P}_N(t) = \dfrac{\mathrm{d}P_N(t)}{\mathrm{d}(t)} = \omega N_F(t) + \mu N_U(t) - \delta P_N(t) \\ P_N(0) = p_N \geq 0 \end{cases} \tag{5-33}$$

$$\begin{cases} \dot{P}_H(t) = \dfrac{\mathrm{d}P_H(t)}{\mathrm{d}(t)} = \alpha H_F(t) + \beta H_U(t) - \theta P_H(t) \\ P_H(0) = p_H \geq 0 \end{cases} \tag{5-34}$$

其中,$P_N(t)$、$P_H(t)$分别表示t时刻的知识宽度搜索水平及知识深度搜索水平,因产学研双方不合作也会存在一定的知识宽度及知识深度搜索水平,故可将其初始状态设置为$P_N \geq 0$,$P_H \geq 0$;ω,$\mu > 0$,分别表示企业和学研机构在知识宽度搜索上的努力程度对整个系统知识宽度搜索水平的影响系数即知识宽度搜索敏感系数；α，$\beta > 0$，分别表示企业和学研机构在知识深度搜索上的努力程度对整个系统知识深度搜索水平的影响系数即知识深度搜索敏感系数；$\delta > 0$，表示知识深度搜索的衰退程度，通常是指知识网络嵌入的知识搜索体系中知识宽度搜索的投入不断增加，知识宽度搜索难度越来越大；$\theta > 0$，表示知识深度搜索的折损程度，是指对知识深度搜索的投入不断增加，知识深度搜索水平的增速减缓，边际效用递减；$\dot{P}_N(t)$、$\dot{P}_H(t)$ 分别表示知识宽度搜索、知识深度搜索随时间的变化率。

假设 5 - 3：为鼓励学研机构进行合作创新，企业积极地为学研机构承担 $\sigma_N(t)$ 的知识宽度搜索成本（比如为其提供资金、设备等），且 $0 \leq \sigma_N(t) \leq 1$；企业也会为学研机构承担 $\sigma_H(t)$ 的知识深度搜索成本，$0 \leq \sigma_H(t) \leq 1$。

假设 5 - 4：企业和学研机构在知识宽度搜索上的努力程度对知识网络嵌入的知识搜索体系中的收益有直接影响，同时通过知识宽度搜索而进行的探索式创新能够提升整个系统的竞争力从而增加创新收益；知识深度搜索可以重新使用和提炼已有知识的结合去发展新的应用或者解决新的问题，从而提升整个系统的创新收益。故考虑知识宽度搜索和知识深度搜索对系统收益的影响，假设知识网络嵌入的知识搜索体系系统中总收益为：

$$\phi(t) = \eta N_F(t) + \tau N_U(t) + \kappa P_N(t) + \varsigma P_H(t) \qquad (5-35)$$

其中，η，$\tau > 0$，分别表示企业和学研机构在知识宽度搜索上的努力程度对总收益的影响系数；$\kappa > 0$，表示知识宽度搜索水平对系统总收益的影响系数；$\varsigma > 0$，表示知识深度搜索水平对系统总收益的影响系数。

假设 5 - 5：知识网络嵌入的知识转搜索体系中获得的总收益在企业和学研机构间进行分配，企业获得 $1 - \varepsilon$，学研机构获得 ε。其中 $0 < \varepsilon < 1$，收益分配系数由企业和学研机构双方进行协商后确定，设在整个知识搜索的过程中，企业与学研机构双方的贴现率均为 ρ 且 $\rho > 0$。企业和学研机构都是理性的，其目标均是在无限时空内寻求各自收益最大化的创新收益策略。企业和学研机构目标函数分别为：

$$J_F = \int_0^\infty e^{-\rho t} \left[(1 - \varepsilon)(\eta N_F(t) + \tau N_U(t) + \kappa P_N(t) + \varsigma P_H(t)) - \frac{1}{2} k_{N_F} N_F^2(t) \right.$$
$$\left. - \frac{1}{2} \sigma_N(t) k_{N_U} N_U^2(t) - \frac{1}{2} k_{H_F} H_F^2(t) - \frac{1}{2} \sigma_H(t) k_{H_U} H_U^2(t) \right] \mathrm{d}t \qquad (5-36)$$

$$J_U = \int_0^\infty e^{-\rho t} \Big[\varepsilon (\eta N_F(t) + \tau N_U(t) + \kappa P_N(t) + \varsigma P_H(t))$$

$$- \frac{1}{2} (1 - \sigma_N(t)) k_{N_U} N_U^2(t) - \frac{1}{2} (1 - \sigma_H(t)) k_{H_U} H_U^2(t) \Big] \mathrm{d}t$$

$$(5-37)$$

本部分所建的模型中包含 6 个控制变量 $N_F(t)$，$N_U(t)$，$H_F(t)$，$H_U(t)$，$\sigma_N(t)$，$\sigma_H(t)$ 以及两个状态变量 $P_N(t)$，$P_H(t)$。由于动态参数条件下求解非常困难，本部分将模型中其余所有的参数均设为大于 0 且与时间不相关的常数。实际在无限时期的任何时间段内，企业与学研机构间面临的均是相同的博弈，双方最终的均衡状态为静态反馈均衡，因此可将参数设置为与时间无关的常量（王道平等，2019）。为方便书写，后文中将 t 省略。

5.2.3 知识网络嵌入对创新主体双元创新影响的知识搜索模式分析

根据前面的分析，本节将分析在 Nash 非合作模式、成本分担模式以及协同合作模式下企业与学研机构双方的最优努力程度、最优收益和系统最优收益，分析在何种情况下企业和学研机构能够达到最优搜索决策。

5.2.3.1　Nash 非合作模式

在这种模式下，知识网络嵌入的知识搜索体系下企业与学研机构是平等的合作伙伴关系，双方相互独立且地位平等，均以实现各自的最大收益为目标。在这种情况下，为使自身的利益最大化，企业不会给学研机构分担知识宽度搜索及知识深度搜索成本即 $\sigma_N = 0$，$\sigma_H = 0$，用上标 A 表示 Nash 非合作模式，此时企业与学研机构双方的目标函数分别为：

$$J_F = \int_0^\infty e^{-\rho t} \Big[(1 - \varepsilon)(\eta N_F + \tau N_U + \kappa P_N + \varsigma P_H) - \frac{1}{2} k_{N_F} N_F^2 - \frac{1}{2} k_{H_F} H_F^2 \Big] \mathrm{d}t$$

$$(5-38)$$

$$J_U = \int_0^\infty e^{-\rho t} \Big[\varepsilon (\eta N_F + \tau N_U + \kappa P_N + \varsigma P_H) - \frac{1}{2} k_{N_U} N_U^2 - \frac{1}{2} k_{H_U} H_U^2 \Big] \mathrm{d}t$$

$$(5-39)$$

命题 1：在 Nash 非合作模式下，企业与学研机构的静态反馈均衡策略分别为：

$$(N_F^A, H_F^A) = \left(\frac{(1-\varepsilon)(\eta(\rho+\delta)+\omega\kappa)}{k_{N_F}(\rho+\delta)}, \frac{(1-\varepsilon)\zeta\alpha}{k_{H_F}(\rho+\theta)} \right) \quad (5-40)$$

$$(N_U^A, H_U^A) = \left(\frac{\varepsilon(\tau(\rho+\delta)+\mu\kappa)}{k_{N_U}(\rho+\delta)}, \frac{\varepsilon\zeta\beta}{k_{H_U}(\rho+\theta)} \right) \quad (5-41)$$

证明：由静态反馈均衡的充分条件可以假设，连续有界的微分效益函数 $V_i(P_N, P_H)$，$i \in (F, U)$ 对任意的 $P \geqslant 0$ 均成立，存在汉密尔顿 – 雅克比 – 贝尔曼方程，简称 HJB 方程。即此时企业与学研机构双方的最优控制函数分别满足如下的 HJB 方程：

$$\rho V_F(P_N, P_H) = \max_{N_F, H_F} \left\{ \begin{array}{l} (1-\varepsilon)(\eta N_F + \tau N_U + \kappa P_N + \varsigma P_H) - \frac{1}{2}k_{N_F}N_F^2 - \frac{1}{2}k_{H_F}H_F^2 \\ + \frac{\partial V_F}{\partial P_N}(\omega N_F + \mu N_U - \delta P_N) + \frac{\partial V_F}{\partial P_H}(\alpha H_F + \beta H_U - \theta P_H) \end{array} \right\} dt$$

$$(5-42)$$

$$\rho V_U(P_N, P_H) = \max_{N_U, H_U} \left\{ \begin{array}{l} \varepsilon(\eta N_F + \tau N_U + \kappa P_N + \varsigma P_H) - \frac{1}{2}k_{N_U}N_U^2 - \frac{1}{2}k_{H_U}H_U^2 \\ + \frac{\partial V_U}{\partial P_N}(\omega N_F + \mu N_U - \delta P_N) + \frac{\partial V_U}{\partial P_H}(\alpha H_F + \beta H_U - \theta P_H) \end{array} \right\} dt$$

$$(5-43)$$

对式（5-42）的 N_F，H_F 求偏导可得到企业的最优策略，同理，对式（5-43）的 N_U，H_U 求偏导可得到学研机构的最优搜索策略，因此企业和学研机构的最优搜索策略分别为：

$$(N_F, H_F) = \left(\frac{(1-\varepsilon)\eta + \omega\frac{\partial V_F}{\partial P_N}}{k_{N_F}}, \frac{\frac{\partial V_F}{\partial P_H} \cdot \alpha}{k_{H_F}} \right) \quad (5-44)$$

$$(N_U, H_U) = \left(\frac{\varepsilon\tau + \mu\frac{\partial V_U}{\partial P_N}}{k_{N_U}}, \frac{\frac{\partial V_U}{\partial P_H} \cdot \beta}{k_{H_U}} \right) \quad (5-45)$$

将 (N_F, H_F)，(N_U, H_U) 代入式（5-42）和式（5-43），可得知关于 P_N，

P_H 的二元一次方程是上述 HJB 方程的解。令：

$$V_F(P_N, P_H) = a_1 P_N + a_2 P_H + a_3 \qquad (5-46)$$

$$V_U(P_N, P_H) = b_1 P_N + b_2 P_H + b_3 \qquad (5-47)$$

将式（5-46）、式（5-47）代入式（5-44）、式（5-45）中整理可得：

$$\rho(a_1 P_N + a_2 P_H + a_3) = ((1-\varepsilon)\kappa - \delta a_1) P_N + ((1-\varepsilon)\zeta - \theta a_2) P_H$$
$$+ \frac{((1-\varepsilon)\eta + \omega a_1)^2}{2k_{N_F}} + \frac{(a_2 \cdot \alpha)^2}{2k_{H_F}}$$
$$+ \frac{(\varepsilon\tau + \mu b_1)((1-\varepsilon)\tau + \mu a_1)}{k_{N_U}} + \frac{a_2 b_2 \cdot \beta^2}{k_{H_U}} \qquad (5-48)$$

$$\rho(b_1 P_N + b_2 P_H + b_3) = (\varepsilon\kappa - \delta b_1) P_N + (\varepsilon\zeta - \theta b_2) P_H + \frac{(\varepsilon\tau + \mu b_1)^2}{2k_{N_U}}$$
$$+ \frac{(b_2 \cdot \beta)^2}{2k_{H_U}} + \frac{((1-\varepsilon)\eta + \omega a_1)(\varepsilon\eta + \omega b_1)}{k_{N_F}}$$
$$+ \frac{a_2 b_2 \cdot \alpha^2}{k_{H_F}} \qquad (5-49)$$

其中，a_1，a_2，a_3，b_1，b_2，b_3 为常数，经计算可得：

$$
\begin{cases}
a_1 = \dfrac{(1-\varepsilon)\kappa}{\rho + \delta} \\[2mm]
a_2 = \dfrac{(1-\varepsilon)\zeta}{\rho + \theta} \\[2mm]
a_3 = \dfrac{(1-\varepsilon)^2((\rho+\delta)\eta + \omega\kappa)^2}{2k_{N_F}\rho(\rho+\delta)^2} + \dfrac{((1-\varepsilon)\zeta\alpha)^2}{2k_{H_F}\rho(\rho+\theta)^2} \\[4mm]
\qquad + \dfrac{\varepsilon(1-\varepsilon)(\tau(\rho+\delta) + \mu\kappa)^2}{k_{N_U}\rho(\rho+\delta)^2} + \dfrac{\varepsilon(1-\varepsilon)\zeta^2 \cdot \beta^2}{k_{H_U}\rho(\rho+\theta)^2}
\end{cases} \qquad (5-50)
$$

$$
\begin{cases}
b_1 = \dfrac{\varepsilon\kappa}{\rho + \delta} \\[2mm]
b_2 = \dfrac{\varepsilon\zeta}{\rho + \theta} \\[2mm]
b_3 = \dfrac{\varepsilon^2(\tau(\rho+\delta) + \mu\kappa)^2}{2k_{N_U}\rho(\rho+\delta)^2} + \dfrac{(\varepsilon\zeta\beta)^2}{2k_{H_U}\rho(\rho+\theta)^2} \\[4mm]
\qquad + \dfrac{(1-\varepsilon)\varepsilon(\eta(\rho+\delta) + \omega\kappa)^2}{k_{N_F}\rho(\rho+\delta)^2} + \dfrac{(1-\varepsilon)\varepsilon\zeta^2\alpha^2}{k_{H_F}\rho(\rho+\theta)^2}
\end{cases} \qquad (5-51)
$$

将 a_1, a_2, b_1, b_2 的值代入 (N_F, H_F)，(N_U, H_U)，便可得到企业和学研机构在知识宽度搜索和知识深度搜索上的最优搜索策略，从而命题 1 得以证明。然后将相关结果代入式（5-33）和式（5-34），可得：

$$P_N^A = \frac{L^A}{\delta} + \left(p_N - \frac{L^A}{\delta} \right) \mathrm{e}^{-\delta t} \tag{5-52}$$

$$P_H^A = \frac{Q^A}{\delta} + \left(p_H - \frac{Q^A}{\delta} \right) \mathrm{e}^{-\delta t} \tag{5-53}$$

并求得企业和学研机构的最优搜索收益函数分别为：

$$
\begin{aligned}
V_F^A = {} & \frac{(1-\varepsilon)\kappa}{\rho+\delta} P_N^A + \frac{(1-\varepsilon)\zeta}{\rho+\theta} P_H^A + \frac{(1-\varepsilon)^2 ((\rho+\delta)\eta + \omega\kappa)^2}{2k_{N_F}\rho(\rho+\delta)^2} \\
& + \frac{((1-\varepsilon)\zeta\alpha)^2}{2k_{H_F}\rho(\rho+\theta)^2} + \frac{\varepsilon(1-\varepsilon)(\tau(\rho+\delta)+\mu\kappa)^2}{k_{N_U}\rho(\rho+\delta)^2} \\
& + \frac{\varepsilon(1-\varepsilon)\zeta^2.\beta^2}{k_{H_U}\rho(\rho+\theta)^2}
\end{aligned}
\tag{5-54}
$$

$$
\begin{aligned}
V_U^A = {} & \frac{\varepsilon\kappa}{\rho+\delta} P_N^A + \frac{\varepsilon\zeta}{\rho+\theta} P_H^A + \frac{\varepsilon^2(\tau(\rho+\delta)+\mu\kappa)^2}{2k_{N_U}\rho(\rho+\delta)^2} + \frac{(\varepsilon\zeta\beta)^2}{2k_{H_U}\rho(\rho+\theta)^2} \\
& + \frac{(1-\varepsilon)\varepsilon(\eta(\rho+\delta)+\omega\kappa)^2}{k_{N_F}\rho(\rho+\delta)^2} + \frac{(1-\varepsilon)\varepsilon\zeta^2\alpha^2}{k_{H_F}\rho(\rho+\theta)^2}
\end{aligned}
\tag{5-55}
$$

故该机制下知识网络嵌入下的知识搜索系统总收益为：

$$
\begin{aligned}
V^A = {} & V_F^A + V_U^A \\
= {} & \frac{\kappa}{\rho+\delta} P_N^A + \frac{\zeta}{\rho+\theta} P_H^A + \frac{(1-\varepsilon^2)((\rho+\delta)\eta+\omega\kappa)^2}{2k_{N_F}\rho(\rho+\delta)^2} + \frac{(1-\varepsilon^2)\zeta^2\alpha^2}{2k_{H_F}\rho(\rho+\theta)^2} \\
& + \frac{\varepsilon(2-\varepsilon)(\tau(\rho+\delta)+\mu\kappa)^2}{2k_{N_U}\rho(\rho+\delta)^2} + \frac{\varepsilon(2-\varepsilon)\zeta^2.\beta^2}{2k_{H_U}\rho(\rho+\theta)^2}
\end{aligned}
\tag{5-56}
$$

5.2.3.2　成本分担模式

在成本分担模式下，企业在知识网络嵌入下的知识搜索体系中起到主导作用，为促使学研机构与其进行合作创新，企业选择主动为学研机构承担部分创新成本（知识宽度搜索成本和知识深度搜索成本），在这种情形下，可形成以企业为领导者，学研机构为跟随者的斯塔克尔伯格（Stackelberg）主从博弈，用上标 S 表示成本分担机制。

在该机制下，企业和学研机构为实现自身利益最大化，其决策过程分为两个阶段：第一阶段，企业决定自身最优的知识宽度搜索、知识深度搜索的努力程度以及为学研机构承担的创新成本比例（σ_N，σ_H）；第二阶段，学研机构根据企业确定的知识宽度搜索、知识深度搜索的努力程度以及创新成本分担比例，决定自身最优的知识宽度搜索及知识深度搜索的努力程度。在成本分担机制下，企业与学研机构双方的目标函数为：

$$J_F = \int_0^\infty e^{-\rho t} \left[(1 - \varepsilon)(\eta N_F + \tau N_U + \kappa P_N + \zeta P_H) - \frac{1}{2} k_{N_F} N_F^2 \right.$$

$$\left. - \frac{1}{2} \sigma_N k_{N_U} N_U^2 - \frac{1}{2} k_{H_F} H_F^2 - \frac{1}{2} \sigma_H k_{H_U} H_U^2 \right] \mathrm{d}t \qquad (5-57)$$

$$J_U = \int_0^\infty e^{-\rho t} \left[\varepsilon(\eta N_F + \tau N_U + \kappa P_N + \zeta P_H) - \frac{1}{2}(1 - \sigma_N) k_{N_U} N_U^2 \right.$$

$$\left. - \frac{1}{2}(1 - \sigma_H) k_{H_U} H_U^2 \right] \mathrm{d}t \qquad (5-58)$$

命题 2：在成本分担模式下，企业与学研机构的静态均衡策略为：

$$(N_F^S, H_F^S) = \left(\frac{(1 - \varepsilon)(\eta(\rho + \delta) + \omega\kappa)}{k_{N_F}(\rho + \delta)}, \frac{(1 - \varepsilon)\zeta\alpha}{k_{H_F}(\rho + \theta)} \right) \qquad (5-59)$$

$$\begin{cases} (N_U^S, H_U^S) = \left(\dfrac{(2 - \varepsilon)(\tau(\rho + \delta) + \mu\kappa)}{2k_{N_U}(\rho + \delta)}, \dfrac{(2 - \varepsilon)\zeta\beta}{2k_{H_U}(\rho + \theta)} \right), 0 < \varepsilon < \dfrac{2}{3} \\[3mm] (N_U^S, H_U^S) = \left(\dfrac{\varepsilon(\tau(\rho + \delta) + \mu\kappa)}{k_{N_U}(\rho + \delta)}, \dfrac{\varepsilon\zeta\beta}{k_{H_U}(\rho + \theta)} \right), \dfrac{2}{3} \leqslant \varepsilon < 1 \end{cases}$$

$$(5-60)$$

$$P_N^S = \frac{2 - 3\varepsilon}{2 - \varepsilon}, 0 < \varepsilon < \frac{2}{3} \qquad (5-61)$$

$$P_H^S = \frac{2 - 3\varepsilon}{2 - \varepsilon}, 0 < \varepsilon < \frac{2}{3} \qquad (5-62)$$

证明过程和 Nash 非合作模式类似，在这里不做详细证明。可得到知识网络嵌入下的知识搜索体系的知识宽度搜索水平 $P_N(t)$ 和知识深度搜索水平 $P_H(t)$ 的表达式，分别为：

$$P_N^S = \frac{L^S}{\delta} + \left(p_N - \frac{L^S}{\delta} \right) e^{-\delta t} \qquad (5-63)$$

$$P_H^S = \frac{Q^S}{\delta} + \left(p_H - \frac{Q^S}{\delta} \right) e^{-\delta t} \qquad (5-64)$$

企业和学研机构的最优搜索收益函数分别为：

$$
\begin{aligned}
V_F^S = {} & \frac{(1-\varepsilon)\kappa}{\rho+\delta}P_N^S + \frac{(1-\varepsilon)\zeta}{\rho+\theta}P_H^S + \frac{(1-\varepsilon)^2\left((\rho+\delta)\eta+\omega\kappa\right)^2}{2k_{N_F}\rho\left(\rho+\delta\right)^2} \\
& + \frac{\left((1-\varepsilon)\zeta\alpha\right)^2}{2k_{H_F}\rho\left(\rho+\theta\right)^2} + \frac{(2-\varepsilon)^2\left(\tau(\rho+\delta)+\mu\kappa\right)^2}{8k_{N_U}\rho\left(\rho+\delta\right)^2} \\
& + \frac{(2-\varepsilon)^2\zeta^2\cdot\beta^2}{8k_{H_U}\rho\left(\rho+\theta\right)^2}
\end{aligned}
\tag{5-65}
$$

$$
\begin{aligned}
V_U^S = {} & \frac{\varepsilon\kappa}{\rho+\delta}P_N^S + \frac{\varepsilon\zeta}{\rho+\theta}P_H^S + \frac{\varepsilon(2-\varepsilon)\left(\tau(\rho+\delta)+\mu\kappa\right)^2}{4k_{N_U}\rho(\rho+\delta)^2} \\
& + \frac{\varepsilon(2-\varepsilon)\zeta^2\beta^2}{4k_{H_U}\rho(\rho+\theta)^2} + \frac{(1-\varepsilon)\varepsilon\left(\eta(\rho+\delta)+\omega\kappa\right)^2}{k_{N_F}\rho(\rho+\delta)^2} \\
& + \frac{(1-\varepsilon)\varepsilon\zeta^2\alpha^2}{k_{H_F}\rho(\rho+\theta)^2}
\end{aligned}
\tag{5-66}
$$

故该机制下产学研创新体系系统总收益为：

$$
\begin{aligned}
V^S = {} & V_F^S + V_U^S \\
= {} & \frac{\kappa}{\rho+\delta}P_N^S + \frac{\zeta}{\rho+\theta}P_H^S + \frac{(1-\varepsilon^2)\left((\rho+\delta)\eta+\omega\kappa\right)^2}{2k_{N_F}\rho\left(\rho+\delta\right)^2} + \frac{(1-\varepsilon^2)\zeta^2\alpha^2}{2k_{H_F}\rho\left(\rho+\theta\right)^2} \\
& + \frac{(4-\varepsilon^2)\left(\tau(\rho+\delta)+\mu\kappa\right)^2}{8k_{N_U}\rho\left(\rho+\delta\right)^2} + \frac{(4-\varepsilon^2)\zeta^2\cdot\beta^2}{8k_{H_U}\rho\left(\rho+\theta\right)^2}
\end{aligned}
\tag{5-67}
$$

5.2.3.3　协同合作模式

在此机制下，知识网络嵌入下的知识搜索体制，企业和学研机构协同合作，以整体收益最大化为目标，确定整体最优的知识宽度搜索、知识深度搜索努力程度，使系统整体达到最优状态。虽然在实际运行过程中，很难实现以系统整体收益的最大化为目标但是协同合作机制下所作出的最优决策可作为标杆来研究契约的协调效果（马永红等，2019）。用上标 C 来表示协同合作机制。

命题 3：在协同合作机制下，企业和学研机构的静态均衡策略为：

$$
\left(N_F^C, H_F^C\right) = \left(\frac{\eta(\rho+\delta)+\omega\kappa}{k_{N_F}(\rho+\delta)}, \frac{\zeta\alpha}{k_{H_F}(\rho+\theta)}\right)
\tag{5-68}
$$

$$
\left(N_U^C, H_U^C\right) = \left(\frac{\tau(\rho+\delta)+\mu\kappa}{k_{N_U}(\rho+\delta)}, \frac{\beta\zeta}{k_{H_U}(\rho+\theta)}\right)
\tag{5-69}
$$

证明过程和另外两种模式类似，故得到协同合作模式下知识网络嵌入的知识搜索体系的知识宽度搜索水平 $P_N(t)$ 和知识深度搜索水平 $P_H(t)$ 的表达式，分别为：

$$P_N^C = \frac{L^C}{\delta} + \left(p_N - \frac{L^C}{\delta}\right) e^{-\delta t} \qquad (5-70)$$

$$P_H^C = \frac{Q^C}{\delta} + \left(p_H - \frac{Q^C}{\delta}\right) e^{-\delta t} \qquad (5-71)$$

该机制下知识网络嵌入的知识搜索体系最优系统总收益函数为：

$$V^C = \frac{\kappa}{\rho+\delta} P_N^C + \frac{\zeta}{\rho+\theta} P_H^C + \frac{(\eta(\rho+\delta)+\omega\kappa)^2}{2k_{N_F}\rho\,(\rho+\delta)^2} + \frac{\zeta^2\alpha^2}{2k_{H_F}\rho\,(\rho+\theta)^2}$$
$$+ \frac{(\tau(\rho+\delta)+\mu\kappa)^2}{2k_{N_U}\rho\,(\rho+\delta)^2} + \frac{\zeta^2\beta^2}{2k_{H_U}\rho\,(\rho+\theta)^2} \qquad (5-72)$$

在此机制下，企业与学研机构按照 $1-\varepsilon$ 和 ε 的比例分配知识网络嵌入的知识搜索体系的总收益，此时企业与学研机构各自最优收益函数分别为：

$$V_F^C = \frac{(1-\varepsilon)\kappa}{\rho+\delta} P_N^C + \frac{(1-\varepsilon)\zeta}{\rho+\theta} P_H^C + \frac{(1-\varepsilon)(\eta(\rho+\delta)+\omega\kappa)^2}{2k_{N_F}\rho\,(\rho+\delta)^2}$$
$$+ \frac{(1-\varepsilon)\zeta^2\alpha^2}{2k_{H_F}\rho\,(\rho+\theta)^2} + \frac{(1-\varepsilon)(\tau(\rho+\delta)+\mu\kappa)^2}{2k_{N_U}\rho\,(\rho+\delta)^2}$$
$$+ \frac{(1-\varepsilon)\zeta^2\beta^2}{2k_{H_U}\rho\,(\rho+\theta)^2} \qquad (5-73)$$

$$V_U^C = \frac{\varepsilon\kappa}{\rho+\delta} P_N^C + \frac{\varepsilon\zeta}{\rho+\theta} P_H^C + \frac{\varepsilon(\eta(\rho+\delta)+\omega\kappa)^2}{2k_{N_F}\rho\,(\rho+\delta)^2} + \frac{\varepsilon\zeta^2\alpha^2}{2k_{H_F}\rho\,(\rho+\theta)^2}$$
$$+ \frac{\varepsilon(\tau(\rho+\delta)+\mu\kappa)^2}{2k_{N_U}\rho\,(\rho+\delta)^2} + \frac{\varepsilon\zeta^2\beta^2}{2k_{H_U}\rho\,(\rho+\theta)^2} \qquad (5-74)$$

5.2.4 知识网络嵌入对创新主体双元创新影响的知识搜索机制分析

对 Nash 非合作模式、成本分担模式以及协同合作模式下企业和学研机构各自最优的知识宽度搜索和知识深度搜索的努力程度、协同创新收益以及系统最优收益进行比较，得出以下结论。

命题4：三种不同博弈模式下，企业及学研机构在知识宽度搜索上的努力程度与其各自知识宽度搜索成本系数、知识宽度搜索衰退系数及贴现率负相关，与双方知识宽度搜索收益系数、知识宽度搜索敏感系数和知识宽度搜索收益影响系数正相关；企业及学研机构在知识深度搜索上的努力程度随各自知识深度搜索成本系数、知识深度搜索折损系数及贴现率的增加而减小，随双方知识宽度搜索敏感系数和知识宽度搜索收益影响系数的增加而增加。

证明：在 Nash 非合作模式、成本分担模式和协同合作模式下，对企业和学研机构各自最优知识宽度搜索努力程度分别求关于知识宽度搜索成本系数（k_{N_F}, k_{N_U}）、知识宽度搜索衰退系数（δ）、贴现率（ρ）、知识宽度搜索收益系数（η, τ）、知识宽度搜索敏感系数（ω, μ）和知识宽度搜索收益影响系数（κ）的一阶导，并对企业和学研机构各自最优知识深度搜索努力程度分别求关于知识深度搜索成本系数（k_{H_F}, k_{H_U}）、知识深度搜索衰退系数（θ）、贴现率（ρ）、知识深度搜索敏感系数（α, β）和知识深度搜索收益影响系数（ζ）的一阶导，根据其结果的正负判断知识宽度搜索和知识深度搜索的努力程度与各个参数的关系。若一阶导为负，表明企业或学研机构的努力程度与该参数呈负相关；若一阶导为正，则表明企业或学研机构的努力程度与该参数呈正相关。成本分担模式的证明过程如下所示。

知识宽度搜索：

$$\frac{\partial N_F^S}{\partial k_{N_F}} = -\frac{(1-\varepsilon)(\eta(\rho+\delta)+\omega\kappa)}{k_{N_F}^2(\rho+\delta)} < 0, \quad \frac{\partial N_U^S}{\partial k_{N_U}} = -\frac{(2-\varepsilon)(\tau(\rho+\delta)+\mu\kappa)}{2k_{N_U}^2(\rho+\delta)} < 0$$

$$\frac{\partial N_F^S}{\partial \delta} = -\frac{(1-\varepsilon)\omega\kappa}{k_{N_F}(\rho+\delta)^2} < 0, \quad \frac{\partial N_U^S}{\partial \delta} = -\frac{(2-\varepsilon)\omega\kappa}{2k_{N_F}(\rho+\delta)^2} < 0$$

$$\frac{\partial N_F^S}{\partial \rho} = -\frac{(1-\varepsilon)\omega\kappa}{k_{N_F}(\rho+\delta)^2} < 0, \quad \frac{\partial N_U^S}{\partial \rho} = -\frac{(2-\varepsilon)\omega\kappa}{2k_{N_F}(\rho+\delta)^2} < 0$$

$$\frac{\partial N_F^S}{\partial \eta} = \frac{(1-\varepsilon)}{k_{N_F}} > 0, \quad \frac{\partial N_U^S}{\partial \tau} = \frac{(2-\varepsilon)}{2k_{N_U}} > 0$$

$$\frac{\partial N_F^S}{\partial \omega} = \frac{(1-\varepsilon)\kappa}{k_{N_F}(\rho+\delta)} > 0, \quad \frac{\partial N_U^S}{\partial \mu} = \frac{(2-\varepsilon)\kappa}{2k_{N_U}(\rho+\delta)} > 0$$

$$\frac{\partial N_F^S}{\partial \kappa} = \frac{(1-\varepsilon)\omega}{k_{N_F}(\rho+\delta)} > 0, \quad \frac{\partial N_U^S}{\partial \kappa} = \frac{(2-\varepsilon)\mu}{2k_{N_U}(\rho+\delta)} > 0$$

知识深度搜索：

$$\frac{\partial H_F^S}{\partial k_{H_F}} = -\frac{(1-\varepsilon)\zeta\alpha}{k_{H_F}^2(\rho+\theta)} < 0, \quad \frac{\partial H_U^S}{\partial k_{H_U}} = -\frac{(2-\varepsilon)\zeta\beta}{2k_{H_U}^2(\rho+\theta)} < 0$$

$$\frac{\partial H_F^S}{\partial \theta} = -\frac{(1-\varepsilon)\zeta\alpha}{k_{H_F}(\rho+\theta)^2} < 0, \quad \frac{\partial H_U^S}{\partial \theta} = -\frac{(2-\varepsilon)\zeta\beta}{2k_{H_U}(\rho+\theta)^2} < 0$$

$$\frac{\partial H_F^S}{\partial \rho} = -\frac{(1-\varepsilon)\zeta\alpha}{k_{H_F}(\rho+\theta)^2} < 0, \quad \frac{\partial H_U^S}{\partial \rho} = -\frac{(2-\varepsilon)\zeta\beta}{2k_{H_U}(\rho+\theta)^2} < 0$$

$$\frac{\partial H_F^S}{\partial \alpha} = \frac{(1-\varepsilon)\zeta}{k_{H_F}(\rho+\theta)} > 0, \quad \frac{\partial H_U^S}{\partial \beta} = \frac{(2-\varepsilon)\zeta}{2k_{H_U}(\rho+\theta)} > 0$$

$$\frac{\partial H_F^S}{\partial \zeta} = \frac{(1-\varepsilon)\alpha}{k_{H_F}(\rho+\theta)} > 0, \quad \frac{\partial H_U^S}{\partial \zeta} = \frac{(2-\varepsilon)\beta}{2k_{H_U}(\rho+\theta)} > 0$$

Nash 非合作模式及协同合作模式下，企业及学研机构在知识宽度搜索上的努力程度与其各自搜索成本系数、知识宽度搜索衰退系数及贴现率负相关，与双方知识宽度搜索收益系数、知识宽度搜索敏感系数和知识宽度搜索收益影响系数正相关；企业及学研机构在知识深度搜索上的努力程度随各自知识深度搜索成本系数、知识深度搜索折损系数及贴现率的增加而减小，随双方知识深度搜索敏感系数和知识深度搜索收益影响系数的增加而增加。其中，Nash 非合作模式的证明过程如下所示。

知识宽度搜索：

$$\frac{\partial N_F^A}{\partial k_{N_F}} = -\frac{(1-\varepsilon)(\eta(\rho+\delta)+\omega\kappa)}{k_{N_F}^2(\rho+\delta)} < 0, \quad \frac{\partial N_U^A}{\partial k_{N_U}} = -\frac{\varepsilon(\tau(\rho+\delta)+\mu\kappa)}{k_{N_U}^2(\rho+\delta)} < 0$$

$$\frac{\partial N_F^A}{\partial \delta} = -\frac{(1-\varepsilon)\omega\kappa}{k_{N_F}(\rho+\delta)^2} < 0, \quad \frac{\partial N_U^A}{\partial \delta} = -\frac{\varepsilon\mu\kappa}{k_{N_U}(\rho+\delta)^2} < 0$$

$$\frac{\partial N_F^A}{\partial \rho} = -\frac{(1-\varepsilon)\omega\kappa}{k_{N_F}(\rho+\delta)^2} < 0, \quad \frac{\partial N_U^A}{\partial \rho} = -\frac{\varepsilon\mu\kappa}{k_{N_U}(\rho+\delta)^2} < 0$$

$$\frac{\partial N_F^A}{\partial \eta} = \frac{(1-\varepsilon)}{k_{N_F}} > 0, \quad \frac{\partial N_U^A}{\partial \tau} = \frac{\varepsilon}{k_{N_U}} > 0$$

知识深度搜索：

$$\frac{\partial H_F^A}{\partial k_{H_F}} = -\frac{(1-\varepsilon)\zeta\alpha}{k_{H_F}^2(\rho+\theta)} < 0, \quad \frac{\partial H_U^A}{\partial k_{H_U}} = -\frac{\varepsilon\zeta\beta}{k_{H_U}^2(\rho+\theta)} < 0$$

$$\frac{\partial H_F^A}{\partial \theta} = -\frac{(1-\varepsilon)\zeta\alpha}{k_{H_F}(\rho+\theta)^2} < 0, \quad \frac{\partial H_U^A}{\partial \theta} = -\frac{\varepsilon\zeta\beta}{k_{H_U}(\rho+\theta)^2} < 0$$

$$\frac{\partial H_F^A}{\partial \rho} = -\frac{(1-\varepsilon)\zeta\alpha}{k_{H_F}(\rho+\theta)^2} < 0, \quad \frac{\partial H_U^A}{\partial \rho} = -\frac{\varepsilon\zeta\beta}{k_{H_U}(\rho+\theta)^2} < 0$$

$$\frac{\partial H_F^A}{\partial \alpha} = \frac{(1-\varepsilon)\zeta}{k_{H_F}(\rho+\theta)} > 0, \frac{\partial H_U^A}{\partial \beta} = \frac{\varepsilon\zeta}{k_{H_U}(\rho+\theta)} > 0$$

$$\frac{\partial H_F^A}{\partial \zeta} = \frac{(1-\varepsilon)\alpha}{k_{H_F}(\rho+\theta)} > 0, \frac{\partial H_U^A}{\partial \zeta} = \frac{\varepsilon\beta}{k_{H_U}(\rho+\theta)} > 0$$

协同合作模式的证明过程如下所示。

知识宽度搜索：

$$\frac{\partial N_F^C}{\partial k_{N_F}} = -\frac{\eta(\rho+\delta)+\omega\kappa}{k_{N_F}^2(\rho+\delta)} < 0, \frac{\partial N_U^C}{\partial k_{N_U}} = -\frac{\tau(\rho+\delta)+\mu\kappa}{k_{N_U}^2(\rho+\delta)} > 0$$

$$\frac{\partial N_F^C}{\partial \delta} = -\frac{\omega\kappa}{k_{N_F}(\rho+\delta)} < 0, \frac{\partial N_U^C}{\partial \delta} = -\frac{\mu\kappa}{k_{N_U}(\rho+\delta)} < 0$$

$$\frac{\partial N_F^C}{\partial \rho} = -\frac{\omega\kappa}{k_{N_F}(\rho+\delta)} < 0, \frac{\partial N_U^C}{\partial \rho} = -\frac{\mu\kappa}{k_{N_U}(\rho+\delta)} < 0$$

$$\frac{\partial N_F^C}{\partial \eta} = \frac{1}{k_{N_F}} > 0, \frac{\partial N_U^C}{\partial \tau} = \frac{1}{k_{N_U}} > 0$$

$$\frac{\partial N_F^C}{\partial \omega} = \frac{\kappa}{k_{N_F}(\rho+\delta)} > 0, \frac{\partial N_U^C}{\partial \mu} = \frac{\kappa}{k_{N_U}(\rho+\delta)} > 0$$

$$\frac{\partial N_F^C}{\partial \kappa} = \frac{\omega}{k_{N_F}(\rho+\delta)} > 0, \frac{\partial N_U^C}{\partial \kappa} = \frac{\mu}{k_{N_U}(\rho+\delta)} > 0$$

知识深度搜索：

$$\frac{\partial H_F^C}{\partial k_{H_F}} = -\frac{\zeta\alpha}{k_{H_F}^2(\rho+\theta)} < 0, \frac{\partial H_U^C}{\partial k_{H_U}} = -\frac{\beta\zeta}{k_{H_U}^2(\rho+\theta)} < 0$$

$$\frac{\partial H_F^C}{\partial \theta} = -\frac{\zeta\alpha}{k_{H_F}(\rho+\theta)^2} < 0, \frac{\partial H_U^C}{\partial \theta} = -\frac{\beta\zeta}{k_{H_U}(\rho+\theta)^2} < 0$$

$$\frac{\partial H_F^C}{\partial \rho} = -\frac{\zeta\alpha}{k_{H_F}(\rho+\theta)^2} < 0, \frac{\partial H_U^C}{\partial \rho} = -\frac{\beta\zeta}{k_{H_U}(\rho+\theta)^2} < 0$$

$$\frac{\partial H_F^C}{\partial \alpha} = \frac{\zeta}{k_{H_F}(\rho+\theta)^2} > 0, \frac{\partial H_U^C}{\partial \beta} = \frac{\zeta}{k_{H_U}(\rho+\theta)^2} > 0$$

$$\frac{\partial H_F^C}{\partial \zeta} = \frac{\alpha}{k_{H_F}(\rho+\theta)^2} > 0, \frac{\partial H_U^C}{\partial \zeta} = \frac{\beta}{k_{H_U}(\rho+\theta)^2} > 0$$

命题5：相较于 Nash 非合作模式，在成本分担模式下，学研机构在知识宽度搜索和知识深度搜索上的努力程度得到明显改善，其改善程度分别等于企业为学研机构承担的知识宽度搜索成本比例 σ_N 和知识深度搜索成本比例

σ_H，这表明企业为学研机构提供资金支持是有效的激励手段，可以提高学研机构创新的热情；而企业的创新行为在这两种模式下没有改变。在协同合作模式下，企业、学研机构的知识宽度搜索及知识深度搜索的努力程度都是最大的。即当 $0 < \varepsilon < \dfrac{2}{3}$，$N_F^A = N_F^S < N_F^C$，$H_F^A = H_F^S < H_F^C$，$N_U^A < N_U^S < N_U^C$，$H_U^A <$

$H_U^S < H_U^C$，$\sigma_N^S = \dfrac{N_U^S - N_U^A}{N_U^S}$，$\sigma_H^S = \dfrac{H_U^S - H_U^A}{H_U^S}$。

证明：$N_F^A = N_F^S$，$H_F^A = H_F^S$

$$N_F^C - N_F^S = \frac{\eta(\rho + \delta) + \omega\kappa}{k_{N_F}(\rho + \delta)} - \frac{(1 - \varepsilon)(\eta(\rho + \delta) + \omega\kappa)}{k_{N_F}(\rho + \delta)}$$

$$= \frac{\varepsilon[\eta(\rho + \delta) + \omega\kappa]}{k_{N_F}(\rho + \delta)} > 0$$

$$H_F^C - H_F^S = \frac{\zeta\alpha}{k_{H_F}(\rho + \theta)} - \frac{(1 - \varepsilon)\zeta\alpha}{k_{H_F}(\rho + \theta)} = \frac{\varepsilon\zeta\alpha}{k_{H_F}(\rho + \theta)} > 0$$

$$N_U^C - N_U^S = \frac{\tau(\rho + \delta) + \mu\kappa}{k_{N_U}(\rho + \delta)} - \frac{(2 - \varepsilon)(\tau(\rho + \delta) + \mu\kappa)}{2k_{N_U}(\rho + \delta)}$$

$$= \frac{\varepsilon(\tau(\rho + \delta) + \mu\kappa)}{2k_{N_U}(\rho + \delta)} > 0$$

$$N_U^S - N_U^A = \frac{(2 - \varepsilon)(\tau(\rho + \delta) + \mu\kappa)}{2k_{N_U}(\rho + \delta)} - \frac{\varepsilon(\tau(\rho + \delta) + \mu\kappa)}{k_{N_U}(\rho + \delta)}$$

$$= \frac{(2 - 3\varepsilon)(\tau(\rho + \delta) + \mu\kappa)}{2k_{N_U}(\rho + \delta)}$$

$$= \frac{(2 - \varepsilon)(\tau(\rho + \delta) + \mu\kappa)}{2k_{N_U}(\rho + \delta)} \cdot \frac{2 - 3\varepsilon}{2 - \varepsilon} = N_U^S \sigma_N^S$$

$$H_U^C - H_U^S = \frac{\beta\zeta}{k_{H_U}(\rho + \theta)} - \frac{(2 - \varepsilon)\zeta\beta}{2k_{H_U}(\rho + \theta)} = \frac{\varepsilon\beta\zeta}{2k_{H_U}(\rho + \theta)} > 0$$

命题 6：企业为学研机构承担创新成本，能够提高知识网络嵌入下的知识搜索体系的知识宽度搜索水平和知识深度搜索水平。在协同合作模式下，企业及学研机构在知识宽度搜索和知识深度搜索上的努力程度最大，同时系统的知识宽度搜索水平及知识深度搜索水平也达到最高，即 $P_N^C > P_N^S > P_N^A$，$P_H^C > P_H^S > P_H^A$。

证明：根据命题 5 可知，$\omega N_F^A + \mu N_U^A < \omega N_F^S + \mu N_U^S < \omega N_F^C + \mu N_U^C$，即 $L^A < L^S <$

L^C，因为 $\dfrac{\mathrm{d}P_N}{\mathrm{d}L} = \dfrac{1}{\delta}(1 - e^{-\delta t}) > 0$，$(\delta > 0)$，因此 P_N 是关于 L 的增函数，因而

$P_N^C > P_N^S > P_N^A$。

同理可得：$\alpha H_F^A + \beta H_U^A < \alpha H_F^S + \beta H_U^S < \alpha H_F^C + \beta H_U^C$，即 $Q^A < Q^S < Q^C$，因为

$\dfrac{\mathrm{d}P_H}{\mathrm{d}Q} = \dfrac{1}{\theta}(1 - e^{-\theta t}) > 0$，$(\theta > 0)$，故 P_H 是关于 Q 的增函数，因而 $P_H^C > P_H^S$

$> P_H^A$。

命题 7：与 Nash 非合作模式相比，企业为学研机构承担部分知识宽度搜索成本和知识深度搜索成本时，企业和学研机构均能实现各自的帕累托改善。即当 $0 < \varepsilon < \dfrac{2}{3}$，$V_F^S > V_F^A$，$V_U^S > V_U^A$。

证明如下：

$$
\begin{aligned}
V_F^S - V_F^A &= \frac{(1-\varepsilon)\kappa}{\rho+\delta}(P_N^S - P_N^A) + \frac{(1-\varepsilon)\zeta}{\rho+\theta}(P_H^S - P_H^A) \\
&+ \frac{(2-3\varepsilon)^2\,(\tau(\rho+\delta)+\mu\kappa)^2}{8k_{N_U}\rho\,(\rho+\delta)^2} + \frac{(2-3\varepsilon)^2\zeta^2.\beta^2}{8k_{H_U}\rho\,(\rho+\theta)^2} > 0
\end{aligned}
$$

$$
\begin{aligned}
V_U^S - V_U^A &= \frac{\varepsilon\kappa}{\rho+\delta}(P_N^S - P_N^A) + \frac{\varepsilon\zeta}{\rho+\theta}(P_H^S - P_H^A) \\
&+ \frac{(2-3\varepsilon)\varepsilon\,(\tau(\rho+\delta)+\mu\kappa)^2}{4k_{N_U}\rho\,(\rho+\delta)^2} + \frac{(2-3\varepsilon)\varepsilon\zeta^2.\beta^2}{4k_{H_U}\rho\,(\rho+\theta)^2} > 0
\end{aligned}
$$

命题 8：产学研系统总收益在协同创新模式下达到最高，成本分担模式下次之，Nash 非合作模式下最低，即当 $0 < \varepsilon < \dfrac{2}{3}$ 时，$V^C > V^S > V^A$。

证明可得：

$$
\begin{aligned}
V^C - V^S &= \frac{\kappa}{\rho+\delta}(P_N^C - P_N^S) + \frac{\zeta}{\rho+\theta}(P_H^C - P_H^S) + \frac{\varepsilon^2\,((\rho+\delta)\eta+\omega\kappa)^2}{2k_{N_F}\rho\,(\rho+\delta)^2} \\
&+ \frac{\varepsilon^2\zeta^2\alpha^2}{2k_{H_F}\rho\,(\rho+\theta)^2} + \frac{\varepsilon^2\,(\tau(\rho+\delta)+\mu\kappa)^2}{8k_{N_U}\rho\,(\rho+\delta)^2} + \frac{\varepsilon^2\zeta^2.\beta^2}{8k_{H_U}\rho\,(\rho+\theta)^2})
\end{aligned}
$$

$$
\begin{aligned}
V^S - V^A &= \frac{\kappa}{\rho+\delta}(P_N^S - P_N^A) + \frac{\zeta}{\rho+\theta}(P_H^S - P_H^A) \\
&+ \frac{(2-3\varepsilon)(2-\varepsilon)(\tau(\rho+\delta)+\mu\kappa)^2}{8k_{N_U}\rho\,(\rho+\delta)^2} + \frac{(2-3\varepsilon)(2-\varepsilon)\zeta^2.\beta^2}{8k_{H_U}\rho\,(\rho+\theta)^2}
\end{aligned}
$$

命题 9：为协调企业和学研机构的创新行为，实现系统收益最高和个体帕

累托最优同时达到，利益分配系数 ε 取值应满足以下条件：当 $0 < \dfrac{O_1 + O_2}{O_3 + O_4} < \dfrac{1}{2}$ 时，利益分配系数 ε 范围为 $\dfrac{2O_1 + 2O_2}{4O_1 + 4O_2 + O_3 + O_4} \leq \varepsilon \leq \dfrac{4O_1 + 4O_2}{4O_1 + 4O_2 + O_3 + O_4}$；

当 $\dfrac{O_1 + O_2}{O_3 + O_4} \geq \dfrac{1}{2}$ 时，$\dfrac{2O_1 + 2O_2}{4O_1 + 4O_2 + O_3 + O_4} \leq \varepsilon < \dfrac{2}{3}$。

证明：若要实现系统收益最高时达到企业和学研机构的个体帕累托最优，需要满足 $V_F^C \geq V_F^A$，$V_F^C \geq V_F^S$；$V_U^C \geq V_U^A$，$V_U^C \geq V_U^S$。由命题 8 可得，协同合作机制下的系统总收益最高，即 $V^C > V^A$，$V^C > V^S$。根据命题 7 可知，$V_F^S > V_F^A$，$V_U^S > V_U^A$，故若要实现个体帕累托最优则仅需要满足 $V_F^C \geq V_F^S$，$V_U^C \geq V_U^S$，即：

$$V_F^C - V_F^S = \frac{(1-\varepsilon)\kappa}{\rho + \delta}(P_N^C - P_N^S) + \frac{(1-\varepsilon)\zeta}{\rho + \theta}(P_H^C - P_H^S)$$

$$+ \frac{(1-\varepsilon)\varepsilon((\rho + \delta)\eta + \omega\kappa)^2}{2k_{N_F}\rho(\rho + \delta)^2} + \frac{\varepsilon(1-\varepsilon)\zeta^2\alpha^2}{2k_{H_F}\rho(\rho + \theta)^2}$$

$$- \frac{\varepsilon^2(\tau(\rho + \delta) + \mu\kappa)^2}{8k_{N_U}\rho(\rho + \delta)^2} - \frac{\varepsilon^2\zeta^2 \cdot \beta^2}{8k_{H_U}\rho(\rho + \theta)^2} \geq 0$$

$$V_U^C - V_U^S = \frac{\varepsilon\kappa}{\rho + \delta}(P_N^C - P_N^S) + \frac{\varepsilon\zeta}{\rho + \theta}(P_H^C - P_H^S) + \frac{\varepsilon^2(\tau(\rho + \delta) + \mu\kappa)^2}{4k_{N_U}\rho(\rho + \delta)^2}$$

$$+ \frac{\varepsilon^2\zeta^2\beta^2}{4k_{H_U}\rho(\rho + \theta)^2} + \frac{(2\varepsilon - 1)\varepsilon(\eta(\rho + \delta) + \omega\kappa)^2}{2k_{N_F}\rho(\rho + \delta)^2}$$

$$+ \frac{(2\varepsilon - 1)\varepsilon\zeta^2\alpha^2}{k_{H_F}\rho(\rho + \theta)^2} \geq 0$$

为使协同合作模式下企业和学研机构的搜索收益是最高的，与时间的演化无关，因此当 $t = 0$ 时，$P_N^C = P_N^S = P_N^A$，$P_H^C = P_H^S = P_H^A$，故 $V_F^C - V_F^S \geq 0$，$V_U^C - V_U^S \geq 0$ 即：

$$\frac{(1-\varepsilon)\varepsilon((\rho + \delta)\eta + \omega\kappa)^2}{2k_{N_F}\rho(\rho + \delta)^2} + \frac{\varepsilon(1-\varepsilon)\zeta^2\alpha^2}{2k_{H_F}\rho(\rho + \theta)^2} - \frac{\varepsilon^2(\tau(\rho + \delta) + \mu\kappa)^2}{8k_{N_U}\rho(\rho + \delta)^2}$$

$$- \frac{\varepsilon^2\zeta^2 \cdot \beta^2}{8k_{H_U}\rho(\rho + \theta)^2} \geq 0$$

$$\frac{\varepsilon^2(\tau(\rho + \delta) + \mu\kappa)^2}{4k_{N_U}\rho(\rho + \delta)^2} + \frac{\varepsilon^2\zeta^2\beta^2}{4k_{H_U}\rho(\rho + \theta)^2} + \frac{(2\varepsilon - 1)\varepsilon(\eta(\rho + \delta) + \omega\kappa)^2}{2k_{N_F}\rho(\rho + \delta)^2}$$

$$+ \frac{(2\varepsilon - 1)\varepsilon\zeta^2\alpha^2}{k_{H_F}\rho(\rho + \theta)^2} \geq 0$$

令 $O_1 = (\tau(\rho+\delta)+\mu\kappa)^2(\rho+\theta)^2 k_{N_U} k_{H_U} k_{H_F}, O_2 = \zeta^2 \alpha^2 (\rho+\delta)^2 k_{N_U} k_{H_U} k_{N_F}$,

$O_3 = ((\rho+\delta)\eta+\omega\kappa)^2(\rho+\theta)^2 k_{N_F} k_{H_U} k_{H_F}, O_4 = \zeta^2 \beta^2 (\rho+\delta)^2 k_{N_U} k_{H_F} k_{N_F}$,

解得 $\dfrac{2O_1+2O_2}{4O_1+4O_2+O_3+O_4} \leqslant \varepsilon \leqslant \dfrac{4O_1+4O_2}{4O_1+4O_2+O_3+O_4}$。

因为 $0 \leqslant \dfrac{2O_1+2O_2}{4O_1+4O_2+O_3+O_4} \leqslant \dfrac{2O_1+2O_2}{4O_1+4O_2} = \dfrac{1}{2} < \dfrac{2}{3}$，满足 $0 < \varepsilon < \dfrac{2}{3}$，此

时则需要讨论 $\dfrac{4O_1+4O_2}{4O_1+4O_2+O_3+O_4}$ 与 $\dfrac{2}{3}$ 的关系，从而可确定企业与学研机构利

益分析系数的范围。当 $\dfrac{4O_1+4O_2}{4O_1+4O_2+O_3+O_4} < \dfrac{2}{3}$ 时，即 $0 < \dfrac{O_1+O_2}{O_3+O_4} < \dfrac{1}{2}$，此时

利益分配系数 ε 范围为 $\dfrac{2O_1+2O_2}{4O_1+4O_2+O_3+O_4} \leqslant \varepsilon \leqslant \dfrac{4O_1+4O_2}{4O_1+4O_2+O_3+O_4}$；当

$\dfrac{4O_1+4O_2}{4O_1+4O_2+O_3+O_4} \geqslant \dfrac{2}{3}$ 时，此时利益分配系数 ε 范围为 $\dfrac{2O_1+2O_2}{4O_1+4O_2+O_3+O_4} \leqslant$

$\varepsilon < \dfrac{2}{3}$。

基于上述分析并结合具体情景，创新主体在选择和运用知识搜索的策略时会受到多种因素的影响，其中包括产学研合作的社会联系、信任、知识产权保护等（Santoro and Bicely，2006）、合作历史、技术关联程度、团队合作和人才交流程度等（Sherwood and Covin，2008）。本部分基于以往的研究，从知识关联性、合作模式、利益分配来构建知识网络嵌入对创新主体双元创新影响的知识搜索机制。

（1）知识关联机制。创新主体间的知识关联性强调知识之间的互补和相互依赖，它是创新主体从知识网络嵌入中获取所需知识的前提。大多数情况下，企业和学研机构的知识背景和所处的情景存在很大的差异，双方很难很好地理解彼此，尤其是企业对学研机构的理解。而创新主体搜索知识的目的就是寻求和自身知识基础相关但难以通过自主创新实现的新知识。因此，知识关联程度高的创新主体可以帮助关联程度较低的主体完善知识系统，满足其对于互补性知识的需求。一方面，如果创新主体之间的知识关联程度较高，相似性很大，创新主体就容易侧重于对主体之外的知识进行直接的获取和利用，从而形成知识深度搜索，促进创新主体的利用式创新；另一方面，创新主体之间的知识关联性较小，差异性很大，就会使得创新主体之间产生前瞻性的意愿，进行知识宽度搜索，从而促进创新主体的探索式创新。

（2）合作模式机制。不同的合作模式也会影响创新主体的知识搜索策略。根据上一节的分析，成本分担下的合作主要针对的是某一个科研项目或者是某一项技术的合作，在合作的过程中，创新主体之间的交流频率不高，没有实现深度交流，更多的是强调一种追求短期利益最大化的知识和技术的商业化，因此会形成利用式创新的战略。而协同合作下则追求的是一种长期的稳定性的合作，创新主体之间会共建基地、共设平台、成立基金、联合培养人才等，创新主体之间会有频繁的人员、信息和技术的交流，彼此之间相互信任、共同进步，会进行深层次更广泛的知识探索，实现创新主体的探索式创新。

（3）利益分配机制。知识网络嵌入对创新主体双元创新的影响涉及产学研创新主体，而这些异质性的创新主体具有不同的资源和创新能力，它们会根据自身的情况，选择合适的利益分配方式，实现自身利益的最大化。而这种合理的利益分配方式会使得创新主体之间顺利地开展合作，增加主体之间交流的频率和知识的共享效率，从而实现创新主体的双元创新。

5.3 双模网络嵌入的知识扩散对创新主体双元创新的影响机制研究

5.3.1 双模网络嵌入对创新主体双元创新影响的知识扩散过程

知识作为创新主体创新活动中的重要资源，依托于创新主体而存在，重点考虑知识特征而弱化创新主体的作用或者重点考虑创新主体的属性削弱知识元素的作用都是不完善的，知识扩散是知识通过一定的载体在时间和空间上流动的活动，是知识主体发挥自身主观能动性对知识的传播、转移、整合和创造的过程，代表着知识的流出（Hansen，1999）。

基于双模网络嵌入的知识扩散，需要核心的创新主体即在创新网络中占据中心或有利位置的创新主体，与其他创新主体建立直接的网络关系，创新主体依赖建立的网络关系（直接或间接），并根据自身所拥有的知识单元进行知识的传播，排除并筛选出能够被创新主体吸收的知识。通过创新主体之间的交流，增加彼此的了解，核心创新主体会对知识进行进一步的筛选，并在知识吸收能力的支撑下将锁定的创新主体外部知识吸收到创新主体内部，实现知识由外到内的转移。吸收到创新主体内部的知识与主体已有的知识存在一定的差异性。核心的创新主体通过知识的整合缩短主体之间的知识距离，使得知识之间可以很好地实现融合。经过创新主体内部和外部的知识整合后，核心的创新主体对已经失去已有属性的知识进行进一步的加工，赋予其新的创新性质，实现知识的创造。而创造的知识一方面会留在创新主体内部满足创新主体的个性化需求，实现利用式创新；另一方面会继续扩散到双模网络中，进行知识的再创造，寻求探索式创新的机会。

5.3.2 双模网络嵌入对创新主体双元创新影响的知识扩散模型

5.3.2.1 基本假设

双模网络嵌入下创新主体均是有限理性的，追求自身利益最大化，同时，由于信息不对称，容易引发机会主义行为，影响双模网络嵌入下的产学研合作主体。基于此，并结合演化博弈理论，本书提出以下假设。

假设 5 - 6：假设各参与主体均为有限理性，掌握的信息具有不完全对称性；演化博弈模型中博弈的双方都处在博弈初始阶段；博弈过程中不考虑其他可能对创新过程有影响的主体。

假设 5 - 7：企业与学研方都有两种选择，一是采用双元创新的策略，同时进行利用式创新和探索式创新；二是进行单独形式的创新，即利用式创新或探索式创新。博弈双方在学习和模仿中寻找最好的策略，直至达到平衡。

假设 5 - 8：假定企业与学研方不同时进行双元创新的正常收益为 P_i（$i = 1,2$），企业与学研方同时进行双元创新的额外收益为 R_i（$i = 1,2$）。I_i 代表企业与学研方决定实行双元创新知识扩散的成本（$i = 1,2$）。F 为企业与学研方 "搭便车" 行为支付另一方的罚金。企业和学研方同时进行双元创新会增加额外的投入 $(1 - \mu)I_i$。Q_i 为双模网络嵌入下企业与学研方的额外收益（$i = 1,2$）。

5.3.2.2 演化博弈模型构建

在双模网络嵌入下的产学研双元创新过程中，企业为了寻求先进的技术，追求企业利益最大化，而学研方则想把自己的科研成果投入市场使用。假设企业决定采取双元创新策略的概率为 x，学研方决定采取双元创新的概率为 y，则企业与学研方之间的支付矩阵如表 5.9 所示。

表5.9 企业与学研方的支付矩阵

企业	学研方	
	双元创新（y）	单一模式创新（$1-y$）
双元创新（x）	$P_1 + R_1 + Q_1 - (1-\mu)I_1$; $P_2 + R_2 + Q_2 - (1-\mu)I_2$	$P_1 + Q_1 - I_1 + F$; $P_2 + Q_2 - F$
单一模式创新（$1-x$）	$P_1 + Q_1 - F$; $P_2 + Q_2 - I_2 + F$	$P_1 + Q_1$; $P_2 + Q_2$

企业选择采用双元创新的收益为：

$$U_{E1} = y(P_1 + R_1 + Q_1 - (1-u)I_1) + (1-y)(P_1 + Q_1 + F - I_1) \quad (5-75)$$

企业选择采用单一模式创新的收益为：

$$U_{S1} = y(P_1 + Q_1 - F) + (1-y)(P_1 + Q_1) \quad (5-76)$$

企业的平均收益为：

$$U_1 = xU_{E1} + (1-x)U_{S1} \quad (5-77)$$

学研方选择采用双元创新的收益为：

$$U_{E2} = x(P_2 + R_2 + Q_2 - (1-u)I_2) + (1-x)(P_2 + Q_2 + F - I_2) \quad (5-78)$$

学研方选择采用单一模式创新的收益为：

$$U_{S2} = x(P_2 + Q_2 - F) + (1-x)(P_2 + Q_2) \quad (5-79)$$

学研方的平均收益为：

$$U_2 = yU_{E2} + (1-y)U_{S2} \quad (5-80)$$

企业复制动态方程为：

$$\frac{\mathrm{d}x}{\mathrm{d}t} = x(1-x)[y(R_1 + uI_1) + F - I_1] \quad (5-81)$$

学研方复制动态方程为：

$$\frac{\mathrm{d}y}{\mathrm{d}t} = y(1-y)[x(R_2 + uI_2) + F - I_2] \quad (5-82)$$

令 $\frac{\mathrm{d}x}{\mathrm{d}t} = 0$, $\frac{\mathrm{d}y}{\mathrm{d}t} = 0$, 在 $R = \{(x,y) | 0 \leqslant x \leqslant 1, 0 \leqslant y \leqslant 1\}$ 上可得五个均衡点：$(0,0)$, $(0,1)$, $(1,0)$, $(1,1)$, (x^*, y^*)。其中 $x^* = \dfrac{I_2 - F}{R_2 + uI_2}$, $y^* = \dfrac{I_1 - F}{R_1 + uI_1}$, 应用雅克比矩阵的稳定性进行分析得到雅克比矩阵为：

$$J = \begin{bmatrix} (1-2x)\left[y(R_1+uI_1)+F-I_1\right] & x(1-x)(R_1+uI_1) \\ y(1-y)(R_2+uI_2) & (1-2y)\left[x(R_2+uI_2)+F-I_2\right] \end{bmatrix}$$

5.3.3 双模网络嵌入对创新主体双元创新影响的知识扩散路径演化分析

令 $W_i = F - I_i$，根据以上博弈模型以及雅克比矩阵的局部稳定性得出以下结论。

结论 1 当 $W_1 > 0 > W_2$ 时，$(x, y) = (1, 0)$ 是系统的演化稳定点。企业采用双元创新为企业增加利润，学研方采用双元创新没有为学研方带来足够的利益。经过多次博弈，企业全部采用双元创新，学研方放弃双元创新，如表 5.10 所示。

表 5.10　　　　　　　　$W_1 > 0 > W_2$ 时系统的稳定性分析

(x, y)	DetJ	TrJ	结果
$(0, 0)$	-	不定	鞍点
$(0, 1)$	+	+	不稳定点
$(1, 0)$	+	-	ESS
$(1, 1)$	-	不定	鞍点

注："+"代表大于 0，"-"代表小于 0。

结论 2 当 $W_1 < 0 < W_2$ 时，$(x, y) = (0, 1)$ 是系统的演化稳定点。学研方采用双元创新增加了利润，企业采用双元创新没有为企业增加利润。所以经过多次博弈，学研方全部采用了双元创新，企业全部放弃了双元创新的稳定状态，如表 5.11 所示。

表 5.11　　　　　　　　$W_1 < 0 < W_2$ 时系统的稳定性分析

(x, y)	DetJ	TrJ	结果
$(0, 0)$	-	不定	鞍点
$(0, 1)$	+	-	ESS
$(1, 0)$	+	+	不稳定点
$(1, 1)$	-	不定	鞍点

注："+"代表大于 0，"-"代表小于 0。

结论 3 当 $W_1 < 0$ 且 $W_2 < 0$ 时，$(x, y) = (0, 0)$ 是系统的演化稳定点。企业与学研方采取双元创新后都没有使各自增加利润。所以经过多次博弈后，

企业和学研方都放弃了双元创新,最终系统达到都不采用双元创新的稳定状态。具体路径如表 5.12 和表 5.13 所示。

表 5.12 $W_1 < W_2 < 0$ 时系统的稳定性分析

(x,y)	DetJ	TrJ	结果
$(0,0)$	+	−	ESS
$(0,1)$	−	−	鞍点
$(1,0)$	−	+	鞍点
$(1,1)$	+	−	不稳定点

注:"+"代表大于 0,"−"代表小于 0。

表 5.13 $W_2 < W_1 < 0$ 时系统的稳定性分析

(x,y)	DetJ	TrJ	结果
$(0,0)$	+	−	ESS
$(0,1)$	−	+	鞍点
$(1,0)$	−	−	鞍点
$(1,1)$	+	+	不稳定点

注:"+"代表大于 0,"−"代表小于 0。

结论 4 当 $W_1 > 0$ 且 $W_2 > 0$ 时,$(x,y) = (1,1)$ 是系统的演化稳定点。企业与学研方采取双元创新后利润增加。所以经过多次博弈后,企业与学研方达到都采用双元创新的稳定状态。结果如表 5.14 和表 5.15 所示。

表 5.14 $W_1 > W_2 > 0$ 时系统的稳定性分析

(x,y)	DetJ	TrJ	结果
$(0,0)$	+	+	不稳定性
$(0,1)$	−	+	鞍点
$(1,0)$	−	−	鞍点
$(1,1)$	+	−	ESS

注:"+"代表大于 0,"−"代表小于 0。

表 5.15 $W_2 > W_1 > 0$ 时系统的稳定性分析

(x,y)	DetJ	TrJ	结果
$(0,0)$	−	+	不稳定性
$(0,1)$	−	+	鞍点
$(1,0)$	−	+	鞍点
$(1,1)$	+	−	ESS

注:"+"代表大于 0,"−"代表小于 0。

上述情景所对应的演化相位图如图 5.2～图 5.5 所示。

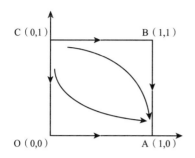

图 5.2　$W_1 > 0 > W_2$ 时系统的
演化相位图

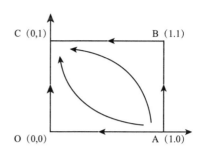

图 5.3　$W_1 < 0 < W_2$ 时系统的
演化相位图

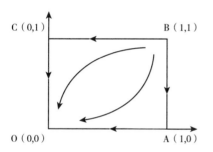

图 5.4　$W_1 < 0$，$W_2 < 0$ 时系统的
演化相位图

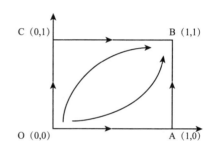

图 5.5　$W_1 > 0$，$W_2 > 0$ 时系统的
演化相位图

结论 5　当 $x = x^* = \dfrac{I_2 - F}{R_2 + uI_2}$ 时，dy/dt 始终为 0，即所有的 y 都是稳定状

态。即当 $x \neq \dfrac{I_2 - F}{R_2 + uI_2}$ 时，$y = 0$ 和 $y = 1$ 是两个进化稳定状态；当 $x > \dfrac{I_2 - F}{R_2 + uI_2}$

时，$y = 1$ 是进化稳定策略（ESS）；当 $x < \dfrac{I_2 - F}{R_2 + uI_2}$ 时，$y = 0$ 是进化稳定状态

（ESS）。图 5.6 中的 3 个相位图分别给出了 y 的动态趋势及稳定性。

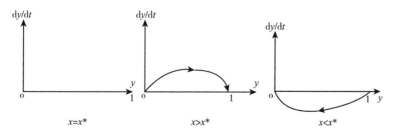

图 5.6　学研方动态演化图

当 $y = y^* = \dfrac{I_1 - F}{R_1 + uI_1}$ 时，dx/dt 始终为 0，即所有的 x 都是稳定状态。当 $y \neq \dfrac{I_1 - F}{R_1 + uI_1}$ 时，$x = 0$ 和 $x = 1$ 是进化稳定状态；当 $y > \dfrac{I_1 - F}{R_1 + uI_1}$ 时，$x = 1$ 是进化稳定策略（ESS）；当 $y < \dfrac{I_1 - F}{R_1 + uI_1}$ 时，$x = 0$ 是进化稳定策略（ESS）。图 5.7 中的 3 个相位图分别给出了 x 的动态趋势及稳定性。

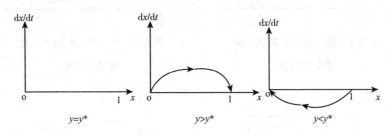

图 5.7　企业动态演化图

图 5.8 给出了该系统的演化动态图，由图可知当该系统处于 I 区时，该演化博弈将收敛于（0,0），即企业与学研方均采取单一模式的创新策略，或利用式创新，或探索式创新；当系统位于 II 区时，该演化博弈收敛于（0，1），即企业采取单一模式的创新策略，学研方采取双元创新策略；当系统位于 III 区时，该演化博弈收敛于（1,1），即企业与学研方都遵守约定，采取双元创新的策略；当系统位于 IV 区时，该演化博弈收敛于（1,0），即企业遵守约定采取双元创新的策略，而学研方"搭便车"采取单一模式的创新策略。从以上分析可知，系统具体会沿何种路径达到何种状态，与博弈的支付矩阵

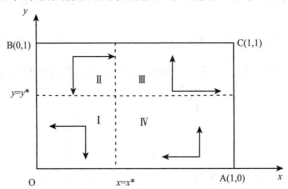

图 5.8　双模网络嵌入下企业与学研方双元创新策略的系统动态演化图

以及博弈发生时的初始状态密切相关。当系统的初始状态在系统演化特征改变的阈值（x^*, y^*）附近时，初始状态的微小变化将对系统的最终结果产生影响，表明系统对初始条件的敏感性较强。

5.3.4　双模网络嵌入对创新主体双元创新影响的知识扩散路径实证分析

根据第 3 章关于 ERGM 的介绍，我们可以获悉在双模网络嵌入中除了单一网络内的效应还存在网络间的效应构局，通过网络间的效应构局可以检验网络之间的依赖关系。对于进行利用式创新的创新主体对扩散的知识有深入的理解，进行探索式创新的创新主体能够克服跨领域沟通的障碍，扩散多领域的知识（Xu，2015）。

（1）扩张效应。根据双模网络嵌入的知识扩张性和声望效应，双模网络间 Markov 扩张性和声望效应可以由两个网络不用规模的星构局来表示（谭灵芝、孙奎立，2019；杨冠灿等，2019；杨冠灿等，2019）。我们在模型中采用依赖假设来扩展双模网络嵌入间的效应，它表示两个创新主体可以通过一种连接的方式实现知识共享，达到知识扩散的目标，如果两个创新主体连接后与一个知识元素连接则代表利用式创新，如果两个创新主体连接后与多个知识元素连接则代表探索式创新，通过上述方式提升自身的利用式创新和探索式创新能力（阮平南等，2018），对应 Star2BX 和 StarAX1B。

（2）伙伴圈效应。我们在模型中采用三个创新主体通过一个关键创新主体连接的方式实现与知识的连接来形容双模网络嵌入间的效应，它可以通过一种中间人的方式形成共同知识，实现知识的扩散，达到促进利用式创新和探索式创新的目的（杨冠灿等，2018；段庆锋、马丹丹，2018；杨文龙、杜德斌，2018；罗泰晔、马翠嫦，2018），对应 StarAB1X 和 StarAXAB。

（3）社会圈效应。我们在模型中采用多个创新主体与多个知识的结构来形容双模网络嵌入间的效应，它代表的是一个知识库，里面拥有大量的共同知识，随着知识源的增加，可以不断地促进知识的扩散，从而促进自身的双元创新，对应 XECB 和 XAECB（张勇，2017；时少华、孙业红，2017）。

利用第 3 章提取的 2000～2005 年的产学研合作双模网络的数据，借助 MP-Net 运行构建的 MERGMs 模型（许和连等，2015；王越乙、徐枞巍，2015；刘晓燕等，2020）。模型收敛后得到的参数估计的最终结果如表 5.16 所示。

表5.16　　　　　　　　　　　　　　**MERGMs 运行结果**

双模构局	知识扩散方式	参数	标准误
Star2BX		− 3. 621 *	0. 274
StarAX1B		0. 534 *	0. 152
StarAB1X		2. 837 *	1. 350
StarAXAB		− 2. 254 *	0. 818
XECB		− 0. 382	0. 277
XAECB		3. 412 *	1. 510

注：＊p＜0.05。

由表 5.16 可知，双模网络嵌入下的 Star2BX 对利用式创新有负向的影响，双模网络嵌入下的 StarAB1X 结构对利用式创新有正向的影响，双模网络嵌入下的 XECB 结构对利用式创新没有显著影响；双模网络嵌入下的 Star-AX1B 和 XAECB 结构对探索式创新有显著的正向影响，双模网络嵌入下的 StarAXAB 结构对探索式创新有显著的负向影响。

5.3.5　双模网络嵌入对创新主体双元创新影响的知识扩散机制分析

邻近性就是"接近"和"靠近"的意思，字面上来说就是两者之间在地理位置上的接近。而多维邻近性是对邻近性进行维度上的划分，有地理邻近性、经济邻近性、社会邻近性、文化邻近性、认知邻近性或制度邻近性（刘晓燕等，2020；陈文婕、曾德明，2019；余谦等，2018；张洁瑶，2018）等。根据前面的分析，双模网络嵌入对创新主体双元创新影响的知识扩散，需要在考虑多维邻近性的认知邻近性和地理邻近性下加强产学研的合作，进而促进创新主体的知识扩散，拓展双元创新战略。

（1）认知邻近机制。在双模网络嵌入对创新主体双元创新影响的知识扩散过程中，认知邻近性非常重要。产学研合作创新主体的关系由浅到深，由陌生到熟悉，使得创新主体之间形成了共同的目标，双方建立情感基础，愿意求同存异，互相付出，这样就使得创新主体之间更顺利地获得彼此的知识。当创新主体之间合作到一段时间后，双方会在工作上交流非正式关系，这样就会更加有利于知识的扩散，从而实现创新主体的双元创新。

（2）地理邻近机制。地理上的邻近性使得创新主体之间获取彼此的知识更加便利，它可以增加创新主体之间面对面交流的频率，使得技术人员的流动更加便捷，使得技术、金融、商业知识在彼此间更快地流动，创新主体之间能够进行及时的沟通，快速地知晓对方所拥有的新知识。通常情况下，在建立合作关系的开始阶段，隐性知识交换或合作项目难以行进时，需要创新主体之间面对面地沟通交流，其余情况下并非需要永久性的地理邻近，特别是数字化经济时代，往往创新主体之间临时的地理邻近就可以满足创新的要求。不管是永久的地理邻近还是临时地理邻近都对双模网络嵌入下的创新主体双元创新活动的知识扩散有积极的促进作用，进而促进创新主体自身的双元创新。

5.4　本章小结

　　本章首先通过改进的考虑属性权重和时间熵的区间三角模糊数 BM 算子，研究了组织网络嵌入的合作伙伴选择对创新主体双元创新的影响机制，并构建了资源互补、公平合作和风险共担机制；其次，运用微分博弈建立了知识网络嵌入的创新主体双元创新知识搜索模型，并对比了 Nash 非合作模式、成本分担模式和协同合作模式下知识宽度搜索和知识深度搜索对创新主体双元创新总收益的影响，构建了知识关联、合作模式和利益分配机制；再次，通过两方演化博弈建立了双模网络嵌入的创新主体双元创新博弈模型，并对其知识扩散路径进行了演化分析；最后，运用社会网络指数随机图模型实证分析了双模网络嵌入的创新主体知识扩散的方式对创新主体双元创新的影响，并提出了认知邻近性和地理邻近性机制。

第6章　产学研合作双模网络嵌入对创新主体双元创新的影响效果研究

关于产学研合作双模网络嵌入对创新主体双元创新的影响机理和影响机制，前面已经进行了相应的研究。而对于产学研合作组织网络、知识网络以及双模网络嵌入对创新主体双元创新的影响效果实际上需要建立合适的评价指标体系进行评价，想要进行评价研究，需要构建客观、全面、科学、合理的评价指标体系。此外，以数据结构、指标体系的特点为前提和基础，通过合适的评价方法可以对产学研合作双模网络嵌入对创新主体双元创新的影响效果进行评价，准确反映其真实的影响水平。

6.1　产学研合作双模网络嵌入对创新主体双元创新的影响效果评价指标体系设计

6.1.1　评价指标体系设计原则

作为一个重要的有机整体，产学研合作双模网络嵌入对创新主体双元创新的影响效果评价制约因素包括多种不同的要素，这些因素彼此作用、相互关联，从而构成了一个完整的系统。所以，需要由多层次、多视角、多维度出发，综合不同方面的数据与信息，才能构成产学研合作双模网络嵌入对创新主体双元创新的影响效果评价系统。为了保证评价结果的客观、准确、可操作性，双模网络嵌入对创新主体双元创新的影响效果评价在指标的选取过程中需要遵循如下原则。

（1）科学性原则。指标体系的科学性是保证评价结果准确与合理的基础，也是保证最终评价体系得以参与现实评价，并获得最终较为理想结果的重要保障。科学性原则的内涵主要包括以下三点：①可操作性。相关数据的设定一定要具备高度的、直观的可操作性。一般来说，数据化的定量信息可以通过专利局、地方年鉴、统计局数据和地方政府官方网站等渠道获得；非数据化的定性数据则可以通过问卷、座谈、实地调研等方式获得。这两种方式能够获取绝大多数我们需要的信息，基本满足评价体系的构建需要。但是有时存在一些无法采取以上两种方式获取的相关数据，这一部分数据应该积极地采取其他指标进行替代，使其能够得到有效的反映，而不应该涉及大量的无法直观获取的相关数据指标。②客观真实性。数据、指标必须客观真实。数据、指标是评价体系构建的最基础单位，真实性和客观性是保证数据、指标能够有效使用的最基本保障。任何数据、指标的获取都应当通过正确渠道获取，绝不可以杜撰、猜测或估算，应该有理有据，能够说明出处和信息来源。③模型的合理性。对于产学研合作双模网络嵌入对创新主体双元创新的影响效果评价的定性分析过程而言，其所需要的数学模型较为复杂，同时由于涉及的数据、指标繁多，为了尽可能全面、精确地反映最终评价结果，必须科学性地选择一套合理的数学模型，从而能够较为简洁地对相关数据、指标进行处理，力图反映精准、科学的评价结果。

（2）全面性原则。全面性原则，是构建本书产学研合作双模网络嵌入对创新主体双元创新的影响效果分析体系的最基本原则，是决定评价分析结果的最根本要素。所谓"全面"，即在构建过程中，必须综合性地考虑产学研合作双模网络嵌入对创新主体双元创新的影响效果这两个基本方面的全部相关因素，不可以缺失或遗漏。其中既应当涵盖诸如双模网络嵌入层面能够通过具体数值所反映的数据指标，同时也应该包括一些需要通过调查等方式才能够获取的非数值指标，比如创新主体双元创新的影响因素等。因此，全面性原则的目的就在于广泛地搜集一切有关联的数据指标和非数据指标信息，为评价体系的建立提供大量可供参考使用的相关因素。

（3）一致性原则。产学研合作双模网络嵌入对创新主体双元创新的影响效果评价，需要我们建立完整的评价指标体系，该指标体系必须充分考虑各个统计指标的差异性和共性，并考虑产学研合作创新主体共有的指标含义，统计的口径和范围要尽可能一致，这样才能够保障指标的可比性。

（4）成长性原则。对产学研合作双模网络嵌入对创新主体双元创新的影响效果相关指标的测定不仅要分析过去和当前创新行为的情况，还要研究组织潜在的、未来的创新行为。

（5）定性与定量指标相结合的原则。在产学研合作双模网络嵌入对创新主体双元创新的影响效果评价指标体系中指标的选取应该尽可能地全面、系统，最大限度地反映组织双元创新的效果。与此同时，由于所评价的问题比较复杂，可以根据实际情况，采用定性指标和定量指标相结合的方法进行。在获得大量定量、定性数据的基础上，必须对所搜集的信息进行判断和筛选，尽可能将具备较大影响的相关因素纳入评价体系，通过重要性递减的顺序对数据进行有保留的选择。一部分虽然存在影响，但是其实际效果并不明显的相关因素，应当合理地排除，实现"既突出核心重点，同时剪除不必要枝蔓"的作用，从而在保证评价体系良好功能性的同时，又使得评价体系能够简洁明了地反映最终的结果。

6.1.2　产学研合作双模网络嵌入对创新主体双元创新的影响效果评价指标体系

产学研合作双模网络嵌入下的创新主体双元创新效果的评价，首先应该考虑评价指标的选取。评价指标的选取，从评价结果看，应该能满足产学研合作双模网络嵌入环境下创新主体双元创新影响效果的要求；从评价过程看，应该能满足双模网络嵌入环境下创新主体双元创新的嵌入过程与节点属性要求。按照产学研合作双模网络嵌入下创新主体双元创新的节点和双元创新不同环节之间的内在联系，设置能够充分反映创新主体双元创新活动影响效果的评价指标体系。

按照产学研合作双模网络嵌入环境下创新主体双元创新影响效果评价的要求，本章从产学研合作双模网络嵌入行为和创新主体双元创新效果两个方面来设置双模网络嵌入环境下双元创新主体的影响效果评价大类指标。每个大类指标可以再细分为准则层，准则层又设若干指标层，共计 25 项指标，如表 6.1 所示。

表 6.1　产学研合作双模网络嵌入对创新主体双元创新的影响效果评价指标体系

目标层	准则层	指标层	参考文献
产学研合作 双模网络 嵌入行为	组织网络关系 和结构	组织网络节点数量	Paruchuri（2010）
		组织网络直接关系强度	Guan and Liu（2016）
		组织网络间接关系强度	Guan and Liu（2016）
		组织网络结构洞数	Wang et al.（2014）

续表

目标层	准则层	指标层	参考文献
产学研合作双模网络嵌入行为	知识网络关系和结构	知识网络中心度	Phelps et al.（2012）
		知识网络关系强度	Phelps et al.（2012）
		知识网络关系质量	Phelps et al.（2012）
		知识网络结构洞数	Wang et al.（2014）
	双模网络关系和结构	双模网络结构数量	Hunter et al.（2008）
		双模网络关系强度	Hunter et al.（2008）
		双模网络关系质量	Hunter et al.（2008）
		双模网络二元关系	Hunter et al.（2008）
	双模网络节点属性	合作伙伴间的连接程度	Dean et al.（2016）
		知识搜索宽度	王巍等（2020）
		知识搜索深度	王巍等（2020）
		二元属性知识扩散	Brass et al.（2004）
		伙伴圈属性知识扩散	Dean et al.（2016）
		社会圈属性知识扩散	Dean et al.（2016）
创新主体双元创新效果	双元创新投入比率	产学研合作 R&D 人员比率	陈劲和陈钰芬（2006）
		产学研合作 R&D 费用投入比率	单红梅（2002）
		产学研合作 R&D 项目占比	李逸超和戴桂林（2018）
	双元创新产出效果	R&D 专利数	池仁勇（2007）
		R&D 成功率	李逸超和戴桂林（2018）
		创新产品销售率	姜滨滨和匡海波（2015）
		创新产品数量	姜滨滨和匡海波（2015）

产学研合作双模网络嵌入行为由组织网络关系和结构、知识网络关系和结构、双模网络关系和结构、双模网络节点属性、双元创新投入比率和双元创新产出效果来反映。其中，组织网络关系和结构由组织网络节点数量、组织网络直接关系强度、组织网络间接关系强度和组织网络结构洞数来反映；知识网络关系和结构由知识网络中心度、知识网络关系强度、知识网络关系质量、知识网络结构洞数来反映；双模网络关系和结构由双模网络结构数量、双模网络关系强度、双模网络关系质量和双模网络二元关系来反映；双模网络节点属性由合作伙伴间的联接程度、知识搜索宽度、知识搜索深度、二元属性知识扩散、伙伴圈属性知识扩散和社会圈属性知识扩散来反映。

创新主体双元创新效果由双元创新投入比率和双元创新产出效果来反映。

其中，双元创新投入比率由产学研合作 R&D 人员比率、产学研合作 R&D 费用投入比率和产学研合作 R&D 项目占比来反映；双元创新产出效果由 R&D 专利数、R&D 成功率、创新产品销售率和创新产品数量来反映。

6.2　产学研合作双模网络嵌入对创新主体双元创新的影响效果评价方法选择

熵权 TOPSIS 属于多目标决策分析法，实质上是一种改进的 TOPSIS 评价法：首先，通过熵权法赋予指标权重，基于样本数据驱动，避免了主观赋权法的人为因素影响，既能客观地反映决策时每一指标在相应指标体系中的重要程度，又能突出地体现指标权重随着时间推移的变化状况；其次，TOPSIS 方法又称为逼近理想解法，通过衡量可行方案与正理想解和负理想解之间的距离，计算每个方案与理想解的相对贴近度，根据所得的数值结果进行方案的优劣排序。具体计算步骤如下。

第一步：设被评价对象有 m 个，评价指标有 n 个，构建决策矩阵为 $A = (a_{ij})_{m \times n}$，将其进行归一化处理得到标准化矩阵 $X = (x_{ij})_{m \times n}$，其中，正向指标（指标值越大越好）的处理方式为：

$$x_{ij} = \frac{a_{ij} - \min\limits_{i}(a_{ij})}{\max\limits_{i}(a_{ij}) - \min\limits_{i}(a_{ij})}, \ i = 1, 2, \cdots, m, j = 1, 2, \cdots, n \qquad (6-1)$$

负向指标（指标值越小越好）的处理方式为：

$$x_{ij} = \frac{\max\limits_{i}(a_{ij}) - a_{ij}}{\max\limits_{i}(a_{ij}) - \min\limits_{i}(a_{ij})}, \ i = 1, 2, \cdots, m, j = 1, 2, \cdots, n \qquad (6-2)$$

第二步：结合概率理论，熵可以用来测度信息的不确定性，即数据发布得越集中，其不确定性越小，反之亦然。其中，各指标的决策信息可用熵值表示，即：

$$e_j = -k \sum_{i=1}^{m} x_{ij} \ln x_{ij}, \ j = 1, 2, \cdots, n \qquad (6-3)$$

其中，$k = 1/\ln m$，则 e_j 的取值范围为 0~1。第 j 个指标的评价值分散度 d_j 可表示为 $d_j = 1 - e_j$，即 e_j 的数值越小，d_j 的数值越大，x_{ij} 的数值分布越分散，第 j

个指标的重要程度就越高，同理，相反的情况也成立。特别地，若 x_{ij} 的数值均相等，说明该指标在决策过程中不起作用。因此，第 j 个指标的权重可表示为：

$$w_j = \frac{d_j}{\sum_j^n d_j}, w_j \in [0,1], \sum_j^n w_j = 1, j = 1,2,\cdots,n \quad (6-4)$$

第三步：构建加权决策矩阵 $Z = (z_{ij})_{m \times n}$，其中，$z_{ij} = x_{ij} w_j$；$i = 1,2,\cdots,$ m；$j = 1,2,\cdots,n$。

第四步：确定正理想解 Z^+ 和负理想解 Z^-，公式为：

$$Z^+ = \{\max_i z_{ij} | j = 1,2,\cdots,n\} = \{Z_1^+, Z_2^+, \cdots, Z_n^+\}$$
$$Z^- = \{\min_i z_{ij} | j = 1,2,\cdots,n\} = \{Z_1^-, Z_2^-, \cdots, Z_n^-\} \quad (6-5)$$

第五步：计算各可行方案到正、负理想解的欧氏距离 D_i^+ 和 D_i^-，公式为：

$$D_i^+ = \sqrt{\sum_{j=1}^n (Z_j^+ - z_{ij})^2}, i = 1,2,\cdots,m$$
$$D_i^- = \sqrt{\sum_{j=1}^n (Z_j^- - z_{ij})^2}, i = 1,2,\cdots,m \quad (6-6)$$

第六步：计算相对贴近度，即综合评价指数为：

$$C_i = \frac{D_i^-}{D_i^+ + D_i^-}, C_i \in [0,1], i = 1,2,\cdots,m \quad (6-7)$$

其中，C_i 的数值越大，即越趋近于 1，相应的方案越趋近于最优，排序越靠前。

6.3　产学研合作双模网络嵌入对创新主体双元创新的影响效果评价实证研究

6.3.1　实证样本选择

在本书的第 3 章和第 4 章我们确定了 849 个产学研合作创新主体，并利

用王（Wang，2014）和官（Guan，2016）的做法，确定了创新主体的利用
式创新和探索式创新。接下来我们需要计算利用式创新和探索式创新的平衡
度。已有学者利用利用式创新和探索式创新差值的绝对值（$|x-y|$）来衡
量创新主体双元创新的平衡（He and Wong，2004）；王凤彬等（2012）认
为，单纯使用绝对值来衡量创新主体的双元创新平衡有些略微机械和简单，
于是基于前人的研究创新性地提出了创新主体双元创新的有机平衡观，这种
双元创新平衡观采用利用式创新和探索式创新的差值的绝对值与利用式创新
和探索式创新的和的比值来衡量不平衡状态，而且最后使用计算结果与 1 相
减后的值衡量创新主体的双元创新平衡。本书借鉴王凤彬等学者的相关研究，
用不平衡计算公式来衡量利用式创新和探索式创新的相对强度，计算公式如
式（6-8）所示：

$$Rate_i = \frac{|x-y|}{x+y} \qquad\qquad (6-8)$$

其中，x、y 分别表示探索式创新和利用式创新，相对强度取值在（-1，1）
之间。

在这里我们需要对 849 个创新主体进行创新方式的划分，我们把在均值
左右 0.5 个标准差划定为创新主体的双元创新。当相对强度处于均值左右
0.5 个标准差范围时，认为创新主体采用的是双元创新平衡方式；当相对强
度小于均值减 0.5 个标准差时，认为创新主体采取的是利用式创新主导的方
式；当相对强度大于均值加 0.5 个标准差时，认为创新主体采用的是探索式
创新为主导的方式。基于上述的划分方式，本部分将 849 个创新主体样本划
分为三个子样本，其中，样本 1（n=151）为双元创新平衡方式，样本 2（n=
359）为利用式创新主导方式，样本 3（339）为探索式创新主导方式。

6.3.2　实证过程

首先，根据公式（6-1）和公式（6-2）将原始决策矩阵转化为规范化
矩阵；其次，根据公式（6-3）和公式（6-4）采用熵值法确定指标权重，
三类样本的指标权重计算结果如表 6.2～表 6.4 所示，并构建加权决策矩阵；
再次，计算正、负理想解以及可行方案到正、负理想解的欧氏距离；最后，
计算相对贴近度，即综合评价指数，综合评价结果分别如表 6.5、表 6.6 和
表 6.7 所示，选取排名前 30 位的创新主体进行分析。

表 6.2　　　创新主体双元创新平衡方式的影响效果评价指标权重

目标层	准则层	指标层	权重
产学研合作双模网络嵌入行为	组织网络关系和结构	组织网络节点数量	0.0599
		组织网络直接关系强度	0.1337
		组织网络间接关系强度	0.0336
		组织网络结构洞数	0.0082
	知识网络关系和结构	知识网络中心度	0.0264
		知识网络关系强度	0.0694
		知识网络关系质量	0.0356
		知识网络结构洞数	0.0114
	双模网络关系和结构	双模网络结构数量	0.0314
		双模网络关系强度	0.0446
		双模网络关系质量	0.1313
		双模网络二元关系	0.0634
	双模网络节点属性	合作伙伴间的连接程度	0.0065
		知识搜索宽度	0.0086
		知识搜索深度	0.1736
		二元属性知识扩散	0.0176
		伙伴圈属性知识扩散	0.0021
		社会圈属性知识扩散	0.0120
创新主体双元创新效果	双元创新投入比率	产学研合作 R&D 人员比率	0.0019
		产学研合作 R&D 费用投入比率	0.0397
		产学研合作 R&D 项目占比	0.0273
	双元创新产出效果	R&D 专利数	0.0181
		R&D 成功率	0.0322
		创新产品销售率	0.0055
		创新产品数量	0.0061

表 6.3　　　创新主体利用式创新主导方式的影响效果评价指标权重

目标层	准则层	指标层	权重
产学研合作双模网络嵌入行为	组织网络关系和结构	组织网络节点数量	0.0237
		组织网络直接关系强度	0.0385
		组织网络间接关系强度	0.0219
		组织网络结构洞数	0.0095

续表

目标层	准则层	指标层	权重
产学研合作双模网络嵌入行为	知识网络关系和结构	知识网络中心度	0.0155
		知识网络关系强度	0.0167
		知识网络关系质量	0.0195
		知识网络结构洞数	0.0080
	双模网络关系和结构	双模网络结构数量	0.0237
		双模网络关系强度	0.0414
		双模网络关系质量	0.1116
		双模网络二元关系	0.0294
	双模网络节点属性	合作伙伴间的连接程度	0.0119
		知识搜索宽度	0.0065
		知识搜索深度	0.2151
		二元属性知识扩散	0.0134
		伙伴圈属性知识扩散	0.0020
		社会圈属性知识扩散	0.0145
创新主体双元创新效果	双元创新投入比率	产学研合作 R&D 人员比率	0.0011
		产学研合作 R&D 费用投入比率	0.0392
		产学研合作 R&D 项目占比	0.0140
	双元创新产出效果	R&D 专利数	0.1403
		R&D 成功率	0.0376
		创新产品销售率	0.0950
		创新产品数量	0.1354

表 6.4   创新主体探索式创新主导方式的影响效果评价指标权重

目标层	准则层	指标层	权重
产学研合作双模网络嵌入行为	组织网络关系和结构	组织网络节点数量	0.0274
		组织网络直接关系强度	0.0558
		组织网络间接关系强度	0.0283
		组织网络结构洞数	0.0099
	知识网络关系和结构	知识网络中心度	0.0131
		知识网络关系强度	0.0242
		知识网络关系质量	0.0290
		知识网络结构洞数	0.0050

续表

目标层	准则层	指标层	权重
产学研合作双模网络嵌入行为	双模网络关系和结构	双模网络结构数量	0.0304
		双模网络关系强度	0.0445
		双模网络关系质量	0.1235
		双模网络二元关系	0.0424
	双模网络节点属性	合作伙伴间的连接程度	0.0140
		知识搜索宽度	0.0022
		知识搜索深度	0.2329
		二元属性知识扩散	0.0224
		伙伴圈属性知识扩散	0.0023
		社会圈属性知识扩散	0.0071
创新主体双元创新效果	双元创新投入比率	产学研合作 R&D 人员比率	0.0016
		产学研合作 R&D 费用投入比率	0.0504
		产学研合作 R&D 项目占比	0.0130
	双元创新产出效果	R&D 专利数	0.0735
		R&D 成功率	0.0325
		创新产品销售率	0.0102
		创新产品数量	0.1038

表6.5   创新主体双元创新平衡方式的影响效果评价结果

创新主体	正理想解距离 D	负理想解距离 D −	相对接近度 C	排序结果
中国石油化工股份有限公司	134.035	894.4	0.87	1
中国检验检疫科学研究院	195.04	756.032	0.795	2
华中科技大学	393.229	526.085	0.572	3
国网智能电网研究院	449.394	465.771	0.509	4
中国运载火箭技术研究院	549.777	361.883	0.397	5
北京建筑工程学院	583.112	327.03	0.359	6
国网重庆市电力公司电力科学研究院	583.47	327.019	0.359	7
大连海事大学	583.731	327.013	0.359	8
中国石化集团宁波技术研究院	594.355	315.858	0.347	9
南通通大化学物安全性评价中心有限公司	607.742	302.438	0.332	10
重庆大学	615.168	294.745	0.324	11

创新主体	正理想解距离 D	负理想解距离 D -	相对接近度 C	排序结果
汕头轻工装备研究院	648.524	260.591	0.287	12
北京化工大学	648.232	259.877	0.286	13
深圳清华大学研究院	649.042	259.752	0.286	14
合肥华宇橡塑设备有限公司	649.475	258.969	0.285	15
中国科学院上海硅酸盐研究所	649.709	258.95	0.285	16
中国电力科学研究院	650.268	258.936	0.285	17
中国科学院	665.843	242.857	0.267	18
西南交通大学	665.884	242.854	0.267	19
西华大学	665.968	242.842	0.267	20
四川省农业科学院	665.969	242.841	0.267	21
广东电网有限责任公司电力科学研究院	669.459	239.439	0.263	22
吉林大学	686.187	222.049	0.244	23
中国科学院武汉岩土力学研究所	686.23	222.01	0.244	24
中国矿业大学	686.455	221.782	0.244	25
中国科学院大连化学物理研究所	702.152	206.095	0.227	26
宁波东联密封件有限公司	702.429	205.141	0.226	27
上海市特种设备监督检验技术研究院	702.825	205.127	0.226	28
内蒙古昶泰资源循环再生利用科技开发有限责任公司	707.282	198.533	0.219	29
北京邮电大学	730.463	176.948	0.195	30

表6.6　　创新主体利用式创新主导方式的影响效果评价结果

创新主体	正理想解距离 D	负理想解距离 D -	相对接近度 C	排序结果
湘潭大学	59.203	879.629	0.937	1
国网江苏省电力有限公司电力科学研究院	66.6	843.113	0.927	2
华东理工大学	68.438	843.084	0.925	3
大连理工大学	69.113	843.107	0.924	4
河海大学	125.759	767.09	0.859	5
华北电力大学	374.383	508.663	0.576	6
清华大学	375.728	508.519	0.575	7

创新主体	正理想解距离 D	负理想解距离 D −	相对接近度 C	排序结果
湖南大学	445.281	438.272	0.496	8
广西壮族自治区化工研究院	529.445	353.521	0.4	9
国网辽宁省电力有限公司电力科学研究院	530.402	352.332	0.399	10
国网江苏省电力有限公司南京供电公司	530.508	352.33	0.399	11
南京大学	530.546	352.336	0.399	12
中国科学院长春应用化学研究所	530.666	352.269	0.399	13
东南大学	545.809	336.801	0.382	14
华南理工大学	545.942	336.802	0.382	15
北京科技大学	546.113	336.729	0.381	16
长沙理工大学	550.481	332.186	0.376	17
许继集团有限公司	597.018	285.554	0.324	18
四川省绿山农业开发有限公司	597.036	285.551	0.324	19
哈工大（张家口）电力科学技术研究所	597.041	285.543	0.324	20
河南恩湃高科集团有限公司	624.124	262.346	0.296	21
哈尔滨工程大学	626.521	255.586	0.29	22
国网甘肃省电力公司	626.717	255.598	0.29	23
黑龙江科技大学	626.842	255.603	0.29	24
国网湖北省电力有限公司电力科学研究院	626.876	255.59	0.29	25
河南平高电气股份有限公司	626.889	255.589	0.29	26
兰州理工大学温州泵阀工程研究院	626.827	255.548	0.29	27
广西新晶科技有限公司	626.902	255.575	0.29	28
中国皮革和制鞋工业研究院	626.805	255.527	0.29	29
山东大学	626.86	255.516	0.29	30

表6.7 创新主体探索式创新主导方式的影响效果评价结果

创新主体	正理想解距离 D	负理想解距离 D −	相对接近度 C	排序结果
国网冀北电力有限公司电力科学研究院	15.7	1648.814	0.991	1
国网青海省电力公司经济技术研究院	15.954	1648.812	0.99	2
国网湖南省电力有限公司经济技术研究院	16.194	1648.812	0.99	3

续表

创新主体	正理想 解距离 D	负理想 解距离 D −	相对 接近度 C	排序 结果
国网甘肃省电力公司经济技术研究院	78.898	1571.225	0.952	4
国网江西省电力有限公司经济技术研究院	78.948	1571.213	0.952	5
国网辽宁节能服务有限公司	79.148	1571.21	0.952	6
国网辽宁省电力有限公司电力科学研究院	79.151	1571.21	0.952	7
国网内蒙古东部电力有限公司经济技术研究院	79.167	1571.211	0.952	8
国网宁夏电力有限公司	79.313	1571.208	0.952	9
国网能源研究院	79.424	1571.207	0.952	10
国网山东省电力公司烟台供电公司	79.447	1571.208	0.952	11
国网宁夏电力有限公司固原供电公司	79.452	1571.207	0.952	12
国网陕西省电力公司经济技术研究院	79.58	1571.206	0.952	13
国网山西省电力公司电力科学研究院	79.59	1571.206	0.952	14
国网上海市电力公司	79.607	1571.206	0.952	15
国网陕西省电力有限公司	79.628	1571.206	0.952	16
国网山东省电力公司	79.628	1571.206	0.952	17
复旦大学	752.251	896.706	0.544	18
国网北京经济技术研究院	752.329	896.612	0.544	19
贵州科学院	752.355	896.606	0.544	20
东北电力大学	752.374	896.603	0.544	21
国家电网公司西北分部	752.38	896.604	0.544	22
国网河南省电力公司经济技术研究院	904.114	744.824	0.452	23
北京工业大学	1072.76	576.266	0.349	24
北京国电通网络技术有限公司	1072.815	576.195	0.349	25
北京电力经济技术研究院	1072.81	576.179	0.349	26
国网冀北电力有限公司经济技术研究院	1078.85	570.071	0.346	27
国网湖北省电力有限公司经济技术研究院	1092.17	556.755	0.338	28
国网湖北省电力有限公司	1103.81	545.126	0.331	29
安徽省农业科学院植物保护与农产品质量安全研究所	1179.273	469.747	0.285	30

由表 6.2 可知，创新主体双元创新平衡方式的影响效果评价指标权重中，所占权重最大的为知识搜索深度，其次为组织网络直接关系强度，而组织网络间接关系强度、组织网络结构洞数、知识网络中心度、知识网络关系强度、知识网络关系质量、知识网络结构洞数、双模网络结构数量、双模网络关系强度、双模网络二元关系、合作伙伴间的连接程度、知识搜索宽度、二元属性知识扩散、伙伴圈属性知识扩散、社会圈属性知识扩散、产学研合作 R&D 人员比率、产学研合作 R&D 费用投入比率、产学研合作 R&D 项目占比、R&D 专利数、R&D 成功率、创新产品销售率和创新产品数量权重都不到 0.1。

由表 6.3 可知，创新主体利用式创新主导方式的影响效果评价指标权重最高的为知识搜索深度，其次为 R&D 专利数和创新产品数量，最低的是产学研合作 R&D 人员比率。相比于表 6.3，在表 6.4 中创新主体探索式创新主导方式的影响效果评价指标权重最高的也是知识搜索深度，其次为双模网络关系质量，最低的为知识搜索宽度和产学研合作 R&D 人员比率。

关于创新主体双元创新平衡方式的影响效果评价结果，我们可以由表 6.5 获得。由表 6.5 可知，排在前 10 名的有中国石油化工股份有限公司、中国检验检疫科学研究院、华中科技大学、国网智能电网研究院、中国运载火箭技术研究院、北京建筑工程学院、国网重庆市电力公司电力科学研究院、大连海事大学、中国石化集团宁波技术研究院和南通通大化学物安全性评价中心有限公司。其中企业有 2 家，研究机构有 5 家，大学有 3 家，这说明在产学研合作双模网络嵌入对创新主体双元创新平衡方式的影响效果中，研究机构的效果明显大于企业和大学。

关于创新主体利用式创新主导方式的影响效果评价结果，排名前 10 位的有：湘潭大学、国网江苏省电力公司电力科学研究院、华东理工大学、大连理工大学、河海大学、华北电力大学、清华大学、湖南大学、广西壮族自治区化工研究院和国网辽宁省电力有限公司电力科学研究院。其中，大学有 7 所，研究机构 3 家。这说明产学研合作双模网络嵌入对创新主体利用式创新主导方式的影响效果中大学是最明显的，这与大学的知识储备和知识深度有关，其次为研究机构。具体情况如表 6.6 所示。

关于创新主体探索式创新主导方式的影响效果评价结果，排名前 10 位的创新主体有国网冀北电力有限公司电力科学研究院、国网青海省电力公司经济技术研究院、国网湖南省电力有限公司经济技术研究院、国网甘肃省电力公司经济技术研究院、国网江西省电力有限公司经济技术研究院、国网辽宁节能服务有限公司、国网辽宁省电力有限公司电力科学研究院、国网内蒙古东部电力有限公司经济技术研究院、国网宁夏电力有限公司和国网能源研究院。其中，研究机构有 8 家，公司有 2 家。这说明产学研合作双模网络嵌入对创新主体探索式创新主导方式的影响效果中，研究机构的影响效果最好，其次为企业。这是因为研究机构注重应用研究，更多地强调知识的整合和再创新并应用到市场的过程。具体情况如表 6.7 所示。

综上所述，本章研究对管理实践具有以下启示：第一，产学研合作双模网络嵌入下的创新主体，尤其是企业，需要合理地进行双元创新的资源配置，并把握好一个"度"，过多的利用式和探索式创新都不利于企业的双元创新，所以为了企业能够更好地盈利，企业在资源配置上不能走极端，不能将所有的资源和精力投入一种类型的创新战略中。其中过于偏向探索式创新可能会使企业资金链条出现中断，过于偏向利用式创新可能会使企业难以适应变化的市场环境和顾客的个性化需求，从而不能占领市场，失去长期的竞争力。因此，在这两种技术创新的投入上需要把握好合适的度，避免"研发投入越多企业绩效就越好"的认识误区。第二，产学研合作双模网络嵌入下的创新主体，特别是学研机构，不能一味地追求双元创新平衡方式，理论上来说双元创新平衡方式对创新主体的双元创新是有积极影响的，但是创新主体不能不考虑自身所处的环境和资源储备，如果机械式地进行均衡分配创新资源，同时进行两种形式的创新，会形成"强者更强，弱者更弱"的不平衡局面，使得创新主体永远处于边缘地带。相反地，及早地发现自身的不足，迅速地进入二者相互平衡的动态状态，可以使得创新主体在平缓中上升发展，从而提升自身的双元创新绩效。

6.4　本章小结

本章首先就产学研合作双模网络嵌入对创新主体双元创新的影响效果评价指标体系进行了设计；其次，确定了产学研合作双模网络嵌入对创新主体双元创新的影响效果评价方法；最后，将创新主体样本分为双元创新平衡方式、利用式创新主导方式和探索性创新主导方式三类，实证分析了产学研合作双模网络嵌入对创新主体双元创新的影响效果。

第7章 基于产学研合作双模网络嵌入的创新主体双元创新提升对策研究

产学研合作双模网络嵌入下的创新主体双元创新的提升，主要包括创新主体企业、大学、研究机构在产学研合作组织网络嵌入、知识网络嵌入和双模网络嵌入下保证主体双元创新的实现，同时也需要政府、金融和中介机构的外部环境支持。

7.1 组织网络嵌入的创新主体双元创新提升对策

7.1.1 谨慎选择产学研合作创新伙伴

对于组织网络嵌入下的双元创新主体来说，合作伙伴的选择非常重要。合作伙伴的选择是组织网络嵌入对创新主体双元创新影响的前提和基础，符合条件的合作伙伴不仅可以帮助创新主体实现双元创新的目标，而且可以提升创新主体双元创新的水平。创新主体在选择合作创新伙伴前首先要对自身的情况有一个宏观的、全面的把控，然后需要充分地考量要进行合作的创新主体的财务水平、技术水平、合作的难易程度、相关合作经验等方面的情况。具体的在选择产学研合作创新伙伴时，可以采用"4C"原则。

（1）互补性的能力（complementary skills）。组织网络嵌入下的创新主体选择的合作伙伴，要具有专业的、成熟的、可实施的核心技术创新能力，并且可以应用到市场，形成市场竞争优势；需要在产学研合作过程中，具有一定的合作经验，明白知识和技术在不同情景下是如何转化的；要能够弥补创新主体间的技术能力缺口，避免可能因为能力不足而引起的知识转移或知识转化的风险。

（2）合作性的文化（cooperative cultures）。一方面，需要创新主体合作双方具有可以相互匹配的资源、使命、愿景、价值观和行为准则等，不至于有太大的落差，而使得合作双方有心理负担，从而产生机会主义行为，导致合作不能很好地进行，需要真正达到一种动态的公平；另一方面，创新主体合作创新的双方都需要有高度的合作精神，有着共同的为实现双元创新的目标而努力，真正地愿意为彼此付出，实现合作共赢。

（3）一致性的目标（compatible goals）。组织网络嵌入下的合作双方都应该对整体的目标有一个科学的、客观的、合理的评估，合作伙伴双方需要在战略的制定、策略的实施、战术的布置上实现有机的统一，并以此进行具体的实施合作创新的目标，并实行同步性的管理和监督，及时纠偏。合作伙伴双方确定的目标一定是可以实施的，基于合作双方的真实实力，切不可盲目吹嘘，虚张声势，互相欺骗，需要量力而行。

（4）相当的风险（commensurate levels of risk）。组织网络嵌入下的创新主体在选择合作伙伴时，要保证共同承担可能因为在双元创新过程中发生的意外的物理、人理和事理风险，合作创新主体之间应该共同商量和讨论去如何控制风险，降低风险发生的概率，以及风险来临时的应急。在网络嵌入下的双元创新过程中，创新主体合作双方可能会因为需要考虑自身利益的最大化而忽略合作方的感受，这时候需要真正地做到换位思考，为了共同的创新目标，忽略个人的精致的利己主义行为，实现双元创新过程中的风险共担、利益共享。

7.1.2　加强产学研合作创新主体之间的联结

（1）建立产学研深度融合的利益联结机制。要促进组织网络嵌入下的产学研合作各方主体形成合力，即需要健全相关的科技成果转化政策体系，使得科研成果转化的个人收益可以与社会发展紧密联系起来，实现考虑经济收益、社会发展、伦理和道德的责任式创新。与此同时，需要破解科技成果的使用、科技成果的处置、科技成果的收益化问题，对于基于资源要素投入和知识创造共享的知识产权保护和共享以及与科技成果的收益分配机制进行创新。在鼓励科技成果的数量的同时，考虑科技成果的质量，使得激励科技成果的政策更加具有柔性，并对相应的政策进行纠偏，利用市场化机制激励产学研重视成果的质量，逐步优化中央政府和地方政府对于专利申请和授权以及发明创造的补贴和奖励政策，让更多的发明性专利应用于市场，增加专利的转化率，并改变科技成果的转化方式，鼓励专利许可而非转让的成果转化方式，在降低组织网络中创新主体成本的同时提高双元创新成果的转化率。

（2）构建促进产学研创新主体要素流动的体制机制。创新的关键是人才，而双元创新的人才尤其重要，更需要消除创新主体组织内部存在的组织文化与组织制度的障碍，使得创新主体中的科研人员在创新链条中的不同环节及创新主体间自由地流动。这就需要进一步缩小产学研创新主体之间存在的职级晋升、社会地位、绩效考核评价和人员薪资水平等方面的差距，建立适用于产学研合作的人才分类考核评价体系，畅通职级的晋升通道。并重点解决制约创新人才双向流动的各种障碍，支持科研人员在双元创新链条不同的环节之间进行流动，保证其可以方便地参与到科研技术开发、成果试验、市场产业化的全过程，鼓励学研机构人员创办企业，同时鼓励企业人员去学研机构学习，使得人才的流动更加频繁。

（3）提高产学研创新主体参与双元创新的积极性。想要调动产学研创新主体参与双元创新的积极性，要从以下两个方面入手：一方面，需要在产学研的战略设计中，更多地体现产学研合作深度融合的理念，在日常的策略中，贯穿产学研合作的思想，提高人才对相关行业和市场的适应性，提升科研成果的转化率，使得产学研合作各创新主体之间实现共赢（Brouthers et al.，1995）。要始终把产学研合作深度融合作为战略的出发点，紧密结合创新主体双元创新的人才、学科和科技创新，不断地健全产学研合作创新体制机制，加强产学研合作思想的宣传教育，让这样的想法深入每一个人员心中，促使他们积极、主动地参与到创新主体双元创新中（易比一和曾立，2020）。另一方面，降低产学研创新主体之间的进入障碍。首先，产学研创新主体要建立完善的产学研合作组织机构，并成立相应的产学研合作委员会，领导并对产学研人员参与创新主体双元创新活动进行指导，提高创新主体双元创新绩效（常洁和乔彬，2020）；其次，产学研创新主体要突破内部机制和外部机制壁垒，在人事制度和利益分配等方面制定相关政策，降低彼此之间开展产学研创新活动的障碍，要保证试验的设备、建设的平台、人才、技术和信息等资源共享，从个体、封闭、分割向流动、开放、协同转变；最后，加强产学研创新主体的沟通，建立并完善产学研合作深度融合创新平台，建立科技成果推介平台，使得各创新主体在交流中寻求潜在的合作机会（陈昊，2020；张璐等，2020）。

7.2　知识网络嵌入的创新主体双元创新提升对策

7.2.1　构建创新主体双元创新知识管理平台

建设知识网络是创新主体面临的重要选择。在数字化的时代，创新主体之间的交流和合作更加频繁，创新主体想要提升自己的创新实力和创新收益必须通过嵌入产学研合作知识网络来实现，并借助于网络平台，进行频繁的沟通建立组织关系，从而推动创新主体高速、良性和健康地发展。产学研合作知识网络中有着丰富的知识资源，其中不乏大量的、非冗余的、异质性的知识，嵌入在产学研合作知识网络中的创新主体，一方面，可以建立稳定的、信任度高的合作关系，加强邻近主体之间的交流和学习，获得同质性的知识，并加以理解与整合，改善创新主体利用式创新行为；另一方面，可以促进网络中多样化知识的吸收和利用，并进行知识的创造，从而为知识网络嵌入下的创新主体开展探索式创新提供基本的保障。除此之外，通过搭建的知识网络平台，创新主体可以进行知识的交流和共享，维持良好的知识沟通环境，加快知识网络的建设，从而推动创新主体与知识网络的共同发展（曹霞等，2020；李寿德和丁一珊，2020）。知识网络嵌入的创新主体双元创新提升模型如图 7.1 所示。

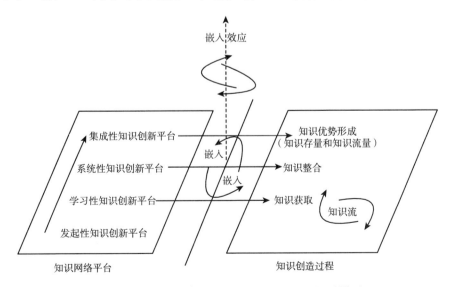

图 7.1　知识网络嵌入的创新主体双元创新提升模型

从图 7.1 中可以看出，知识网络嵌入与创新主体双元创新之间具有紧密的联系，具体包括以下四个方面。

（1）发起性知识创新平台。发起性知识创新平台是创新主体双元创新知识内容的来源，是聚集知识的介质，其主要作用在于聚集产学研三方互补性优势知识资源，构建知识网络。企业的知识边界清晰，且处于封闭状态，高校的知识处于开放状态，科研院所的知识是一种半开放的状态，而且企业、高校和科研院所的知识基础不同，企业的知识更多地来源于市场和实践，学研机构的知识更多地来源于自然科学和社会科学的原始创造，三者之间可以实现很强的互补。由于产学研之间可以实现知识的互补，这样就使得它们能够及时地聚集创新所需的异质性知识，通过嵌入产学研合作知识网络实现显性知识和隐性知识的传递，三者之间的关系也变得更加紧密，互动更加频繁，这样创新主体的双元创新也就随之开始。因此，发起性知识创新平台的构建成为创新主体双元创新的起点，它可以为创新主体知识获取和知识整合奠定条件，也为创新主体开展持续的知识创新活动提供必要的知识动力源和知识协同路径（姜李丹等，2020）。

（2）学习性知识创新平台。学习性知识创新平台对应于产学研合作创新的知识获取过程，是获取知识的介质，尤其是隐性知识的获取，其活动主体是创新主体内的人员和项目组团队。就创新主体内部的人员而言，由于个体之间的关系比较简单和直接，使得显性知识的获取比较容易，即通过专利文件、知识手册等方式来实现，而隐性知识的获取则烦琐一点，它需要创新主体内部的个体主动创建适应性的学习环境，并能够保证在时空上让个体成员轻松地、愉快地分享自己的感觉和经验，这是一个与其他个体产生共鸣、相互关爱、相互信任、打破主体之间壁垒的地方，需要企业、大学和科研院所的工作人员自主地建立学习氛围，并促进异质性主体人员的交流、沟通和学习，从而实现知识的获取；在具体的产学研合作项目团队方面，学习性的知识创新平台可以为企业和学研机构搭建一个灵活的跨组织的知识界面平台，通过建立开放型和透明化的机制，促使产学研合作项目中的团队成员之间通过共同交流、一起讨论等面对面的学习方式传播难以获取的隐性知识，同时反思自己的观念限制，促进学习性知识创新平台的良性运转，确保产学研创新主体之间的知识共享。与此同时，搭建学习性的知识创新平台可以实现知识获取运行和技术支持的融合，从各个方面提升创新主体以及创新主体内部个体成员之间的知识获取价值，降低主体之间知识获取水平的差距，并起到防范产学研合作创新知识获取风险的作用。

（3）系统性知识创新平台。系统性知识创新平台对应于产学研合作创新的知识整合过程，是创造系统性知识的介质，其产生的前提是基于知识创新目标产学研各主体之间的显性知识和隐性知识可以获取。系统性知识创新平台是一个通过产学研合作各创新主体头脑风暴式的思维重组所创造出的知识转化场所，该场所一方面可以使得显性知识和隐性知识在思维的碰撞中不断循环转化，进行知识的再生，以创造新的系统明晰知识，弥补各创新主体的知识短板；另一方面，系统性知识创新平台可以将创新主体的个体知识交织融合成主体知识，并形成全新形态的多个主体子知识库，这些主体知识库被产学研合作各方所吸收、利用和集成，在扩充自身知识库的同时，也实现了知识创新系统中知识库的螺旋式上升。

（4）集成性知识创新平台。集成性知识创新平台对应于产学研合作创新的知识优势形成过程，是集成知识流量优势和知识存量优势的介质。集成性知识创新平台需要融入知识创造过程的各个阶段，不能脱离知识创造过程而单独发生作用，通过与各个阶段的知识创造行为所连接，集成性知识创新平台覆盖了整个知识网络的知识场。这种形式的知识场既可以存储静态的知识，也可以汇聚异质性创新主体的知识流，并随着时间的推移和创新内容的深入，产学研合作创新主体之间会发挥持续的知识学习、知识共享和知识利用等非线性协同作用，使得知识场中的创新主体的知识间交互频繁起来，知识存量和知识流量逐渐积累，最终实现知识获取和知识整合两个层面的知识存量与知识流量的优势集成，而知识存量对应的就是利用式知识的集成，知识流量对应的就是探索式知识的集成，最终为各创新主体提供整体双元创新效益的最大化（张胜平等，2020）。

7.2.2　建立双元知识管理机制

在双元创新中，创新主体为了提高创新的效率和能力，从而在企业和学研机构中传播、转移和共享各种知识，这就是知识管理。通过知识管理，创新网络中创新主体能够得到新的科技知识，其中包括了很多隐性和显性知识，这为启动各种创新活动提供了前提条件。我们可以建立相应的能共享各种隐性与显性知识的知识管理系统平台，通过学习、共享、传播知识来提高知识管理水平，随着对知识的不断创新，以求得更快更好地发展（许成磊等，

2020）。因此，网络中的创新者可以通过完备的知识管理系统获得最新的科学技术知识，在其进行研究时，能够快速地汇集分散的信息，从而迅速有效地传送到使用者手中。与此同时，知识管理平台为网络提供了丰富的知识元，同一类知识由于受到了创新收益边际递减效应的影响，随着创新主体创新的发展，其创新作用会逐步递减。因此，创新主体可以通过知识管理平台提供的知识不断地获取新的知识，保持网络内部知识的多样化。

知识管理是个体企业追求更大发展空间的关键方法，同时也能使得各种知识在创新网络中共享。知识管理涉及知识创造的多个过程，包括知识的获取、知识的传播、知识的转移、知识的扩散和知识的组合，并通过多样化的形式进行知识的转让，把知识应用到市场，进行推广，从而促使创新主体、创新区域乃至整个国家创新能力提升。知识管理为科学研究提供了研究与生产的全程信息，这正是由于其直接参与到其中。企业乃至整个创新系统应该充分利用知识管理这一理论方法，使其成为整个系统内各个主体交流信息的桥梁，从而更好地服务于创新系统，为各个创新主体之间的相互交流提供平台，同时也减少了交流所需要的不必要投资，解决了产学研之间脱节的问题（刘凤朝等，2020；曾武祈等，2020；郭天笑等，2020）。

7.2.3　健全知识产权保护制度

知识产权是知识网络嵌入下产学研合作创新主体双元创新的纽带和桥梁，健全的知识产权保护制度能够保障知识网络的有效运行。然而，目前我国合作创新"破裂""一锤子买卖"现象和知识产权纠纷案件频发，知识产权管理体系并不健全。基于此，需要设计完善的知识产权保护政策，以规范产学研合作创新中的知识产权归属不明晰、技术作价争议和利益分配不均等知识产权纠纷行为。首先，针对知识产权归属不明晰的问题，需要建立产学研联合发明产权管理的相关规定，明晰产学研合作创新中技术所有权、使用权、转让权的归属；其次，针对技术作价争议问题，建立产学研知识产权评估管理的相关规定，确立知识、技术资产统一的评价体系和估算方法，形成技术作价过程中的一致价值；最后，针对利益分配不均的问题，建立产学研合作模式与利益分配管理的相关规定，将产学研合作研发模式与利益分配方法相结合，如对于共建企业的合作模式则优先选择技术入股的利益分配方式，而对于技术转让为主的合作模式则优先选择效益分成的利益分配方式。

7.3　双模网络嵌入的创新主体双元创新提升对策

产学研合作双模网络嵌入下的创新主体双元创新需要更快地提升知识扩散的速度，更加强调产学研合作的深度融合，并强化"政金介"对产学研合作深度融合的服务能力（蒋开东和詹国彬，2020；陈怀超等，2020）。

7.3.1　构建高效快速的信息技术环境

在数字经济下，产学研合作创新主体的数字化为知识的扩散提供了有效的支持，让创新主体的知识以更多的方式、在更大的范围中，更便捷、更快速地传递。因此，双模网络嵌入下的创新主体需要建设更加稳固的知识管理基础设施，构建高效的知识传播、转移和共享的技术环境。需要从以下五个方面入手：第一，构建知识传播和转移的信息化网络，对知识进行有效的编码和远程传输，增加创新主体通过知识转移能得到的收益，加速创新主体中知识的流动；第二，通过已经搭建的互联互通的网络平台，知识拥有者和知识需求者之间有了更多接触的机会和更加广阔的空间，创新主体内部成员，或创新主体之间的成员之间，能够在网络平台上自由地交流思想、经验和想法，使得创新主体的知识存量增加；第三，通过知识扩散发现的相关的隐性知识也以一定的形式表达出来，使得显性知识和隐性知识都能得到开发；第四，通过构建的创新主体知识库，可以使得知识的存储更加有序且统一，利于检索和查找；第五，可以通过可视化的声音、图像和视频等多媒体，让产学研合作创新主体之间能够及时地进行在线交流，解决问题，消除地理空间上的障碍。

7.3.2　强化政金介对创新主体双元创新的支持能力

产学研合作组织—知识双模网络在具体的组织网络的知识转移过程中，由于分工与专业化的发展降低了成本、增加了创新机会而实现规模收益递增。由于专业化分工能够提高生产效率，而这一规律在双模网络嵌入中产学研合作创新主体的知识转移过程中同样适用。在一般的产学研合作双模网络嵌入中，毫无疑问会拥有学研机构等技术源组织、企业等技术接收组织，在这里我们加入金融机构、中介机构和政府等组织，这些异质性的组织对于双模网络嵌入中的知识转移有着特殊的作用，通过有效的协调和分工，以及合理的运作模式，双模网络嵌入下知识转移成本必然会降低。在理想条件下，政府的职能应该是提供政策导向和支持，技术需求者的主要任务只是提升技术接收能力（刘筱，2020）；技术源组织只负责生产和创造技术，而创新过程所需的资金等由银行等金融机构专门负责，与此同时，中介机构可以以代理的身份从事技术的转出和转入的中介服务（诸如按照技术的不同需求将其转出给各技术需求创新主体，整理和转化被转移的技术等），具体情况如图7.2所示。

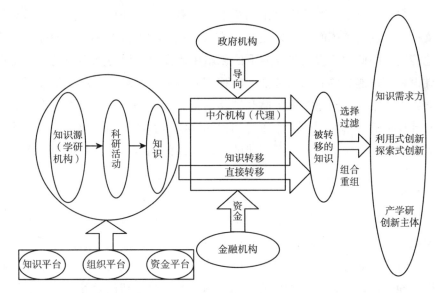

图7.2 "政金介"参与下的产学研合作双模网络嵌入的创新主体双元创新模型

总的来说，想要实现双模网络嵌入下的创新主体双元创新的提升，政府方面，要围绕产学研建立科技成果信息平台和公共服务平台，为各方创新主体搭建互联互信的机制与平台，同时要优化投资环境，完善创新创业的风险投资体系和信用体系。金融方面，要鼓励金融机构创新金融产品和服务，强化对创新链各环节的针对性金融扶持，建立从实验研究、中试到生产的全过程科技创新融资体系，促进科技成果资本化和产业化（Sierzchula et al.，2014）。中介机构方面，着力提升成果转化服务机构的专业化能力，依托高校成果转化机构和社会化成果转化机构，重点打造一批综合性和专业领域的成果转化品牌机构（李柏洲和孙立梅，2010）。最终，通过促进各方主体分工协作，形成合力，提高科技成果服务经济发展的能力。

7.4　本章小结

本章从组织网络嵌入、知识网络嵌入和双模网络嵌入构建了产学研合作双模网络嵌入的创新主体双元创新提升对策。首先，从谨慎选择产学研合作创新伙伴、加强产学研合作创新主体之间的联结两方面提出了组织网络嵌入的创新主体双元创新提升对策；其次，从构建创新主体双元创新知识管理平台、建立双元知识管理机制、健全知识产权保护制度三个方面提出了知识网络嵌入的创新主体双元创新提升对策；最后，从构建高效快速的信息技术环境、强化政金介对创新主体双元创新的支持能力两方面提出了双模网络嵌入对创新主体双元创新提升的对策。

结　　论

　　产学研合作双模网络嵌入能够帮助网络中的创新主体迅速获得异质性主体所具有的资源，从而进行新的知识组合，实现科研成果的转化，迅速推向市场，通过这种频繁的互动，可以使得创新主体提升自身的科研实力，并渐渐地实现创新绩效的突破。嵌入双模网络环境中的创新主体在具体的创新过程中会偏执于单一形式的创新，而创新主体双元创新战略的平衡发展，可以提升创新主体的双元创新能力。产学研合作双模网络嵌入对创新主体双元创新的影响研究比较匮乏，创新网络的嵌入不仅仅是简单的"单模"网络的嵌入，研究范式需要同时考虑创新网络的组织和知识维度的嵌入，并凸显产学研合作深度融合的理念，即由"单模"网络嵌入向"双模网络"嵌入拓展。因此，本书将产学研合作双模网络嵌入对创新主体双元创新的影响进行深入系统的研究，构建崭新的研究框架，基于产学研合作双模网络嵌入和双元创新理论，确定产学研合作组织网络嵌入、知识网络嵌入和双模网络嵌入对创新主体双元创新的影响机理；从组织网络嵌入的合作伙伴选择、知识网络嵌入的知识搜索、双模网络嵌入的知识扩散剖析产学研合作双模网络嵌入对创新主体双元创新的影响机制，并对产学研合作双模网络嵌入对创新主体双元创新的影响效果进行评价。基于以上分析提出基于组织网络嵌入、知识网络嵌入和双模网络嵌入的创新主体双元创新提升对策。本书主要研究结论如下。

　　（1）产学研合作双模网络嵌入对创新主体双元创新的影响，假设得到验证。其中，组织网络的关系嵌入对创新主体利用式创新存在正向的影响，关系嵌入的变强，可以促使网络中的节点信任基础变得雄厚，双方能够及时互动，制定符合最新的创新活动的创新组织决策。组织网络的结构嵌入中随着创新主体所占据的结构洞位置的增多，一方面提高了主体节点间的信息传递效率，减少了节点间的无效连接；另一方面，可以更快速地获取、吸收和整合自身发展所需的外部资源，更好地开展技术创新活动。

（2）具有 2 星参数的组织—知识关系表达的是度分布的差异，进而反映网络中心势的趋势，因此，一个具有星中心节点的二元属性 2 星参数，反映了这类节点周围具有更高中心势的趋势。采用双模网络 3 星属性结构，可以检验具有产学研合作双模网络结构嵌入中某种属性节点与相同集内其他节点共享知识趋势的效应，创新主体中具有的共性知识具有趋同性，而这种共性的知识倾向于连接到相同的主体。

（3）创新主体双元创新情景下组织网络嵌入的合作伙伴选择指标体系分为合作伙伴网络结构、合作伙伴网络关系、合作伙伴技术双元性、合作伙伴相容性和合作伙伴抗风险性五个方面。创新主体双元创新情景下组织网络嵌入的合作伙伴选择多属性决策方法不仅考虑了决策矩阵的主观偏好和客观信息，而且使用动态时间熵，并结合 Entropy-TOPSIS 计算了区间三角模糊数的属性权重，为创新主体双元创新情景下组织网络嵌入的创新主体进行科学合理地选择合作创新伙伴提供一种有效的决策方法，同时为多属性决策问题提供新思路。

（4）知识网络嵌入的知识搜索代表着知识网络中知识的流入，是对知识的识别、获取、整合，以及应用的过程。运用微分博弈模型对知识网络嵌入下创新主体双元创新的问题进行研究，考虑的是知识网络嵌入下知识宽度搜索和知识深度搜索的产学研合作创新主体的知识搜索体系，从而衔接知识网络嵌入对创新主体双元创新影响的中间过程。

（5）知识作为创新主体创新活动中的重要资源，依托于创新主体而存在，重点考虑知识特征而弱化创新主体的作用或者重点考虑创新主体的属性而削弱知识元素的作用都是不完善的。知识扩散是对知识的传播、转移和共享，代表着知识的流出，产学研合作创新主体间的知识通过知识扩散的方式形成双模网络的扩张属性，增加了创新主体中知识的重组和创新，促使创新主体双元创新的实现。

（6）产学研合作双模网络嵌入下的创新主体——企业，需要合理地进行双元创新的资源配置，在两种双元创新方式上把握好合适的度；产学研合作双模网络嵌入下的创新主体——学研机构，不能一味地追求双元创新平衡方式，要根据自身所处的环境和资源储备，及时地发现自身的不足，迅速地促使利用式创新和探索式创新进入相互平衡的状态，使得创新主体的双元创新在平稳中上升发展。

　　本书的不足之处和展望：第一，在第 4 章的回归模型建立中，控制变量的选择可以进一步细化，增加更多的相关变量进行分析；第二，本书的数据是出自 SIPO 的产学研合作项目数据，对于其他的数据库诸如 WIPO、UPSTO、EPO 的研究还可以进一步挖掘；第三，本书研究了双模网络的嵌入，在实际情况中，创新主体会嵌入多个模态的环境，诸如国家、区域、创新主体内部、创新主体外部、创新主体内部知识、创新主体外部知识，未来的研究中可以检索多模态的研究；第四，关于双模网络的研究需要进一步拓展，不同星系的属性构局所赋予的创新意义，会给我们打开另一扇创新网络的大门。除此之外，创新主体双元创新的情景一直有学者进行研究，对于双元创新的测度、双元创新绩效的衡量、双元创新的平衡战略需要继续持续关注。

附　　录

证明过程：

$$\alpha_i^p = (\,[\,a_i^p, b_i^p, c_i^p\,], [\,1-(1-d_i)^p, 1-(1-e_i)^p, 1-(1-f_i)^p\,]\,),$$

$$\alpha_j^q = (\,[\,a_j^q, b_j^q, c_j^q\,], [\,1-(1-d_j)^q, 1-(1-e_j)^q, 1-(1-f_j)^q\,]\,),$$

而且

$$\alpha_i^p \otimes \alpha_j^q = (\,[\,a_i^p a_j^q, b_i^p b_j^q, c_i^p c_j^q\,], [\,1-(1-d_i)^p(1-d_j)^q, 1-(1-e_i)^p$$
$(1-e_j)^q, 1-(1-f_i)^p(1-f_j)^q\,])$。接下来，我们先证明

$$\underset{\substack{i,j=1\\i\neq j}}{\overset{n}{\bigoplus}}(\alpha_i^p \otimes \alpha_j^q) = \left(\left[\left(1-\prod_{\substack{i,j=1\\i\neq j}}^{n}(1-a_i^p a_j^q)\right),\left(1-\prod_{\substack{i,j=1\\i\neq j}}^{n}(1-b_i^p b_j^q)\right),\right.\right.$$

$$\left.\left(1-\prod_{\substack{i,j=1\\i\neq j}}^{n}(1-c_i^p c_j^q)\right)\right],\left[\prod_{\substack{i,j=1\\i\neq j}}^{n}(1-(1-d_i)^p(1-d_j)^q),\right.$$

$$\left.\prod_{\substack{i,j=1\\i\neq j}}^{n}(1-(1-e_i)^p(1-e_j)^q),\prod_{\substack{i,j=1\\i\neq j}}^{n}(1-(1-f_i)^p(1-f_j)^q)\right]\right).$$

通过对 n 进行如下数学归纳：

（1）当 $n=2$，

$$\underset{\substack{i,j=1\\i\neq j}}{\overset{n}{\bigoplus}}(\tilde{\alpha}_i^p \otimes \tilde{\alpha}_j^q) = (\tilde{\alpha}_1^p \otimes \tilde{\alpha}_2^q) \oplus (\tilde{\alpha}_2^p \otimes \tilde{\alpha}_1^q) =$$

$$(\,[\,1-(1-a_1^p a_2^q)(1-a_2^p a_1^q), 1-(1-b_1^p b_2^q)(1-b_2^p b_1^q), 1-(1-c_1^p c_2^q)(1-c_2^p c_1^q)\,],$$

$$[\,(1-(1-d_1)^p(1-d_2)^q)(1-(1-d_2)^p(1-d_1)^q),$$

$$(1-(1-e_1)^p(1-e_2)^q)(1-(1-e_2)^p(1-e_1)^q),$$

$$(1-(1-f_1)^p(1-f_2)^q)(1-(1-f_2)^p(1-f_1)^q)\,])。$$

（2）如果 $n=k$，$i.e.$，那么当 $n=k+1$ 时，

$$\bigoplus_{\substack{i,j=1\\i\neq j}}^{k+1}(\tilde{\alpha}_i^p\otimes\tilde{\alpha}_j^q)=\left(\bigoplus_{\substack{i,j=1\\i\neq j}}^{k}(\tilde{\alpha}_i^p\otimes\tilde{\alpha}_j^q)\right)\oplus\left(\bigoplus_{i=1}^{k}(\tilde{\alpha}_i^p\otimes\tilde{\alpha}_{k+1}^q)\right)\oplus\left(\bigoplus_{j=1}^{k}(\tilde{\alpha}_{k+1}^p\otimes\tilde{\alpha}_j^q)\right),$$

现在，我们证明

$$\bigoplus_{i=1}^{k}(\tilde{\alpha}_i^p\otimes\tilde{\alpha}_{k+1}^q)=\left(\left[1-\prod_{i=1}^{k}(1-a_i^pa_{k+1}^q),1-\prod_{i=1}^{k}(1-b_i^pb_{k+1}^q),\right.\right.$$

$$1-\prod_{i=1}^{k}(1-c_i^pc_{k+1}^q)\bigg],\bigg[\prod_{i=1}^{k}(1-(1-d_i)^p(1-d_{k+1})^q),$$

$$\prod_{i=1}^{k}(1-(1-e_i)^p(1-e_{k+1})^q),\prod_{i=1}^{k}(1-(1-f_i)^p(1-f_{k+1})^q)\bigg]\bigg)\text{。}$$

通过对 n 进行如下数学归纳：

(1) 当 $k=2$，

$$\tilde{\alpha}_i^p\otimes\tilde{\alpha}_{2+1}^q=([a_i^pa_{2+1}^q,b_i^pb_{2+1}^q,c_i^pc_{2+1}^q],[1-(1-d_i)^p(1-d_{2+1})]^q,$$

$$1-(1-e_i)^p(1-e_{2+1})^q,1-(1-f_i)^p(1-f_{2+1})^q])$$

$$i=1,2$$

而且

$$\bigoplus_{i=1}^{2}(\tilde{\alpha}_i^p\otimes\tilde{\alpha}_{2+1}^q)=(\tilde{\alpha}_1^p\otimes\tilde{\alpha}_{2+1}^q)\oplus(\tilde{\alpha}_2^p\otimes\tilde{\alpha}_{2+1}^q)=$$

$$([1-(1-a_1^pa_{2+1}^q)(1-a_2^pa_{2+1}^q),1-(1-b_1^pb_{2+1}^q)(1-b_2^pb_{2+1}^q),$$

$$1-(1-c_1^pc_{2+1}^q)(1-c_2^pc_{2+1}^q)],$$

$$[(1-(1-d_1)^p(1-d_{2+1})^q)(1-(1-d_2)^p(1-d_{2+1})^q),$$

$$(1-(1-e_1)^p(1-e_{2+1})^q)(1-(1-e_2)^p(1-e_{2+1})^q),$$

$$(1-(1-f_1)^p(1-f_{2+1})^q)(1-(1-f_2)^p(1-f_{2+1})^q)])\text{。}$$

(2) 如果 $k=k_0$，i.e.，当 $k=k_0+1$ 时，

$$\bigoplus_{i=1}^{k_0+1}(\tilde{\alpha}_i^p\otimes\tilde{\alpha}_{k_0+2}^q)=\bigoplus_{i=1}^{k_0}(\tilde{\alpha}_i^p\otimes\tilde{\alpha}_{k_0+1}^q)\oplus(\tilde{\alpha}_{k_0+1}^p\otimes\tilde{\alpha}_{k_0+2}^q)=$$

$$\left(\left[1-\left(\prod_{i=1}^{k_0}(1-a_i^pa_{k_0+1}^q)\right)(1-a_{k_0+1}^pa_{k_0+2}^q),\right.\right.$$

$$1-\left(\prod_{i=1}^{k_0}(1-b_i^pb_{k_0+1}^q)\right)(1-b_{k_0+1}^pb_{k_0+2}^q),$$

$$1 - \left(\left(\prod_{i=1}^{k_0} (1 - c_i^p c_{k_0+1}^q) \right) (1 - c_{k_0+1}^p c_{k_0+2}^q) \right],$$

$$\left[\prod_{i=1}^{k_0} (1 - (1 - d_i)^p (1 - d_{k_0+1})^q)(1 - (1 - d_{k_0+1})^p (1 - d_{k_0+2})^q) \right),$$

$$\prod_{i=1}^{k_0} (1 - (1 - e_i)^p (1 - e_{k_0+1})^q)(1 - (1 - e_{k_0+1})^p (1 - e_{k_0+2})^q) \, .$$

$$\prod_{i=1}^{k_0} (1 - (1 - f_i)^p (1 - f_{k_0+1})^q)(1 - (1 - f_{k_0+1})^p (1 - f_{k_0+2})^q) \right] \right) =$$

$$\left(\left[1 - \prod_{i=1}^{k_0+1} (1 - a_i^p a_{k+1}^q), 1 - \prod_{i=1}^{k_0+1} (1 - b_i^p b_{k+1}^q), 1 - \prod_{i=1}^{k_0+1} (1 - c_i^p c_{k+1}^q) \right],$$

$$\left[\prod_{i=1}^{k_0+1} (1 - (1 - d_i)^p (1 - d_{k+1})^q), \prod_{i=1}^{k_0+1} (1 - (1 - e_i)^p (1 - e_{k+1})^q), \right.$$

$$\left. \prod_{i=1}^{k_0+1} (1 - (1 - f_i)^p (1 - f_{k+1})^q) \right] \right) \, .$$

同样地，我们可以证明：

$$\overset{k}{\underset{j=1}{\bigoplus}} (\tilde{\alpha}_{k+1}^p \otimes \tilde{\alpha}_j^q) = \left(\left[1 - \prod_{j=1}^{k} (1 - a_{k+1}^p a_j^q), 1 - \prod_{j=1}^{k} (1 - b_{k+1}^p b_j^q), \right. \right.$$

$$\left. 1 - \prod_{j=1}^{k} (1 - c_{k+1}^p c_j^q) \right], \left[\prod_{j=1}^{k} (1 - (1 - d_{k+1})^p (1 - d_j)^q), \right.$$

$$\left. \prod_{j=1}^{k} (1 - (1 - e_{k+1})^p (1 - e_j)^q), \prod_{j=1}^{k} (1 - (1 - f_{k+1})^p (1 - f_j)^q) \right] \right) \, .$$

因此，

$$\overset{k+1}{\underset{\substack{i,j=1 \\ i \neq j}}{\bigoplus}} (\tilde{\alpha}_i^p \otimes \tilde{\alpha}_j^q) = \left(\overset{k}{\underset{\substack{i,j=1 \\ i \neq j}}{\bigoplus}} (\tilde{\alpha}_i^p \otimes \tilde{\alpha}_j^q) \right) \oplus \left(\overset{k}{\underset{i=1}{\bigoplus}} (\tilde{\alpha}_i^p \otimes \tilde{\alpha}_{k+1}^q) \right) \oplus \left(\overset{k}{\underset{j=1}{\bigoplus}} (\tilde{\alpha}_{k+1}^p \otimes \tilde{\alpha}_j^q) \right)$$

$$= \left(\left[1 - \prod_{\substack{i,j=1 \\ i \neq j}}^{k} (1 - a_i^p a_j^q), 1 - \prod_{\substack{i,j=1 \\ i \neq j}}^{k} (1 - b_i^p b_j^q), 1 - \prod_{\substack{i,j=1 \\ i \neq j}}^{k} (1 - c_i^p c_j^q) \right], \right.$$

$$\left[\prod_{\substack{i,j=1 \\ i \neq j}}^{k} (1 - (1 - d_i)^p (1 - d_j)^q), \prod_{\substack{i,j=1 \\ i \neq j}}^{k} (1 - (1 - e_i)^p (1 - e_j)^q), \right.$$

$$\left. \prod_{\substack{i,j=1 \\ i \neq j}}^{k} (1 - (1 - f_i)^p (1 - f_j)^q) \right] \right) \oplus \left(\left[1 - \left(\prod_{i=1}^{k_0+1} (1 - a_i^p a_{k+1}^q) \right), \right. \right.$$

$$1 - \left(\prod_{i=1}^{k_0+1} (1 - b_i^p b_{k+1}^q) \right), 1 - \left(\prod_{i=1}^{k_0+1} (1 - c_i^p c_{k+1}^q) \right) \Bigg],$$

$$\left[\prod_{i=1}^{k_0+1} (1 - (1-d_i)^p (1-d_{k+1})^q), \prod_{i=1}^{k_0+1} (1 - (1-e_i)^p (1-e_{k+1})^q), \right.$$

$$\left. \prod_{i=1}^{k_0+1} (1 - (1-f_i)^p (1-f_{k+1})^q) \right] \Bigg) \oplus \left(\left[1 - \prod_{j=1}^{k} (1 - a_{k+1}^p a_j^q), \right. \right.$$

$$1 - \prod_{j=1}^{k} (1 - b_{k+1}^p b_j^q), 1 - \prod_{j=1}^{k} (1 - c_{k+1}^p c_j^q) \Bigg],$$

$$\left[\prod_{j=1}^{k} (1 - (1-d_{k+1})^p (1-d_j)^q), \prod_{j=1}^{k} (1 - (1-e_{k+1})^p (1-e_j)^q) \right].$$

$$\left. \prod_{j=1}^{k} (1 - (1-f_{k+1})^p (1-f_j)^q) \right] \Bigg) = \left(\left[1 - \left(\prod_{\substack{i,j=1 \\ i \neq j}}^{k+1} (1 - a_i^p a_j^q) \right), \right. \right.$$

$$1 - \left(\prod_{\substack{i,j=1 \\ i \neq j}}^{k+1} (1 - b_i^p b_j^q) \right), 1 - \left(\prod_{\substack{i,j=1 \\ i \neq j}}^{k+1} (1 - c_i^p c_j^q) \right) \Bigg],$$

$$\left[\prod_{\substack{i,j=1 \\ i \neq j}}^{k+1} (1 - (1-d_i)^p (1-d_j)^q), \prod_{\substack{i,j=1 \\ i \neq j}}^{k+1} (1 - (1-e_i)^p (1-e_j)^q), \right.$$

$$\left. \prod_{\substack{i,j=1 \\ i \neq j}}^{k+1} (1 - (1-f_i)^p (1-f_j)^q) \right] \Bigg).$$

即对 $n = k+1$ 成立，因此，对所有的 n 成立。

参考文献

［1］曹霞，李传云，于娟，于兵．市场机制和政府调控下的产学研合作创新网络演化博弈仿真——以新能源汽车产业为例［J］．系统管理学报，2020，29（3）：464 - 474.

［2］曹霞，宋琪．产学合作网络中企业关系势能与自主创新绩效——基于地理边界拓展的调节作用［J］．科学学研究，2016，34（7）：1065 - 1075.

［3］常红锦，党兴华，史永立．网络嵌入与成员退出：基于创新网络的分析［J］．研究与发展管理，2013，4：30 - 40.

［4］常洁，乔彬．科技型中小企业产学研协同创新绩效评价［J］．统计与决策，2020，36（6）：185 - 188.

［5］陈昊．基于学习共同体的美术教师产学研协同创新研究［J］．安徽科技学院学报，2020，34（3）：106 - 109.

［6］陈怀超，张晶，费玉婷．制度支持是否促进了产学研协同创新？——企业吸收能力的调节作用和产学研合作紧密度的中介作用［J］．科研管理，2020，41（3）：1 - 11.

［7］陈建勋，王涛，翟春晓．TMT 社会网络结构对双元创新的影响——兼论结构刚性的生成与化解［J］．中国工业经济，2016（12）：140 - 156.

［8］陈劲，陈钰芬．企业技术创新绩效评价指标体系研究［J］．科学学与科学技术管理，2006（3）：86 - 91.

［9］陈劲，阳银娟．协同创新的理论基础与内涵［J］．科学学研究，2012，30（2）：161 - 164.

［10］陈仕华，李维安．公司治理的社会嵌入性：理论框架及嵌入机制［J］．中国工业经济，2011（6）：99 - 108.

［11］陈守明，李汝．双元性技术战略与企业绩效关系研究——基于我

国电子信息制造业的实证研究 [J]. 科技进步与对策, 2013 (9): 70 - 74.

[12] 陈文婕, 曾德明. 低碳技术合作创新网络中的多维邻近性演化 [J]. 科研管理, 2019, 40 (3): 30 - 40.

[13] 陈烨, 谢凤燕, 王珏, 赵乙霖. 中国友好城市关系是否促进了城市出口贸易——基于二模网络视角 [J]. 国际贸易问题, 2020 (5): 89 - 101.

[14] 陈运森. 社会网络与企业效率: 基于结构洞位置的证据 [J]. 会计研究, 2015 (1): 48 - 55, 97.

[15] 程聪, 谢洪明. 集群企业社会网络嵌入与关系绩效研究: 基于关系张力的视角 [J]. 南开管理评论, 2012 (4): 28 - 35.

[16] 池仁勇. 区域中小企业创新网络的结点联结及其效率评价研究 [J]. 管理世界, 2007 (1): 105 - 112, 121.

[17] 戴海闻, 曾德明, 张运生. 关系资本、双元创新与高技术产业主导设计 [J]. 科研管理, 2020, 41 (2): 220 - 229.

[18] 戴维奇, 林巧, 魏江. 集群内外网络嵌入与公司创业——基于浙江省四个产业集群的实证研究 [J]. 科学学研究, 2011, 29 (4): 571 - 581.

[19] 单红梅. 企业技术创新绩效的综合模糊评价及其应用 [J]. 科研管理, 2002 (6): 120 - 124.

[20] 段庆锋, 马丹丹. 基于指数随机图模型的专利技术扩散机制实证研究 [J]. 科技进步与对策, 2018, 35 (22): 23 - 29.

[21] 段庆锋. 社会资本对专利合作二元关系的影响: 吸收能力、保护强度的调节效应 [J]. 科技进步与对策, 2019, 36 (5): 11 - 17.

[22] 高霞, 陈凯华. 合作创新网络结构演化特征的复杂网络分析 [J]. 科研管理, 2015, 36 (6): 28 - 36.

[23] 高媛, 孟宪忠, 谢佩洪. "利用"与"探索"在组织学习与技术创新领域的研究视角整合 [J]. 科学学与科学技术管理, 2012, 33 (1): 44 - 50.

[24] 郭天笑, 冯桂梅, 徐卫东, 张国华. 大学生创新创业活动与高校网络文化育人有机结合的探讨 [J]. 产业创新研究, 2020 (8): 155 - 156.

[25] 郭亚军, 姚远, 易平涛. 一种动态综合评价方法及应用 [J]. 小系统工程理论与实践, 2007 (10): 154 - 158.

[26] 韩莹, 陈国宏. 基于隐形契约的集群企业知识共享伙伴选择研究

[J]. 中国管理科学, 2018, 26 (1): 179 – 185.

[27] 何会涛, 袁勇志. 海外人才创业双重网络嵌入及其交互对创业绩效的影响研究 [J]. 管理学报, 2018, 15 (1): 66 – 73.

[28] 何郁冰, 梁斐. 产学研合作中企业知识搜索的影响因素及其作用机制研究 [J]. 科学学与科学技术管理, 2017, 38 (3): 12 – 22.

[29] 胡旭阳, 吴一平. 中国家族企业政治资本代际转移研究——基于民营企业家参政议政的实证分析 [J]. 中国工业经济, 2016 (1): 146 – 160.

[30] 黄胜杰, 张毅. 我国产学研合作的组织模式及其网络特性探析 [J]. 高等工程教育研究, 2002 (6): 30 – 33.

[31] 惠青, 邹艳. 产学研合作创新网络、知识整合和技术创新的关系研究 [J]. 软科学, 2010, 3: 4 – 9.

[32] 姜滨滨, 匡海波. 基于“效率—产出”的企业创新绩效评价——文献评述与概念框架 [J]. 科研管理, 2015, 36 (3): 71 – 78.

[33] 姜李丹, 薛澜, 梁正. 技术创新网络强弱关系影响效应的差异化: 研究综述与展望 [J]. 科学学与科学技术管理, 2020, 41 (5): 42 – 53.

[34] 蒋开东, 詹国彬. 共生理论视角下高校协同创新模式与路径研究 [J]. 科研管理, 2020, 41 (4): 123 – 130.

[35] 解学梅, 左蕾蕾. 企业协同创新网络特征与创新绩效: 基于知识吸收能力的中介效应研究 [J]. 南开管理评论, 2013, 16 (3): 47 – 56.

[36] 孔继红, 茅宁. 吸收能力与组织探索性——开发性创新的形成及惯性 [J]. 南京师大学报 (社会科学版), 2007 (5): 63 – 67.

[37] 李柏洲, 孙立梅. 创新系统中科技中介组织的角色定位研究 [J]. 科学学与科学技术管理, 2010 (9): 29 – 33, 189.

[38] 李柏洲, 尹士, 罗小芳. 集成供应链企业合作创新伙伴动态选择研究 [J]. 工业工程与管理, 2018, 23 (3): 123 – 131.

[39] 李国强, 孙遇春, 胡文安. 嵌入式合作网络要素如何影响企业双元创新? [J]. 科学学与科学技术管理, 2019, 40 (12): 71 – 83.

[40] 李剑力. 探索性创新、开发性创新及其平衡研究前沿探析 [J]. 外国经济与管理, 2009, 3: 23 – 29.

[41] 李玲, 党兴华, 贾卫峰. 网络嵌入对知识有效获取的影响研究 [J]. 科学学与科学技术管理, 2008, 12: 97 – 100, 140.

[42] 李寿德, 丁一珊. 网络外部性条件下企业产品创新与过程创新动

态控制研究 [J]. 系统管理学报，2020，29（3）：607.

[43] 李逸超，戴桂林. 基于网络能力的企业绩效提升评价研究 [J].
统计与决策，2018，34（10）：186－188.

[44] 李永星，胡振华. 国际化农业企业全球网络嵌入、本地网络嵌入及
竞争力之间的影响 [J]. 经济地理，2016，36（7）：122－131.

[45] 梁娟，陈国宏. 多重网络嵌入与集群企业知识创造绩效研究 [J].
科学学研究，2015，33（1）：90－97.

[46] 林明，董必荣. 行业技术动态下相关技术多样化对二元创新平衡
的影响研究 [J]. 科研管理，2014，35（10）：9－16.

[47] 刘凤朝，杨爽. 发明人知识特征对其合作网络中心性的影响研
究——基于社会—知识二模网的分析 [J]. 研究与发展管理，2020，32
（4）：73－83.

[48] 刘凤朝，张娜，赵良仕. 东北三省高技术制造产业创新效率评价
研究——基于两阶段网络 DEA 模型的分析 [J]. 管理评论，2020，32（4）：
90－103.

[49] 刘国巍. 产学研合作创新网络演化研究 [D]. 哈尔滨：哈尔滨工
程大学，2014.

[50] 刘维林. 产品架构与功能架构的双重嵌入——本土制造业突破
GVC 低端锁定的攀升途径 [J]. 中国工业经济，2012（1）：152－160.

[51] 刘晓燕，李金鹏，单晓红，杨娟. 多维邻近性对集成电路产业专
利技术交易的影响 [J]. 科学学研究，2020，38（5）：834－842，960.

[52] 刘晓燕，王晶，单晓红，杨娟. 基于多层网络的创新网络节点间
技术融合机理 [J]. 科学学研究，2019，37（6）：1133－1141.

[53] 刘晓燕，王晶，单晓红. 基于 TERGMs 的技术创新网络演化动力
研究 [J]. 科研管理，2020，41（4）：171－181.

[54] 刘筱. 产学研协同创新驱动机制建构路径解析 [J]. 教育评论，
2020（1）：70－76.

[55] 刘璇，汪林威，李嘉，张朋柱. 科研合作网络形成机理——基于
随机指数图模型的分析 [J]. 系统管理学报，2019，28（3）：520－527.

[56] 罗泰晔，马翠嫦. 基于指数随机图模型的协同创新网络形成机理
研究 [J]. 情报理论与实践，2018，41（10）：143－146，72.

[57] 马荣康. 国际化视角的企业创新网络嵌入机制及效应 [D]. 大连：

大连理工大学，2014.

[58] 马永红，刘海礁，柳清. 产业共性技术产学研协同研发策略的微分博弈研究 [J]. 中国管理科学，2019，27（12）：197 – 207.

[59] 彭新敏，吴晓波，吴东. 基于二次创新动态过程的企业网络与组织学习平衡模式演化——海天1971~2010年纵向案例研究 [J]. 管理世界，2011，4：138 – 149，166，188.

[60] 丘海雄，于永慧. 嵌入性与根植性——产业集群研究中两个概念的辨析 [J]. 广东社会科学，2007（1）：175 – 181.

[61] 任胜钢，吴娟，王龙伟. 网络嵌入结构对企业创新行为影响的实证研究 [J]. 管理工程学报，2011，4：75 – 80.

[62] 阮平南，王文丽，刘晓燕. 基于多维邻近性的技术创新网络演化动力研究——以 OLED 产业为例 [J]. 研究与发展管理，2018，30（6）：59 – 66.

[63] 沈灏，李垣，蔡昊雯. 双元型组织对创新的影响及其构建路径分析 [J]. 科学学与科学技术管理，2008，9：103 – 107.

[64] 施国平，陈德棉，丁文虎. 双重网络嵌入对创业投资资本筹集的影响研究 [J]. 管理学报，2018，15（5）：695 – 702.

[65] 时少华，孙业红. 遗产地旅游发展利益网络治理研究——基于指数随机图模型、以农业文化遗产地云南哈尼梯田为例 [J]. 经济管理，2017，39（2）：147 – 162.

[66] 孙骞，欧光军. 双重网络嵌入与企业创新绩效——基于吸收能力的机制研究 [J]. 科研管理，2018，39（5）：67 – 76.

[67] 谭灵芝，孙奎立. 城市生活垃圾分类回收网络治理关系研究——基于指数随机图模型的分析 [J]. 城市与环境研究，2019（2）：39 – 54.

[68] 汤超颖，刘丽，李美智. 企业内外部知识分布与二元学习平衡：基于中国创新型企业的实证研究 [J]. 管理评论，2020，32（6）：82 – 92.

[69] 唐丹蕾，王琦. 科研院所与高校科技成果转化问题与建议 [J]. 中国发明与专利，2020，17（2）：92 – 98.

[70] 田北海，雷华，佘洪毅，刘定学. 人力资本与社会资本孰重孰轻：对农民工职业流动影响因素的再探讨——基于地位结构观与网络结构观的综合视角 [J]. 中国农村观察，2013（1）：34 – 47，91.

[71] 田善武，许秀瑞. 新能源汽车产业技术创新路径研究——双元性创新的视角 [J]. 现代管理科学，2019（9）：29 – 31.

[72] 王朝晖，罗新星，罗永恒．承诺型人力资源管理实践对双元创新能力影响的实证研究 [J]．科技与经济，2011，24（5）：96 - 100．

[73] 王朝晖．基于 AMO 理论的人力资源管理实践对情境双元性影响机制研究 [J]．安徽行政学院学报，2014（5）：65 - 72．

[74] 王道平，王婷婷，张博卿．政府补贴下供应链合作减排的微分博弈 [J]．运筹与管理，2019，28（5）：46 - 55．

[75] 王飞绒，陈劲．技术联盟与创新关系研究述评 [J]．科研管理，2010，31（2）：9 - 17．

[76] 王凤彬，陈建勋，杨阳．探索式与利用式技术创新及其平衡的效应分析 [J]．管理世界，2012（3）：96 - 112．

[77] 王利敏，袁庆宏．产学研合作中双元性学习的平衡机制研究 [J]．研究与发展管理，2014，26（2）：17 - 24．

[78] 王巍，崔文田，孙笑明，等．知识范围和间接连接对关键研发者创造力的影响 [J]．预测，2017，36（5）：36 - 42．

[79] 王巍，孙笑明，崔文田．社会网络视角下的知识搜索和知识扩散研究述评与展望 [J]．科学学与科学技术管理，2020，41（6）：36 - 54．

[80] 王耀德，李俊华．双元性组织创新平衡机制"四力五维"模型的构建 [J]．科学学与科学技术管理，2012，33（4）：173 - 180．

[81] 王艺霖，王益民．基于高阶理论视角的战略双元研究 [J]．华东经济管理，2015（7）：102 - 107．

[82] 王益民，梁萌．政治关联、治理机制对战略双元的影响——基于中国上市公司数据的实证研究 [J]．中国管理科学，2012，20（S1）：474 - 480．

[83] 王寅，张英华，杨德森，等．基于生命周期的企业双元性创新机制研究——以天津制造业为例 [J]．华东经济管理，2014，28（5）：164 - 170．

[84] 王越乙，徐枞巍．指数随机图（p^*）模型不同描述的对比研究 [J]．清华大学学报（自然科学版），2015，55（4）：422 - 427．

[85] 王志玮．企业外部知识网络嵌入对破坏性创新绩效的影响机制研究 [D]．杭州：浙江大学，2010．

[86] 魏江，黄学，刘洋．基于组织模块化与技术模块化"同构/异构"协同的跨边界研发网络架构 [J]．中国工业经济，2014（4）：148 - 160．

[87] 魏江，徐蕾．集群企业知识网络双重嵌入演进路径研究——以正

泰集团为例 [J]. 经济地理, 2011, 2: 247 -253.

[88] 吴荻, 刘慧, 王恩旭. 基于动态能力的旅游企业双元创新演化路径研究——以乌镇旅游股份有限公司为例 [J]. 科研管理, 2020, 41 (8): 202 -210.

[89] 吴菲菲, 李睿毓, 黄鲁成. 企业跨产业研发合作伙伴识别与选择 [J]. 情报杂志, 2019, 38 (9): 42 -48, 29.

[90] 吴亮, 赵兴庐, 张建琦. 以资源拼凑为中介过程的双元创新与企业绩效的关系研究 [J]. 管理学报, 2016, 3: 425 -431.

[91] 吴强. 弱关系网络中的企业员工知识共享行为研究 [D]. 重庆: 重庆大学, 2016.

[92] 吴晓波, 陈小玲, 李璟琰. 战略导向、创新模式对企业绩效的影响机制研究 [J]. 科学学研究, 2015, 33 (1): 118 -127.

[93] 吴晓波, 韦影. 制药企业技术创新战略网络中的关系性嵌入 [J]. 科学学研究, 2005 (4): 561 -565.

[94] 向永胜, 魏江, 郑小勇. 多重嵌入对集群企业创新能力的作用研究 [J]. 科研管理, 2016, 37 (10): 102 -111.

[95] 向永胜, 魏江. 集群企业内外商业、技术网络关系嵌入对创新能力的作用研究 [J]. 科学学与科学技术管理, 2013, 34 (3): 51 -57.

[96] 肖东平, 顾新, 彭雪红. 基于嵌入视角下知识网络中的知识流动研究 [J]. 情报杂志, 2009, 28 (8): 116 -125.

[97] 辛德强, 党兴华, 薛超凯. 双重嵌入下网络惯例刚性对探索性创新的影响 [J]. 科技进步与对策, 2018, 35 (4): 10 -15.

[98] 许成磊, 赵雅曼, 张越. 创新扩散、创业网络情境导向对政策适应与团队簇创业绩效关系的影响 [J]. 管理学报, 2020, 17 (5): 704 -714.

[99] 许冠南. 关系嵌入性对技术创新绩效的影响研究 [D]. 杭州: 浙江大学, 2008.

[100] 许和连, 孙天阳, 成丽红. "一带一路" 高端制造业贸易格局及影响因素研究——基于复杂网络的指数随机图分析 [J]. 财贸经济, 2015 (12): 74 -88.

[101] 许晖, 许守任, 冯永春. 新兴国际化企业的双元平衡及实现路径——基于产品—市场情境矩阵的多案例研究 [J]. 管理学报, 2014, 11 (8): 1132 -1142.

［102］薛伟贤，张娟. 高技术企业技术联盟互惠共生的合作伙伴选择研究［J］. 研究与发展管理，2010，22（1）：82 - 89，113.

［103］杨博旭，王玉荣，李兴光. "厚此薄彼"还是"雨露均沾"——组织如何有效利用网络嵌入资源提高创新绩效［J］. 南开管理评论，2019，22（3）：201 - 213.

［104］杨博旭，王玉荣，李兴光. 多维邻近与合作创新［J］. 科学学研究，2019，37（1）：154 - 164.

［105］杨菲，安立仁，史贝贝，等. 知识积累与双元创新能力动态反馈关系研究［J］. 管理学报，2017，14（11）：1639 - 1649.

［106］杨冠灿，陈亮，张静，李纲. 专利引用关系形成的解释框架：一个指数随机图模型视角［J］. 图书情报工作，2019，63（5）：100 - 109.

［107］杨冠灿，刘彤，陈亮，张静. 基于 ERG 模型的专利引用关系形成影响因素研究［J］. 科研管理，2018，39（11）：122 - 131.

［108］杨冠灿，刘占麟，李纲. 基于指数随机图模型的专利引用关系形成机制研究——以奈拉滨药物为例［J］. 图书情报工作，2019，63（10）：75 - 86.

［109］杨文龙，杜德斌. "一带一路"沿线国家投资网络结构及其影响因素：基于 ERGM 模型的研究［J］. 世界经济研究，2018（5）：80 - 94，136 - 137.

［110］杨震宁，吴剑峰，乔璐. 企业研发伙伴的多样性、政治嵌入与技术创新绩效的关系研究［J］. 经济管理，2016，38（1）：51 - 61.

［111］杨治，郭艳萍，张鹏程. 企业间信任对组织双元创新的影响［J］. 科研管理，2015，9：80 - 88.

［112］姚云浩，高启杰. 制度嵌入性与旅游企业创新绩效间关系的实证研究——考虑知识流入的中介作用［J］. 技术经济，2014，33（6）：19 - 25.

［113］叶飞，孙东川，张红. 面向虚拟企业合作伙伴选择的新过程框架结构研究［J］. 系统工程理论与实践，2003（11）：88 - 94.

［114］叶庆祥. 跨国公司本地嵌入过程机制研究［D］. 杭州：浙江大学，2006.

［115］易比一，曾立. 知识耦合型协同创新模式研究——以 Open NASA 为例［J］. 科研管理，2020，41（5）：231 - 239.

［116］于飞，蔡翔，董亮. 研发模式对企业创新的影响：知识基础的调

节作用 [J]. 管理科学, 2017, 30 (3): 97 – 109.

[117] 余菲菲, 张阳, 张颖. 网络关系及组合变化对"探索—开发"平衡的影响研究——以先声药业技术创新为例 [J]. 管理工程学报, 2013, 27 (4): 8 – 15.

[118] 余谦, 白梦平, 覃一冬. 多维邻近性能促进中国新能源汽车企业的合作创新吗? [J]. 研究与发展管理, 2018, 30 (6): 67 – 74.

[119] 喻科. 产学研合作创新网络特性及动态创新能力培养研究 [J]. 科研管理, 2011, 32 (2): 82 – 87, 105.

[120] 曾德明, 李励, 王泓略. 研发强度对二元式创新的影响——来自汽车产业上市公司的实证研究 [J]. 科学学与科学技术管理, 2016, 1: 69 – 79.

[121] 曾德明, 文金艳. 协作研发网络中心度、知识距离对企业二元式创新的影响 [J]. 管理学报, 2015, 10: 1479 – 1486.

[122] 曾武祈, 郑翠红, 朱扶蓉. 基于协同创新的职业教育精准扶贫实践探索 [J]. 教育评论, 2020 (4): 116 – 119.

[123] 张方华, 左田园. FDI 集群化背景下本土企业的网络嵌入与创新绩效研究 [J]. 研究与发展管理, 2013, 5: 70 – 80.

[124] 张华, 郎淳刚. 以往绩效与网络异质性对知识创新的影响研究——网络中心性位置是不够的 [J]. 科学学研究, 2013, 10: 1581 – 1589.

[125] 张洁瑶. 创业企业多维邻近性对协同创新关系影响研究 [J]. 科研管理, 2018, 39 (9): 78 – 85.

[126] 张利平. 可持续创新过程中的社会嵌入 [D]. 北京: 清华大学, 2013.

[127] 张璐, 赵爽, 张强, 长青, 华连连. 如何实现模仿创新能力到协同创新能力的跃迁? [J]. 科学学研究, 2020, 38 (5): 936 – 948.

[128] 张敏, 张一力, 凡培培. 企业家"主我"认知与"宾我"认知的博弈: 对双元创新路径的认知新解 [J]. 外国经济与管理, 2016, 2: 3 – 15.

[129] 张敏, 张一力. 文化嵌入、契约治理与企业创新行为的关系研究——来自温州民营企业的实证检验 [J]. 科学学研究, 2014, 32 (3): 454 – 463.

[130] 张胜平, 姜秀娟, 高玉峰. 知识基础多元度对企业探索式创新的影响——基于合作网络中心性与合作创新强度的调节作用 [J]. 软科学,

2020, 34 (6): 33 - 38, 71.

[131] 张小芝, 朱传喜, 朱丽. 时序多属性决策的广义等级偏好优序法 [J]. 中国管理科学, 2014, 22 (4): 105 - 111.

[132] 张煊, 王国顺, 毕小萍. 网络中心性和知识创新能力对创新绩效的影响 [J]. 经济问题, 2013 (8): 92 - 96.

[133] 张勇, 龙立荣. 绩效薪酬对团队成员探索行为和利用行为的影响 [J]. 管理科学, 2013, 26 (3): 9 - 18.

[134] 张勇. 加权有向随机图模型中的渐近理论研究 [D]. 武汉: 华中师范大学, 2017.

[135] 张玉利, 李乾文. 公司创业导向、双元能力与组织绩效 [J]. 管理科学学报, 2009, 12 (1): 137 - 152.

[136] 张玉利, 李乾文. 双元型组织研究评介 [J]. 外国经济与管理, 2006 (1): 1 - 8.

[137] 张钰, 李瑶, 刘益. 社会资本对企业创新行为的影响——基于利用式创新和探索式创新的实证研究 [J]. 预测, 2013, 32 (2): 7 - 11.

[138] 赵洁, 魏泽龙, 李垣. 高管激励机制、组合能力对创新双元性的影响研究 [J]. 中国科技论坛, 2012 (2): 108 - 115.

[139] 赵黎明, 宋瑶, 殷建立. 战略性新兴产业、传统产业与政府合作策略研究 [J]. 系统工程理论与实践, 2017, 37 (3): 642 - 663.

[140] 赵黎明, 孙健慧, 张海波. 基于微分博弈的军民融合协同创新体系技术共享行为研究 [J]. 管理工程学报, 2017, 31 (3): 183 - 191.

[141] 赵炎, 郑向杰. 网络嵌入与地域根植性对联盟企业创新绩效的影响——对中国高科技上市公司的实证分析 [J]. 科研管理, 2013, 11: 9 - 17.

[142] 钟竞, 陈松. 外部环境、创新平衡性与组织绩效的实证研究 [J]. 科学学与科学技术管理, 2007 (5): 67 - 71.

[143] 周俊, 薛求知. 双元型组织构建研究前沿探析 [J]. 外国经济与管理, 2009, 31 (1): 50 - 57.

[144] 朱桂龙, 彭有福. 产学研合作创新网络组织模式及其运作机制研究 [J]. 软科学, 2003 (4): 49 - 52.

[145] 朱海燕, 翟春娟, 陶峻. 产业集群内知识密集型服务业嵌入方式选择及嵌入程度的影响因素 [J]. 经济与管理研究, 2012, 10: 74 - 81.

[146] 朱海燕. 基于知识型服务机构嵌入视角的产业集群升级机制研究 [D]. 杭州：浙江大学，2008.

[147] 庄彩云，陈国宏. 产业集群知识网络多维嵌入性与创新绩效研究——基于企业双元学习能力的中介作用 [J]. 华东经济管理，2017，31 (12)：52-59.

[148] 庄晋财，沙开庆，程李梅，孙华平. 创业成长中双重网络嵌入的演化规律研究——以正泰集团和温氏集团为例 [J]. 中国工业经济，2012 (8)：122-134.

[149] Alkhuraiji A, Liu S, Oderanti F O, et al. New structured knowledge network for strategic decision-making in IT innovative and implementable projects [J]. Journal of Business Research, 2016, 69 (5)：1534-1538.

[150] Andersson U, Forsgren M, Holm U. The strategic impact of external networks：Subsidiary performance and competence development in the multinational corporation [J]. Strategic Management Journal, 2002, 23 (11)：979-996.

[151] Antonio M P. The impact of technological relatedness, priorties, and geographical distance on university-industry collaborations：A joint-patent analysis [J]. Technovation, 2011, 31 (7)：309-319.

[152] Atanassov K. Intuitionistic fuzzy sets [J]. International Journal Bio-automation, 2016, 20：1.

[153] Atuahene-Gima K. Resolving the capability-rigidity paradox in new product innovation [J]. Journal of Marketing, 2005, 69 (4)：61-83.

[154] Audia P G, Goncalo J A. Past success and creativity over time：A study of inventors in the hard disk drive industry [J]. Management Science, 2007, 53 (1)：1-15.

[155] Avgerou C, Li B. Relational and institutional embeddedness of Web-enabled entrepreneurial networks：Case studies of netrepreneurs in China [J]. Information Systems Journal, 2013, 23 (4)：329-350.

[156] Bechmann M. Economic models of knowledge networks, networks in action [M]. New York Tokyo, 1995.

[157] Belderbos R, Cassiman B, Faems D, et al. Co-ownership of intellectual property：Exploring the value-appropriation and value-creation implications of co-patenting with different partners [J]. Research Policy, 2014, 43 (5)：841-852.

[158] Benner, M J, Tushman, M L. Exploitation, exploration, and process management: The productivity dilemma revisited [J]. Academy of Management Review, 2003, 28 (2): 238-256.

[159] Boccaletti S, Bianconi G, Criado R, et al. The structure and dynamics of multilayer networks [J]. Physics Reports, 2014, 544 (1): 1-122.

[160] Boh W F, Evaristo R, Ouderkirk A. Balancing breadth and depth of expertise for innovation: A 3M story [J]. Research Policy, 2014, 43 (2): 349-366.

[161] Bonferroni C. Sulle medie multiple di potenze [J]. Bollettino dell'Unione Matematica Italiana, 1950, 5 (3-4): 267-270.

[162] Borgatti S P, Cross R. A relational view of information seeking and learning in social networks [J]. Management Science, 2003, 49 (4): 432-445.

[163] Borgatti S P, Foster P C. The network paradigm in organizational research: A review and typology [J]. Journal of Management, 2003, 29 (6): 991-1013.

[164] Brass D J, Galaskiewicz J, Greve H R, et al. Taking stock of networks and organizations: A multilevel perspective [J]. Academy of Management Journal, 2004, 47 (6): 795-817.

[165] Broekel T, Graf H. Public research intensity and the structure of German R&D networks: A comparison of 10 technologies [J]. Economics of Innovation and New Technology, 2012, 21 (4): 345-372.

[166] Brouthers K D, Brouthers L E, Wilkinson T J. Strategic alliances: Choose your patners [J]. Long Range Planning, 1995, 28 (3): 18-25.

[167] Burt R S. Structural holes: The social structure of competition [M]. Harvard University Press, 2009.

[168] Cano-Kollmann M, Hannigan T J, Mudambi R. Global innovation networks—organizations and people [J]. Journal of International Management, 2018, 24 (2): 87-92.

[169] Cantner U, Rake B. International research networks in pharmaceuticals: Structure and dynamics [J]. Research Policy, 2014, 43 (2): 333-348.

[170] Chandrasekaran A, Linderman K, Schroeder R. Antecedents to ambidexterity competency in high technology organizations [J]. Journal of Operations

Management, 2012, 30 (1/2): 134 – 151.

[171] Changa Y Y. Drivers of innovation ambidexterity in small-to medium-sized firms [J]. European Management Journal, 2012, 30 (1): 1 – 17.

[172] Chen M, Yang Z, Dou W, et al. Flying or dying? Organizational change, customer participation, and innovation ambidexterity in emerging economies [J]. Asia Pacific Journal of Management, 2018, 35 (1): 97 – 119.

[173] Collinson S C, Wang R. The evolution of innovation capability in multinational enterprise subsidiaries: Dual network embeddedness and the divergence of subsidiary specialisation in Taiwan [J]. Research Policy, 2012, 41 (9): 1501 – 1518.

[174] Cowan J A C R. Network-independent partner selection and the evolution of innovation network [J]. Management Science, 2010, 56 (11): 2094 – 2110.

[175] Dean L, Johan K, Garry R. Exponential random graph models for social networks theory, methods, and application [M]. Cambridge University Press, 2016.

[176] Dheer R J S, Lenartowicz T. Career decisions of immigrants: Role of identity and social embeddedness [J]. Human Resource Management Review, 2018, 28 (2): 144 – 163.

[177] Dibiaggio L, Nasiriyar M, Nesta L. Substitutability and complementarity of technological knowledge and the inventive performance of semiconductor companies [J]. Research Policy, 2014, 43 (9): 1582 – 1593.

[178] Dohleman B S. Exploratory social network analysis with Pajek [J]. Psychometrika, 2006, 71 (3): 605.

[179] Etzkowitz H, Leydesdorff L. The dynamics of innovation: From National Systems and "Mode 2" to a Triple Helix of university-industry-government relations [J]. Research Policy, 2000, 29 (2): 109 – 123.

[180] Floyd S W, Lane P J. Strategizing throughout the organization: Managing role conflict in strategic renewal [J]. Academy of Management Review, 2000, 25 (1): 154 – 177.

[181] Ghosh D, Sekiguchi T, Gurunathan L. Organizational embeddedness as a mediator between justice and in-role performance [J]. Journal of Business Re-

search, 2017, 75: 130 – 137.

[182] Gibson C B, Birkinshaw J. The antecedents, consequences, and me-diating role of organizational ambidexterity [J]. Academy of Management Journal, 2004, 47 (2): 209 – 226.

[183] Gilsing V, Nooteboom B, Vanhaverbeke W, et al. Network embed-dedness and the exploration of novel technologies: Technological distance, between-ness centrality and density [J]. Research Policy, 2008, 37 (10): 1717 – 1731.

[184] Golden B R, Ma H. Mutual forbearance: The role ofintrafirm integra-tion and rewards [J]. Academy Management Review, 2003, 28 (3): 479 – 493.

[185] Gonzalez-Brambila C N, Veloso F M, Krackhardt D. The impact of network embeddedness on research output [J]. Research Policy, 2013, 42 (9): 1555 – 1567.

[186] Grabher G, Ibert O. Bad company? The ambiguity of personal knowl-edge network [J]. Journal of Economic Geography, 2005, 6 (3): 251 – 271.

[187] Graf H, Kalthaus M. International research networks: Determinants of country embeddedness [J]. Research Policy, 2018, 47 (7): 1198 – 1214.

[188] Graf H. Gatekeepers in regional networks of innovators [J]. Cam-bridge Journal of Economics, 2011, 35 (1): 173 – 198.

[189] Granovetter M. Economic action and social structure: The problem of embeddedness [J]. American Journal of Sociology, 1985, 91 (3): 481 – 510.

[190] Granovetter M. The strength of weak ties [J]. American Journal of Sociology, 1973, 78 (6): 1360 – 1380.

[191] Grewal R, Lilien G L, Mallapragada G. Location, location, location: How network embeddedness affects project success in open source systems [J]. Management Science, 2006, 52 (7): 1043 – 1056.

[192] Guan J, Liu N. Exploitative and exploratory innovations in knowledge network and collaboration network: A patent analysis in the technological field of nano-energy [J]. Research Policy, 2016, 45 (1): 97 – 112.

[193] Guan J, Zhao Q. The impact of university-industry collaboration net-works on innovation in nanobiopharmaceuticals [J]. Technological Forecasting and Social Change, 2013, 80 (7): 1271 – 1286.

[194] Hadjimanolis A. A resource-based view of innovativeness in small firms

[J]. Technology Analysis & Strategic Management, 2000, 12 (2): 263 –281.

[195] Hagedoorn J. Understanding the cross-level embeddedness of inter-firm partnership formation [J]. Academy of Management Review, 2006, 31 (3): 670 – 680.

[196] Hansen M T. The search-transfer problem: The role of weak ties in sharing knowledge across organization subunits [J]. Administrative Science Quarterly, 1999, 44 (1): 82 –111.

[197] He Z L, Wong P K. Exploration vs. exploitation: An empirical test of the ambidexterity hypothesis [J]. Organization Science, 2004, 15 (4): 481 – 494.

[198] Hsueh J T, Lin N P, Li H C. The effects of network embeddedness on service innovation performance [J]. The Service Industries Journal, 2010, 30 (10): 1723 –1736.

[199] Hunter D R, Goodreau S M, Handcock M S. Goodness of fit of social network models [J]. Journal of the American Statistical Association, 2008, 103 (481): 248 –258.

[200] Hunter D R, Handcock M S, Butts C T, et al. ERGM: A package to fit, simulate and diagnose exponential-family models for networks [J]. Journal of Statistical Software, 2008, 24 (3).

[201] Iacono S L. Does community social embeddedness promote generalized trust? An experimental test of the spillover effect [J]. Social Science Research, 2018, 73: 126 –145.

[202] Inkpen A C, Tsang E W K. Social capital, networks, and knowledge transfer [J]. Academy of Management Review, 2005, 30 (1): 146 –165.

[203] Jacob J, Duysters G. Alliance network configurations and the co-evolution of firms' technology profiles: An analysis of the biopharmaceutical industry [J]. Technological Forecasting and Social Change, 2017, 120: 90 –102.

[204] Jansen J J P, George G, van den Bosch F A J. Senior team attributes and organizational ambidexterity: The moderating role of transformational leadership [J]. Journal of Management Studies, 2008, 45 (5): 982 –1007.

[205] Jansen JJ P, van den Bosch F A J, Volberda H W. Exploratory innovation, exploitative innovation, and performance: Effects of organizational anteced-

ents and environmental moderators [J]. Management Science, 2006, 52 (11): 1661 – 1674.

[206] Jansen J J P, Vera D, Crossan M. Strategic leadership for exploration and exploitation: The moderating role of environment dynamism [J]. Leadership Quarterly, 2009, 20 (1): 5 – 18.

[207] Jansen, J J. Ambidextrous organizations: A multiple-level study of absorptive capacity, exploratory and exploitative innovation, and performance [D]. Erasmus University, Rotterdam, 2005.

[208] Justin J. Ambidextrous organizations: A multiple-level study of absorptive capacity, exploratory and exploitative innovation, and performance [D]. Erasmus Research Institute of Management (ERIM), Erasmus University Rotterdam, 2005 (5): 1 – 19.

[209] Karamanos A G. Leveraging micro-and macro-structures of embeddedness in alliance networks for exploratory innovation in biotechnology [J]. R&D Management, 2012, 42 (1): 71 – 89.

[210] Katila R, Ahuja G. Something old, something new: A longitudinal study of search behavior and new product introduction [J]. Academy of Management Journal, 2002, 45 (6): 1183 – 1194.

[211] Kretke C. Regional knowledge networks: A network analysis approach to the interlinking of knowledge resources [J]. European Urban and Regional Studies, 2010, 17 (1): 83 – 97.

[212] Lam A. Knowledge networks and careers: Academic scientists in industry-university links [J]. Journal of Management Studies, 2007, 44 (6): 993 – 1016.

[213] Lavie D, Haunschild P R, Khanna P. Organizational differences, relational mechanisms, and alliance performance [J]. Strategic Management Journal, 2012, 3 (13): 1453 – 1479.

[214] Lazega E, Jourda M T, Mounier L, et al. Catching up with big fish in the big pond? Multi-level network analysis through linked design [J]. Social Networks, 2008, 30 (2): 159 – 176.

[215] Levin D Z, Cross R. The strength of weak ties you can trust: The mediating role of trust in effective knowledge transfer [J]. Management Science,

2004, 50 (11): 1477 – 1490.

[216] Li E Y, Liao C H, Yen H R. Co-authorship networks and research impact: A social capital perspective [J]. Research Policy, 2013, 42 (9): 1515 – 1530.

[217] Lien C H, Wu J J, Chien S H, et al. Anxious attachment, relational embeddedness, trust, co-production, and performance: An empirical study in online business-to-business relationships [J]. Telematics and Informatics, 2017, 34 (8): 1514 – 1523.

[218] Lin C J, Chen C C. The responsive-integrative framework, outside-in and inside-out mechanisms and ambidextrous innovations [J]. International Journal of Technology Management, 2015, 67 (2 – 4): 148 – 173.

[219] Lin Z, Peng M W, Yang H, et al. How do networks and learning drive M & As? An institutional comparison between China and the United States [J]. Strategic Management Journal, 2009, 30 (10): 1113 – 1132.

[220] Linden G, Kraemer K L, Dedrick J. Who captures value in a global innovation network? The case of Apple's iPod [J]. Communications of the ACM, 2009, 52 (3): 140 – 144.

[221] Lubatkin M H, Simsek Z, Ling Y, et al. Ambidexterity and performance in small-to medium-sized firms: The pivotal role of top management team behavioral integration [J]. Journal of Management, 2006, 32 (5): 646 – 672.

[222] March J G. Exploration and exploitation in organization learning [J]. Organization Science, 1991, 2 (1): 71 – 87.

[223] Matinheikki J, Artto K, Peltokorpi A, et al. Managing inter-organizational networks for value creation in the front-end of projects [J]. International Journal of Project Management, 2016, 34 (7): 1226 – 1241.

[224] Min J. Paradox of choice in alliance formation: A network embeddedness approach [J]. International Business Research, 2015, 8 (4): 358 – 377.

[225] Moliterno T P, Mahony D M. Network theory of organization: A multilevel approach [J]. Journal of Management, 2011, 37 (2): 443 – 467.

[226] Mowery D C, Oxley J E, Silverman B S. Strategic alliances and interfirm knowledge transfer [J]. Strategic Management Journal, 1996, 17 (S2): 77 – 91.

[227] Mowery D, Nelson R, Sampat B, et al. Ivory tower and industrial in-

novation: University-industry technology transfer before and after the Bayh-Dole Act [M]. Stanford University Press, 2015.

[228] Nadel S F. The theory of social structure [M]. Melbourne, Victoria, Australia: Melbourne University Press. 1952.

[229] Nahapiet J, Ghoshal S. Social capital, intellectual capital, and the organizational advantage [J]. Academy of Management Review, 1998, 23 (2): 242 - 266.

[230] Nair A, Blome C, Choi T Y, et al. Re-visiting collaborative behavior in supply networks-structural embeddedness and the influence of contextual changes and sanctions [J]. Journal of Purchasing and Supply Management, 2018, 24 (2): 135 - 150.

[231] Newman M E J. Scientific collaboration networks. I. Network construction and fundamental results [J]. Physical Review E, 2001, 64 (1): 016131.

[232] Ouimet M, Landry R, Amara N. Network positions and efforts to innovate in a small Canadian optics and photonics clusters [J]. International Journal of Entrepreneurship & Innovation Management, 2007, 7 (2): 251 - 271.

[233] Packard G, Aribarg A, Eliashberg J, et al. The role of network embeddedness in film success [J]. International Journal of Research in Marketing, 2016, 33 (2): 328 - 342.

[234] Park J, Kim S. The differentiating effects of workforce aging on exploitative and exploratory innovation: The moderating role of workforce diversity [J]. Asia Pacific Journal of Management, 2015, 32 (2): 1 - 23.

[235] Paruchuri S. Intraorganizational networks, interorganizational networks, and the impact of central inventors: A longitudinal study of pharmaceutical firms [J]. Organization Science, 2010, 21 (1): 63 - 80.

[236] Perkmann M, Tartari V, McKelvey M, et al. Academic engagement and commercialisation: A review of the literature on university-industry relations [J]. Research Policy, 2013, 42 (2): 423 - 442.

[237] Phelps C, Heidl R, Wadhwa A. Knowledge, networks, and knowledge networks: A review and research agenda [J]. Journal of Management, 2012, 38 (4): 1115 - 1166.

［238］ Plaza B, Haarich S N. The Guggenheim Museum Bilbao: Between regional embeddedness and global networking ［J］. European Planning Studies, 2015, 23 (8): 1456 – 1475.

［239］ Polanyi K. The great transformation: The political and economic origins of ourtime ［M］. Beacon Press, 1944.

［240］ Raisch S, Birkinshaw J. Organizational ambidexterity: Antecedents, outcomes, and moderators ［J］. Journal of Management, 2008, 34 (3): 375 – 409.

［241］ Roijakkers N, Hagedoorn J. Inter-firm R&D partnering in pharmaceutical biotechnology since 1975: Trends, patterns, and networks ［J］. Research Policy, 2006, 35 (3): 431 – 446.

［242］ Rojas M G A, Solis E R R, Zhu J J J. Innovation and network multiplexity: R&D and the concurrent effects of two collaboration networks in an emerging economy ［J］. Research Policy, 2018, 47 (6): 1111 – 1124.

［243］ Santoro M D, Bicely P E. Facilitators of knowledge transfer in university-industry collaboration: A knowledge-based perspective ［J］. IEEE Transactions on Engineering Management, 2006, 53 (4): 495 – 507.

［244］ Schofield, T. Critical success factors for knowledge transfer collaborations between university and industry ［J］. Journal of Research Administration 2013, 44 (2): 38 – 56.

［245］ Seufert A, Von Krogh G, Bach A. Towards knowledge networking ［J］. Journal of Knowledge Management, 1999, 3 (3): 180 – 190.

［246］ Shapere D. The structure of scientific revolutions ［J］. The Philosophical Review, 1964, 73 (3): 383 – 394.

［247］ Sharon Z, Paul D. Structures of capital: The social organization of the economy ［M］. Cambridge: Cambridge University Press, 1990.

［248］ Sherwood A L, Covin J G. Knowledge acquisition in university-industry alliances: An empirical investigation from a learning theory perspective ［J］. Journal of Product Innovation Management, 2008, 25 (2): 162 – 179.

［249］ Sierzchula W, Bakker S, Maat K, et al. The influence of financial incentives and other socio-economic factors on electric vehicle adoption ［J］. Energy Policy, 2014, 68: 183 – 194.

［250］ Singh H, Kryscynski D, Li X, et al. Pipes, pools, and filters: How collaboration networks affect innovative performance ［J］. Strategic Management Journal, 2016, 37 (8): 1649 – 1666.

［251］ Singh J. Collaborative networks as determinants of knowledge diffusion-patterns ［J］. Management Science, 2005, 51 (5): 756 – 770.

［252］ Skvoretz J, Faust K. Logit models for affiliation networks ［J］. Sociological Methodology, 1999, 29 (1): 253 – 280.

［253］ Sok P, O'Cass A. Achieving service quality through service innovation exploration-exploitative: The critical role of employee empowerment and slack resources ［J］. Journal of Services Marketing, 2015, 29 (2): 137 – 149.

［254］ Soto-Acosta P, Popa S, Martinez-Conesa I. Information technology, knowledge management and environmental dynamism as drivers of innovation ambidexterity: A study in SMEs ［J］. Journal of Knowledge Management, 2018 (2): 522 – 550.

［255］ Szücs F. Research subsidies, industry-university cooperation and innovation ［J］. Research Policy, 2018, 47 (7): 1256 – 1266.

［256］ Temel S, Glassman B. Examining university-industry collaboration as a source of innovation in the emerging economy of Turkey ［J］. International Journal of Innovation Science, 2013, 5 (1): 81 – 88.

［257］ Thompson M. Social capital, innovation and economic growth ［J］. Journal of Behavioral and Experimental Economics, 2018, 73: 46 – 52.

［258］ Tushman M L, O'Reilly III C A. Ambidextrous organizations: Managing evolutionary and revolutionary change ［J］. California Management Review, 1996, 38 (4): 8 – 29.

［259］ Uotila J, Maula M, Keil T, et al. Exploration, exploitation, and financial performance: Analysis of S&P 500 corporations ［J］. Strategic Management Journal, 2009, 30 (2): 221 – 231.

［260］ Uzzi B. Embeddedness in the making of financial capital: How social relations and networks benefit firms seeking financing ［J］. American Sociological Review, 1999, 64 (4): 481 – 505.

［261］ Van Beers C, Zand F. R&D cooperation, partner diversity, and innovation performance: An empirical analysis ［J］. Journal of Product Innovation Management, 2014, 31 (2): 292 – 312.

［262］Van der Wouden F, Rigby D L. Co-inventor networks and knowledge production in specialized and diversified cities ［J］. Papers in Regional Science, 2019, 98 (4): 1833 – 1853.

［263］Van Wijk R, Jansen J J P, Lyles M A. Inter-and intra-organizational knowledge transfer: a meta-analytic review and assessment of its antecedents and consequences ［J］. Journal of Management Studies, 2008, 45 (4): 830 – 853.

［264］Wang C, Rodan S, Fruin M, et al. Knowledge networks, collaboration networks, and exploratory innovation ［J］. Academy of Management Journal, 2014, 57 (2): 484 – 514.

［265］Wang J, Yang N. Dynamics of collaboration network community and exploratory innovation: The moderation of knowledge networks ［J］. Scientometrics, 2019, 121 (2): 1067 – 1084.

［266］Wang P, Sharpe K, Robins G L, et al. Exponential random graph (p*) models for affiliation networks ［J］. Social Networks, 2009, 31 (1): 12 – 25.

［267］Wang Z, Reimsbach D, Braam G. Political embeddedness and the diffusion of corporate social responsibility practices in China: A trade-off between financial and CSR performance? ［J］. Journal of Cleaner Production, 2018, 198: 1185 – 1197.

［268］Wanzenböck I, Scherngell T, Brenner T. Embeddedness of regions in European knowledge networks: A comparative analysis of inter-regional R&D collaborations, co-patents and co-publications ［J］. The Annals of Regional Science, 2014, 53 (2): 337 – 368.

［269］Wong Y J, Lee C Y, Chang S C. CEO overconfidence and ambidextrous innovation ［J］. Journal of Leadership & Organizational Studies, 2017, 24 (3): 414 – 430.

［270］Wright C, Roberg P. The conceptual structure of traffic jams ［J］. Transport Policy, 1998, 5 (1): 23 – 35.

［271］Wu Z, Pullman M E. Cultural embeddedness in supply networks ［J］. Journal of Operations Management, 2015, 37: 45 – 58.

［272］Xinfan W. Fuzzy number intuitionistic fuzzy geometric aggregation operators and their application to decision making [J]. Control and Decision, 2008, 6: 607 – 612.

[273] Xu S. Balancing the two knowledge dimensions in innovation efforts: An empirical examination among pharmaceutical firms [J]. Journal of Product Innovation Management, 2015, 32 (4): 610 – 621.

[274] Xu Z, Chen Q. A multi-criteria decision making procedure based on interval-valued intuitionistic fuzzy bonferroni means [J]. Journal of Systems Science and Systems Engineering, 2011, 20 (2): 217 – 228.

[275] Yan Y, Guan J C. Social capital, exploitative and exploratory innovations: The mediating roles of ego-network dynamics [J]. Technological Forecasting and Social Change, 2018, 126: 244 – 258.

[276] Yan Y, Guan J. How multiple networks help in creating knowledge: Evidence from alternative energypatents [J]. Scientometrics, 2018, 115 (1): 51 – 77.

[277] Yayavaram S, Ahuja G. Decomposability in knowledge structures and its impact on the usefulness of inventions and knowledge-base malleability [J]. Administrative Science Quarterly, 2008, 53 (2): 333 – 362.

[278] Yoon J, Lee H Y, Dinwoodie J. Competitiveness of container terminal operating companies in South Korea and the industry-university-government network [J]. Transportation Research Part A: Policy and Practice, 2015, 80: 1 – 14.

[279] Zadeh L A. Fuzzy sets and information granularity [M] //Gupta N, Ragade R and Yager R. Advances in fuzzy set theory and applications. World Scientific Pwblishing, 1979: 3 – 18.

[280] Zhang F, Wang Y, Li D, et al. Configurations of innovations across domains: An organizational ambidexterity view [J]. Journal of Product Innovation Management, 2017, 34 (6): 821 – 841.

[281] Zhang Y, Li H. Innovation search of new ventures in a technology cluster: The role of ties with service intermediaries [J]. Strategic Management Journal, 201, 31 (1): 88 – 109.

[282] Zukin S, Dimaggio P. Structures of capital: The social organization of the economy [M]. Cambridge University Press, 1990.